GESTÃO DE AGÊNCIAS DE VIAGEM

orientações para você
abrir e administrar
o seu negócio

O selo DIALÓGICA da Editora InterSaberes faz referência às publicações que privilegiam uma linguagem na qual o autor dialoga com o leitor por meio de recursos textuais e visuais, o que torna o conteúdo muito mais dinâmico. São livros que criam um ambiente de interação com o leitor – seu universo cultural, social e de elaboração de conhecimentos –, possibilitando um real processo de interlocução para que a comunicação se efetive.

EDITORA
intersaberes

Gestão de agências de viagem:
orientações para você abrir e administrar o seu negócio

Raquel Pazini

EDITORA intersaberes

Rua Clara Vendramin, 58 . Mossunguê
CEP 81200-170 . Curitiba . PR . Brasil
Fone: (41) 2106-4170
www.intersaberes.com
editora@editorainteresaberes.com.br

Conselho editorial	Dr. Ivo José Both (presidente)
	Drª. Elena Godoy
	Dr. Nelson Luís Dias
	Dr. Neri dos Santos
	Dr. Ulf Gregor Baranow
Editora-chefe	Lindsay Azambuja
Supervisora editorial	Ariadne Nunes Wenger
Analista editorial	Ariel Martins
Capa	*Design* Laís Galvão dos Santos
	Imagens da capa Fotolia
Projeto gráfico	Conduta Produções Editoriais

Dados Internacionais de Catalogação na Publicação (CIP)
(Câmara Brasileira do Livro, SP, Brasil)

Pazini, Raquel
   Gestão de agências de viagem: orientações para você abrir e administrar o seu negócio/Raquel Pazini. Curitiba: InterSaberes, 2014.

   Bibliografia.
   ISBN 978-85-443-0050-3

   1. Agentes de viagens 2. Turismo – Administração 3. Turismo – Planejamento I. Título.

14-09265   CDD-338.4791

Índice para catálogo sistemático:
1. Administração: Agências de viagens e turismo: Economia 338.4791

Foi feito o depósito legal.
1ª edição, 2014.

Informamos que é de inteira responsabilidade da autora a emissão de conceitos.
Nenhuma parte desta publicação poderá ser reproduzida por qualquer meio ou forma sem a prévia autorização da Editora InterSaberes.
A violação dos direitos autorais é crime estabelecido na Lei n. 9.610/1998 e punido pelo art. 184 do Código Penal.

Sumário

Agradecimentos, 9

Apresentação, 11

Como aproveitar ao máximo este livro, 14

Capítulo 1 – Panorama histórico das agências de turismo no Brasil e no mundo, 18

1.1 Panorama da história e evolução da comercialização de viagens, 19

1.2 Panorama do setor no Brasil, 37

Capítulo 2 – Conceitos e características gerais das agências de turismo, 44

2.1 Conceitos e classificação, 45

2.2 Segmentação e ramos de atuação no mercado, 53

2.3 Entidades do setor, 69

Capítulo 3 – Canais de distribuição e o impacto da tecnologia nas relações comerciais, 80

3.1 Canais de distribuição e fases de intermediação, 81

3.2 O impacto das tecnologias da informação e da comunicação, 85

3.3 Modelo atual de distribuição: multicanais, 100

Capítulo 4 – Abertura e gestão de agências de viagem, 116

4.1 Empreendedorismo e plano de negócios, 117

4.2 Etapas para abertura de uma agência de viagem, 122

4.3 Despesas gerais: custos fixos e variáveis, 130

4.4 Fontes de receita: comissão *versus* taxa de serviço, 133

4.5 Responsabilidade ética e jurídica: direitos e deveres, 145

Capítulo 5 – Estrutura organizacional e funcional de uma agência de viagem, 154

5.1 Estrutura organizacional: cargos e atribuições, 155

5.2 Fluxograma: inter-relações de atividades, 178

5.3 Ferramentas e sistemas operacionais, 183

Capítulo 6 – Perfil de atuação profissional, 192

6.1 Formação e aprendizagem no agenciamento de viagens, 193

6.2 Cargos e funções em uma agência de viagem, 200

6.3 Características do consumidor e qualidade de atendimento, 211

Para concluir..., 229

Referências, 233

Bibliografia comentada, 251

Respostas, 253

Sobre a autora, 265

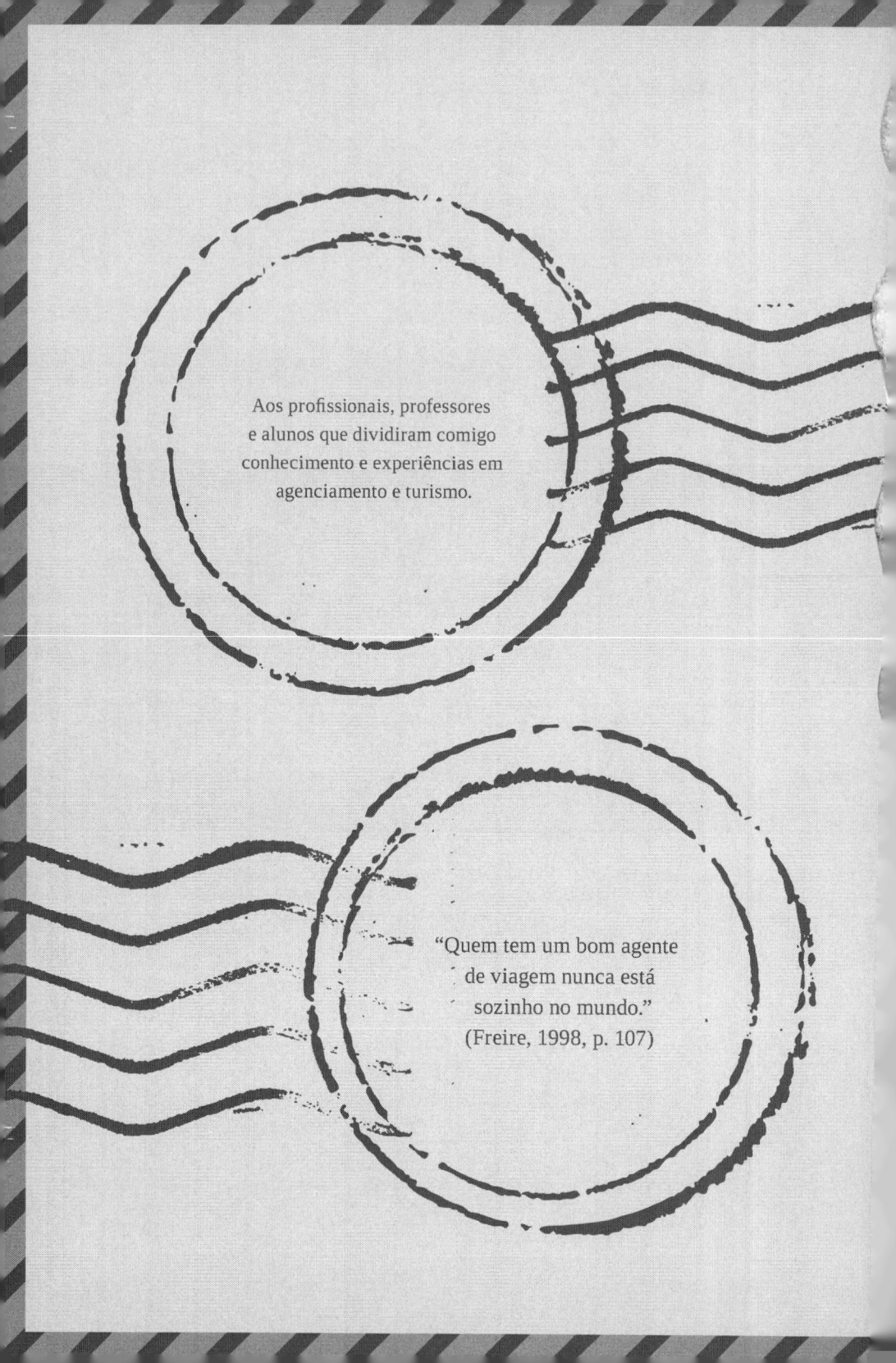

Aos profissionais, professores
e alunos que dividiram comigo
conhecimento e experiências em
agenciamento e turismo.

"Quem tem um bom agente
de viagem nunca está
sozinho no mundo."
(Freire, 1998, p. 107)

Agradecimentos

À minha família, pelo estímulo e pela satisfação na produção desta obra. Aos amigos Waldir Prochnow e Marília Gonçalves, por abrirem para mim as portas do conhecimento e do mercado de agências de viagem. A Dario Paixão, José Gândara e Renata Custódio, que me deram a oportunidade de ingressar na carreira docente em turismo. E finalmente às amigas Valéria Albach, Cláudia de Stefani, Grazielle Ueno e Juliana Silveira, que compartilharam comigo experiências de sala de aula e uma grande amizade.

Apresentação

As agências de turismo têm papel muito importante para a realização de viagens no mundo inteiro. Cada atendimento e cada contato durante a organização de uma viagem envolve muitas expectativas. É responsabilidade do profissional do turismo proporcionar que os sonhos de seus clientes se tornem realidade e que as experiências vividas durante a viagem sejam memoráveis.

Esta obra trata especialmente das agências de viagem, com o objetivo de abordar o perfil e a realidade do negócio de uma perspectiva empreendedora, ou seja, cada capítulo traz um questionamento para que você conheça a teoria de forma associada à dinâmica interna de uma empresa.

Vivemos momentos de muitas transformações no setor turístico, principalmente pelo impacto das tecnologias de informação e comunicação, que ampliaram os canais de distribuição e comercialização de viagens. Muitos acreditavam até mesmo que as agências de viagem tradicionais deixariam de existir! Mas o cenário atual mostra uma revalorização cada vez maior tanto do setor quanto do profissional do turismo, que se adaptaram e adotaram posicionamentos estratégicos perante o mercado e os clientes. Por isso, esta obra trata da gestão desse tipo de agência, visando mostrar os melhores caminhos aos interessados em ingressar nesse mercado e abrir o seu próprio negócio ou àqueles que, como profissionais atuantes nessas empresas, desejam ampliar e aprofundar seus conhecimentos.

No Capítulo 1, vamos examinar a história do agenciamento de viagens e descobrir quem foi o primeiro agente a promover o turismo organizado. Além disso, trataremos de todas as inovações para a organização profissional de viagens, no Brasil e no mundo, por meio de uma linha do tempo, com os principais fatos e datas, de modo a ressaltar a importância das agências de turismo como um todo.

No Capítulo 2, traremos uma abordagem conceitual, com a terminologia específica e a classificação das agências de turismo. Veremos que, além do foco no negócio, a segmentação da oferta e/ou demanda permite definir os ramos de atuação no mercado, seja em um modelo tradicional, seja em um modelo inovador.

Vamos analisar, no Capítulo 3, as relações das agências de turismo com os fornecedores e os clientes por meio dos canais de distribuição. Muitos fatores influenciaram o papel de intermediação das agências de turismo, a começar pela grande influência das companhias aéreas nas mudanças ocorridas no modelo tradicional de distribuição, além de todos os recursos de tecnologia para informação e comercialização *on-line*. Discutiremos, ainda, as vantagens e possibilidades da tecnologia para as agências de viagem.

No Capítulo 4, vamos enfocar especificamente as agências de viagem, com uma abordagem mais prática e aplicada. Verificaremos todos os procedimentos necessários para a abertura de uma agência e as informações relevantes no que diz respeito ao planejamento, como os principais gastos e fontes de receitas. Comentaremos brevemente, também, sobre a responsabilidade ética e jurídica aplicada ao setor.

No Capítulo 5, examinaremos como essas empresas se organizam internamente em departamentos e funções, de acordo com o seu porte e foco de mercado, e identificaremos as atividades específicas de cada departamento, que são relacionadas e integradas pelo apoio de ferramentas e sistemas operacionais.

Por fim, no Capítulo 6, destacaremos o perfil do profissional que atua nas agências de viagem conforme as competências adequadas a cada cargo e função, além de informações relativas à formação recomendada e à capacitação específica do setor. Demonstraremos, ainda, a diferença de atuação entre o agente e o consultor de viagens, com foco na qualidade do atendimento e no relacionamento com os clientes, buscando definir as características do consumidor no mercado turístico.

Boa leitura!

Como aproveitar ao máximo este livro

Este livro traz alguns recursos que visam enriquecer o seu aprendizado, facilitar a compreensão dos conteúdos e tornar a leitura mais dinâmica. São ferramentas projetadas de acordo com a natureza dos temas que vamos examinar. Veja a seguir como esses recursos se encontram distribuídos no decorrer desta obra.

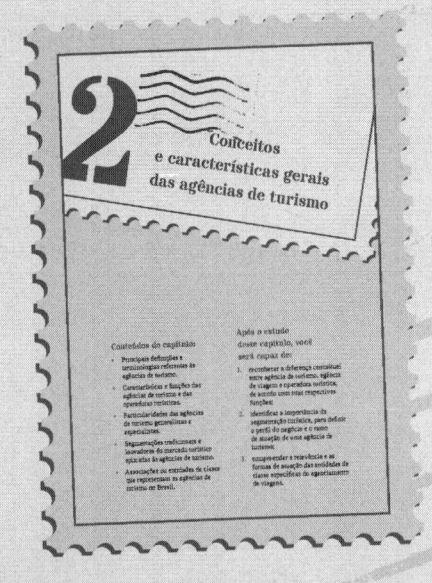

Conteúdos do capítulo

Logo na abertura do capítulo, você fica conhecendo os conteúdos que nele serão abordados.

Após o estudo deste capítulo, você será capaz de:

Você também é informado a respeito das competências que irá desenvolver e dos conhecimentos que irá adquirir com o estudo do capítulo.

Síntese

Você dispõe, ao final do capítulo, de uma síntese que traz os principais conceitos nele abordados.

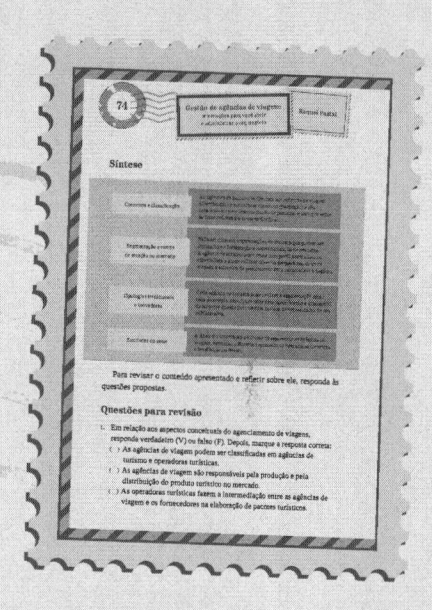

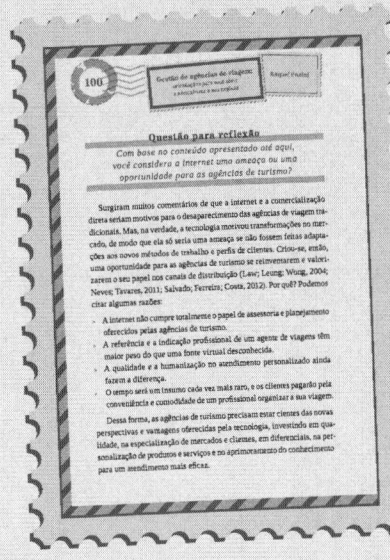

Questões para reflexão

Nesta seção, a proposta é levá-lo a refletir criticamente sobre alguns assuntos e trocar ideias e experiências com seus pares.

Questões para revisão

Com estas atividades, você tem a possibilidade de rever os principais conceitos analisados. Ao final do livro, a autora disponibiliza as respostas às questões, a fim de que você possa verificar como está sua aprendizagem.

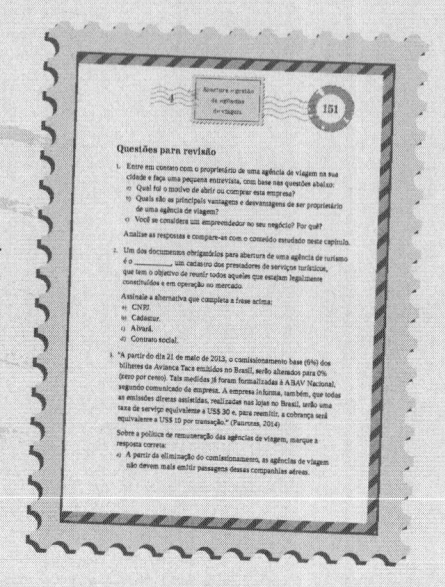

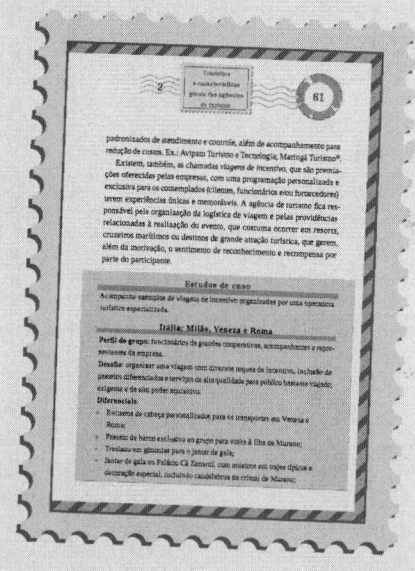

Estudo de caso

Esta seção traz ao seu conhecimento situações que vão aproximar os conteúdos estudados de sua prática profissional.

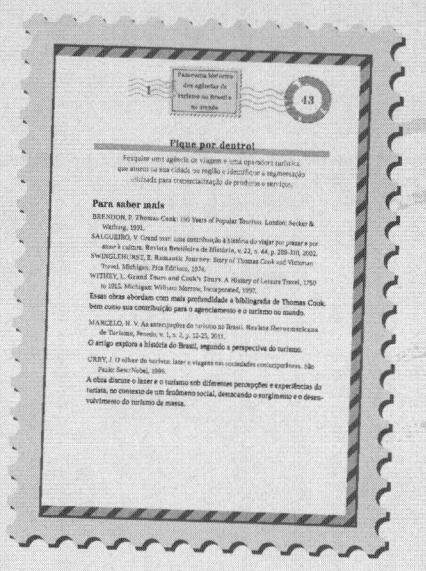

Fique por dentro!

Ao final de cada capítulo, a autora propõe atividades de pesquisa para que você aprofunde seus conhecimentos sobre os temas abordados, mantenha-se atualizado e conheça a prática e o cotidiano do profissional da área.

Para saber mais

Você pode consultar as obras indicadas nesta seção para aprofundar sua aprendizagem.

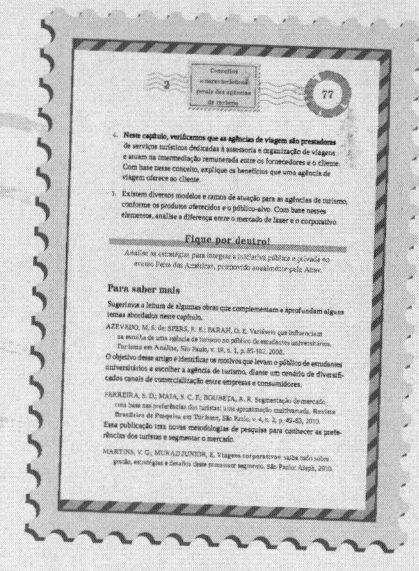

1 Panorama histórico das agências de turismo no Brasil e no mundo

Conteúdos do capítulo:

- História da primeira viagem organizada por Thomas Cook e o início do agenciamento de viagens.
- Criações e soluções implantadas por Thomas Cook ao longo do tempo.
- O surgimento das agências de turismo no Brasil e o contexto para o desenvolvimento e a comercialização de viagens.
- Principais pesquisas sobre o agenciamento de viagens no país.

Após o estudo deste capítulo, você será capaz de:

1. reconhecer as contribuições e o legado de Thomas Cook para o turismo e o agenciamento de viagens;
2. compreender os fatores que limitam ou incentivam o desenvolvimento e a comercialização de viagens nos mercados nacional e internacional.

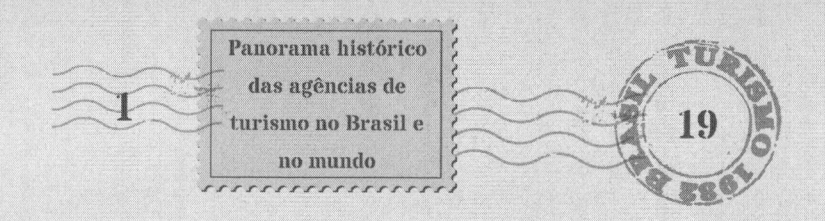

1 Panorama histórico das agências de turismo no Brasil e no mundo

1.1 Panorama da história e evolução da comercialização de viagens

As viagens sempre dependeram de três elementos básicos: meio de transporte, alimentação e hospedagem. Em cada contexto histórico do turismo, cada viajante tinha suas motivações – peregrinação religiosa, tratamento de saúde em *spas* e *resorts* ou intercâmbios culturais, conhecidos como *Grand Tour* (Towner, 1995). Em meados do século XVIII, segundo Abrahão e Chemin (2010), as viagens proporcionavam experiências estéticas e de conhecimento vinculadas ao contato com novas culturas e lugares, ainda que desprovidas de infraestrutura e serviços como conhecemos hoje. Para esses autores, "a natureza do deslocamento humano é por si estimuladora de mudanças sociais, via promoção de descobertas e experiências enriquecedoras para a vida cultural de qualquer indivíduo" (Abrahão; Chemin, 2010).

Depois dessa época, o turismo passou a ser entendido sob a ótica das transformações do mundo moderno, que tiveram influência na formação do turismo de massa na Inglaterra no século XIX, em paralelo ao processo de industrialização e aos progressivos ganhos sociais, como as férias remuneradas. Como consequência, emergiu a comercialização de viagens, elemento que foi consolidado posteriormente com o advento da globalização e da sociedade capitalista de consumo (Magalhães, 2008). Foi nesse contexto que surgiram e se desenvolveram as agências de turismo. De acordo com Candioto (2012, p. 4), "desde o seu surgimento, as agências de turismo são empresas que buscam aperfeiçoar a maneira de viajar, facilitando a aquisição e a utilização dos serviços e equipamentos turísticos". Mas como isso começou?

Vamos voltar no tempo e conhecer Thomas Cook, um pregador batista de 32 anos, de família pobre, que vivia em Leicester, uma pequena cidade da Inglaterra.

Figura 1.1 – Thomas Cook

Crédito: Latinstock

Seu rebanho frequentava mais o *pub* que a igreja, e Cook vivia pensando em um jeito de reverter essa situação. Certa noite, passeando pelos arredores do povoado, Cook teve uma visão que mudaria a sua vida e a vida de milhões de pessoas no mundo inteiro: ele viu um trem!

No dia seguinte, Cook convenceu o gerente da companhia a ceder-lhe a lotação de um trem inteiro para uma viagem exclusiva, a preço reduzido, entre Leicester e Lougborough, que ficavam a uma distância de cerca de 18 km uma da outra. No dia 5 de julho de 1841, cerca de 570 pessoas fizeram essa viagem no trem fretado da Midland Railway Company, para participar de um congresso antialcoólico promovido pela entidade filantrópica Harborough Temperance Society, da qual Cook era membro, além de vendedor de suas publicações (Thomas Cook, 2013).

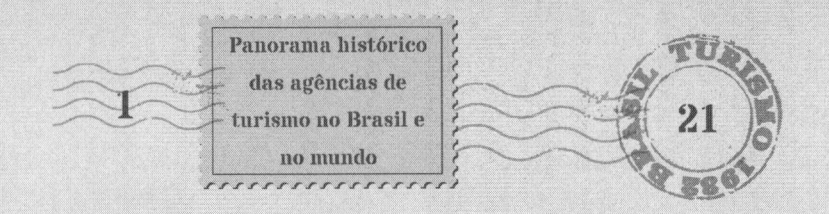

Questão para reflexão

Por que o episódio de 5 de julho marcou a história do turismo e Thomas Cook foi considerado o primeiro agente de viagens do mundo?

O principal aspecto para esse marco está na comercialização e intermediação de uma viagem em favor de um grupo. Já existiam outros escritórios que vendiam passagens de navio para travessias marítimas, mas não contemplavam esse propósito e formato de viagens turísticas. Naquela época, mesmo com o advento da máquina a vapor, as viagens de trem tinham alto custo. Thomas Cook encontrou uma maneira de viabilizar uma viagem por meio da negociação de uma tarifa menor, para um número maior de passageiros. Ele foi, portanto, o facilitador e o elaborador da viagem, o que está diretamente relacionado ao trabalho desenvolvido pelas agências de turismo até os dias atuais (Rejowski, 2001; Tomelin, 2001).

Cook tornou a viagem possível e acessível a mais pessoas, que puderam sair da rotina do trabalho e do lar para experimentar o lazer e explorar outros locais. Ele revolucionou o turismo com a invenção dos pacotes de viagem, popularizando-os (Hamilton, 2005; Cacho; Azevedo, 2010). Por esse reconhecimento, em 1975 foi feita uma homenagem, a gravação do seguinte epitáfio em sua sepultura: "Ele trouxe viagem para milhões".

1.1.1 Linha do tempo no mundo

Segundo Hamilton (2005) e Towner (1995), apesar da evolução dos transportes e da tecnologia, alguns métodos básicos de organização e promoção de viagem que Cook criou são utilizados até hoje. Para compreender sua importância na história do turismo, vamos conferir suas inovações na linha do tempo apresentada na sequência.

» **1841** – Foi criada a primeira agência de viagem em Leicester: Thomas Cook & Son.

Com o crescimento das ferrovias e o uso de trens para transporte de passageiros, o número de turistas e os fretamentos ferroviários aumentaram (Palhares, 2002). Após o sucesso da primeira viagem, Thomas Cook continuou promovendo viagens de trem entre as cidades inglesas de Leicester, Nottingham, Derby e Birmingham, permitindo que muitas pessoas tivessem a experiência da viagem de trem pela primeira vez. Ao mesmo tempo, foi empreendedor e visualizou a oportunidade de um negócio, ao criar uma agência de turismo com o seu filho John Mason Cook, no intuito de organizar e promover mais viagens.

» **1845** – Primeira excursão comercial para Liverpool.

As primeiras viagens foram organizadas no Reino Unido (Inglaterra, País de Gales, Escócia e Irlanda), e todas eram acompanhadas por Thomas Cook. Dessa forma, ele se tornou também o primeiro guia de turismo profissional, já que as viagens precisavam do guia para conduzir a programação e cuidar de todas as providências em nome dos passageiros. Nessa viagem para Liverpool, ele definiu até mesmo uma diferenciação de serviços e valores, com primeira e segunda classes (Thomas Cook, 2013).

» **1845** – Publicação do primeiro guia turístico: *Handbook of the Trip*.

A partir dessas experiências, Cook percebeu a necessidade e a importância do registro das informações sobre os locais visitados, porque facilitavam as consultas de maneira organizada. Assim, foi possível ter acesso a referências que auxiliavam no aprimoramento das próximas viagens. Além dessa utilidade profissional, os registros também poderiam ser fontes de conhecimentos para os viajantes.

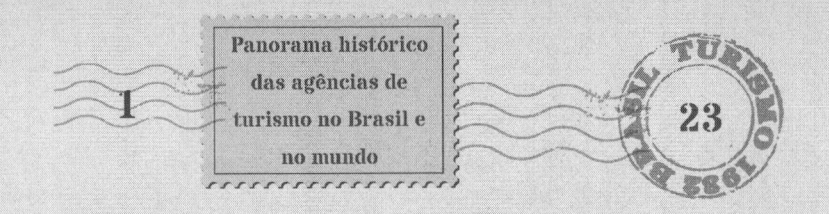

» **1851** – Thomas Cook conduziu cerca de 150 mil pessoas a uma exposição em Londres, oferecendo transporte e alojamento.

Após 10 anos da primeira viagem, a agência de turismo de Cook elaborou um pacote turístico que incluía o transporte e a hospedagem por um preço único. Desse modo, ele criou um produto padronizado, que permitia atender a uma grande quantidade de pessoas. Para o evento de Londres ao qual ele levou 150 mil pessoas, que teve duração de aproximadamente cinco meses, ele lançou um jornal para promover a viagem: *Cook's Exhibition Herald and Excursion Advertiser* (Thomas Cook, 2013).

» **1855** – Primeira viagem para outros países da Europa.

Continuando a expansão dos negócios, Thomas Cook decidiu ampliar os roteiros na Europa para além do Reino Unido. Apesar das dificuldades, conseguiu negociar a travessia do canal entre a Inglaterra e a Bélgica. No verão de 1855, ele acompanhou os turistas em um roteiro por Bruxelas, Colônia, Heidelberg, Baden-Baden, Strasbourg e Paris (Thomas Cook, 2013).

» **1862** – Introdução do *Individual Inclusive Tour*.

Cook também percebeu que um único produto pode não ser do interesse de todos, já que cada turista tem motivações diferenciadas. Então, com o intuito de personalizar as viagens, ele definiu o *forfait*, pacote em que cada componente da viagem é montado conforme as necessidades e solicitações dos clientes.

» **1864** – Primeira excursão à Itália (Florença, Roma e Nápoles).

A partir de Paris, Cook começou a oferecer bilhetes de trem com destino à Suíça e a outras localidades na região dos Alpes. Logo em seguida, ele começou a acompanhar grupos para a Itália, grande atração cultural na época (Thomas Cook, 2013).

» **1868** – Criação de um cupom-hotel que permitia obter hospedagem e alimentação.

Esse cupom-hotel é conhecido hoje como *voucher*, mas tem a mesma função desde que foi criado por Cook. Significa que o cliente paga por uma reserva de hotel na agência de turismo e que esta fica responsável por fazer o repasse do pagamento para o hotel. Como garantia da confirmação do serviço pago antecipadamente, Cook entregava aos clientes um *voucher*, que seria reconhecido e validado pelo hotel na chegada do hóspede.

» **1872** – Volta ao mundo em 222 dias para um grupo de 9 pessoas.

Figura 1.2 – Cartaz promocional

Crédito: Thomas Cook & Son

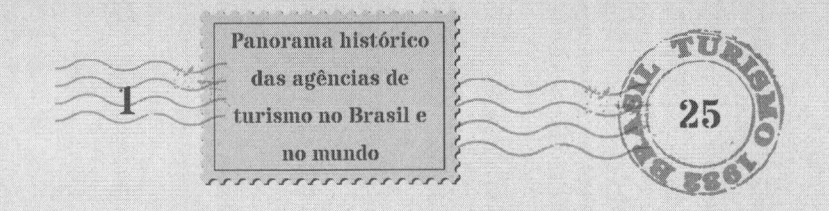

Além da Europa, as primeiras viagens de Cook foram realizadas pela América do Norte, que já contava com mais de 4 mil milhas de ferrovias. Mas a viagem de volta ao mundo foi a mais ambiciosa. Para o Egito via China, ela saía de Londres, atravessando o Atlântico em direção aos Estados Unidos, cruzando o Pacífico com destino a países como Japão, China, Cingapura, Índia e Egito. Esse percurso logo se tornou anual, com diversas variações e roteiros complementares por diversos países do mundo (Thomas Cook, 2013). As viagens eram oportunidades para explorar o desconhecido e as culturas de países exóticos. Nessas longas viagens por países de diferentes continentes, os deslocamentos marítimos eram feitos em cruzeiros de luxo, em parceria com a empresa Cunard.

» 1872 – Inauguração da primeira agência de viagem fora do Reino Unido
Com atuação empreendedora, Cook vislumbrou a ampliação do seu negócio, criando uma rede de agências de turismo por outros países.

» 1874 – Surgimento do *circular note*, documento que possibilitava aos clientes obter moeda local.

Ao visitar um país estrangeiro, precisamos trocar nossa moeda, ou seja, fazer câmbio para a moeda local. Para oferecer mais uma comodidade aos seus clientes, Cook criou a *circular note*, também conhecida como *traveller check* (cheque de viagem). Com isso, em vez de levar dinheiro em espécie para fazer o câmbio no país visitado, o turista trocava seu dinheiro na agência de turismo por um cheque, que poderia ser aceito como pagamento em alguns estabelecimentos turísticos ou trocado pela moeda local em escritórios credenciados. Assim, o cliente tinha mais segurança, pois não precisava viajar com grandes quantias em dinheiro. Por isso, na *circular note* constavam as palavras-chave *segurança*, *liquidez* e *conveniência*.

» **1892** – Registro de mais de 500 agências de turismo no mundo e ano de morte de Thomas Cook.

O legado de Cook é reconhecido no turismo por possibilitar e criar diversos recursos para ampliar e promover as viagens organizadas.

> A contribuição excepcional de Thomas Cook foi a organização da viagem completa – transporte, acomodação e atividade ou "satisfação" em um novo e desejado destino –, o verdadeiro produto do turismo. Contribuiu para mudar a imagem das viagens: de uma atividade necessária e nem um pouco aprazível, para um prazer, um entretenimento e um novo conceito de férias. (Lickorish; Jenkins, 2000, p. 30)

Figura 1.3 – Estátua em homenagem a Thomas Cook em Leicester, Inglaterra

Crédito: Latinstock

Em frente à estação ferroviária de Leicester, que fica a 163 km ao norte de Londres, onde tudo começou, existe uma estátua em homenagem a Thomas Cook (Figura 1.3). Além disso, em frente à casa onde Cook morou, há uma placa que o homenageia como pioneiro do turismo moderno. Até mesmo o local do seu primeiro escritório pode ser visitado nessa cidade, com painéis que contam um pouco da história da empresa.

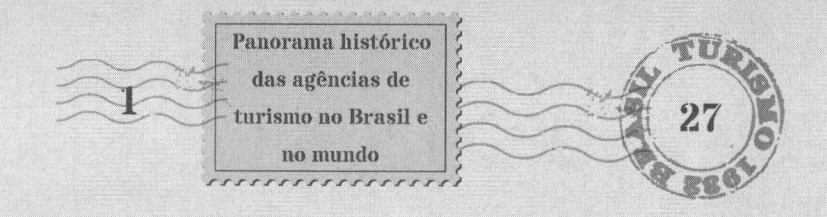

Após sua morte, os negócios das agências continuaram sob a responsabilidade de seu filho John Mason Cook.

» **1898** – Surgimento da primeira agência de turismo no continente americano: Ask Mr. Foster.

O senhor Foster era uma referência em caso de dúvidas sobre rotas e horários de trens. Por isso, essa agência de turismo, que ficava em Saint Augustine, na Flórida, foi criada com o nome de *Pergunte ao Senhor Foster* (Rejowski; Perussi, 2008). Na fachada, estava escrito que ele sabia qualquer coisa, sobre quaisquer lugares, a qualquer momento.

» **1925** – Agências de turismo começam a operar excursões rodoviárias na Europa.

Já no século XX, os ônibus eram utilizados para viagens em grupo, pela acessibilidade das estradas e pela facilidade de sua utilização para deslocamentos e visitações a lugares turísticos. Esse era o principal meio de transporte dos pacotes de férias antes do advento da aviação civil (Rejowski; Perussi, 2008).

» **1950** – Desenvolvimento do turismo de massa, a partir do crescimento dos pacotes de viagem e das viagens aéreas.

O desenvolvimento do turismo está muito associado à evolução dos meios de transporte. Com o crescimento da aviação comercial, após a Segunda Guerra Mundial e com a definição de linhas aéreas regulares para passageiros, as viagens entraram em uma nova fase. Os pacotes de viagem, por meio das viagens aéreas, promoveram o turismo de massa, ampliando, assim, o acesso ao turismo para destinos específicos, com infraestrutura adequada, principalmente no segmento de sol e praia. Segundo Rejowski e

Perussi (2008, p. 6), as operadoras turísticas foram as "responsáveis diretas pelo fenômeno da massificação do turismo, desenvolvendo o conceito de produto turístico aliado aos pacotes de viagens e aos voos charters".

» **1990** – Surgimento da internet e de novas tecnologias.

Quando Thomas Cook abriu a sua agência de turismo, o telégrafo era um dos poucos recursos de comunicação disponíveis. Só depois surgiram o telefone e o fax, que ampliaram as formas de comunicação e os métodos de trabalho. Hoje, toda empresa depende da informática e do uso de computadores para arquivar, gerenciar e processar grandes quantidades de informação. Com a internet, o uso de recursos e sistemas *on-line* modificou as relações entre a oferta e a demanda e trouxe também novas possibilidades de negócios. Vamos examinar esse impacto da tecnologia e o cenário atual do agenciamento de viagens no terceiro capítulo.

E o que aconteceu com a agência de turismo de Cook? O grupo Thomas Cook continua sendo uma das maiores empresas de turismo da Europa, com mais de 800 agências de viagem espalhadas por todo o continente. São mais de 31 mil funcionários e 23 milhões de passageiros transportados. O grupo atua em diversos segmentos de viagem: transporte aéreo (duas companhias aéreas: Thomas Cook Airlines e Condor); cartão de crédito e câmbio; publicações de guias turísticos para mais de 150 destinos; e principalmente viagens de lazer, com a credibilidade de uma marca e a experiência de uma empresa que atuam desde 1841 no mercado mundial. Tudo isso seguindo o propósito característico das agências de turismo: instigar seus clientes a ver e explorar o mundo (Thomas Cook, 2013, tradução nossa).

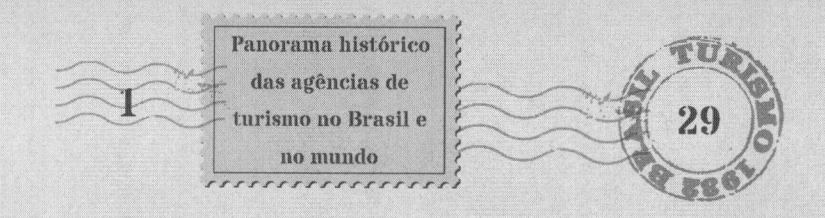

1.1.2 Linha do tempo no Brasil

Com base nas pesquisas de Rejowski e Perussi (2008) e nos registros históricos da Associação Brasileira de Agências de Viagem (Abav, 2003), vamos examinar a evolução histórica do agenciamento de viagens no Brasil, que também começou com empresas dedicadas à venda de passagens de navios.

> No início do século 20, quando a aviação comercial ainda não existia, já estavam estabelecidas no Brasil diversas empresas, que se dedicavam à venda de passagens de navios — então o grande meio de transporte — e também a fazer câmbio, para atender principalmente os estrangeiros que desembarcavam no País, ou as pessoas de maior poder aquisitivo que viajavam para o exterior, basicamente para a Europa. (Abav, 2003)

As primeiras agências de turismo instituídas no país eram, na verdade, filiais de outros países, como a agência Exprinter, de 1919, em Porto Alegre (matriz na Argentina), e a agência Wagon-Lits, de 1936, em São Paulo (matriz na Bélgica).

Figura 1.4 – Anúncio publicitário da Exprinter (década de 1930)

Gestão de agências de viagem: orientações para você abrir e administrar o seu negócio

Raquel Pazini

No mesmo século, surgiram as primeiras agências de turismo genuinamente brasileiras.

» 1943 – Fundada a primeira agência de turismo brasileira: Agência Geral de Turismo (São Paulo/SP).

A empresa comercializava viagens marítimas e excursões rodoviárias. Fazia, também, reservas de hotéis em estâncias balneárias, com foco de lazer. Foi criada por um dos líderes históricos do setor, Modesto Mastrorosa.

» 1953 – Fundada a Agaxtur (Agência Auxiliar de Turismo), em Santos, São Paulo.

Aldo Leone abriu a empresa com o objetivo de fazer a recepção de navios estrangeiros que chegavam ao Porto de Santos. Depois, começou a fazer excursões para as praias do litoral paulista e visitas à cidade de São Paulo, que incluíam almoço em restaurantes requintados e visitas aos principais pontos turísticos da capital, como o Edifício Martinelli, o Teatro Municipal, o Monumento do Ipiranga e as grandes avenidas (Agaxtur, 2013).

» 1953 – Criada, no Rio de Janeiro, a Associação Brasileira das Agências de Viagem (Abav).

O objetivo era ter mais representatividade perante os fornecedores (companhias aéreas e hotéis) e também defender os interesses e discutir as questões relevantes ao setor. O primeiro presidente eleito foi Luiz Amâncio Tarquínio de Souza. As 15 agências de viagens fundadoras foram: Agência de Viagens Camilo Kahn; Agência Geral Tour Brasil; Agência Riviera; Agência Woehrle; American Express S.A. Viagens Internacionais; Avipam Comércio S.A.; Bahia Turismo S.A. (Turismo Associadas); Casa Bancária Moneró Ltda.; Exprinter do Brasil Turismo;

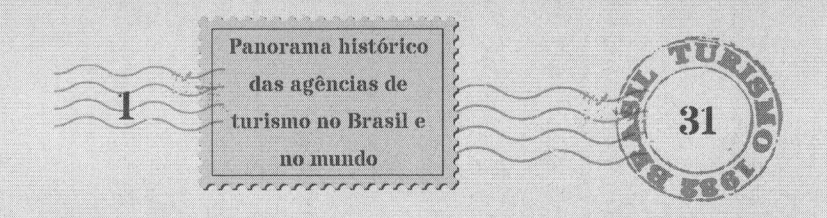

Kamel Turismo e Comércio; Pernambuco Turismo S.A. (Turismo Associadas); Rio de Janeiro Turismo S. A. (Turismo Associadas); Tourservice Serviço Internacional de Viagens e Turismo S.A.; Turismo Cultural e Científico; Wagons-Lits/Cook. Posteriormente outras Abavs foram criadas em outros estados do país. "Na criação da ABAV de São Paulo já ficou definido também que esta seria responsável pela organização do primeiro Congresso Brasileiro de Agências de Viagens, que aconteceu no final de novembro de 1959 em São Paulo e Santos" (Abav, 2003).

» **1960** – Operação do turismo rodoviário e início da organização das viagens aéreas.

Nessa época, o Brasil teve um investimento considerável na malha rodoviária, o que facilitou o crescimento das viagens turísticas realizadas de ônibus, carro e outros veículos. Por meio desses pacotes turísticos e viagens de grupos, as agências de turismo tornaram os preços das viagens mais acessíveis. Na década de 1960, já existiam cerca de 100 agências de turismo no país. Contudo, o transporte aéreo ainda tinha um custo alto e, por isso, era mais seletivo. As primeiras companhias aéreas internacionais a operar no Brasil foram Air France (França), KLM (Holanda), Braniff International e Panam (Estados Unidos).

» **1964** – Abertura da agência de turismo Soletur, com excursões rodoviárias, nacionais e internacionais.

A empresa começou com o aluguel de kombis e *city tours* no Rio de Janeiro. O próprio fundador, Carlos Guimarães, dirigia os ônibus das excursões. No entanto, a Soletur logo se tornou reconhecida nacionalmente, por criar roteiros rodoviários por diversos estados do Nordeste, itinerários que seguiam até a Argentina e o Uruguai e viagens aos Estados Unidos. Em 1978, a empresa contava com uma frota própria de 30 ônibus, inclusive com "rodomoças" responsáveis pelos serviços de bordo durante as viagens.

» **1972** – Abertura da CVC®, com excursões rodoviárias focadas nos funcionários das indústrias paulistas.

A empresa nasceu em Santo André, no Estado de São Paulo, com o objetivo de atender o grêmio de funcionários das empresas do ABC Paulista. Os fundadores foram Guilherme Paulus e Carlos Vicente Cerchiari, que utilizou as suas iniciais para criar o nome da empresa. A CVC® iniciou suas operações na organização de viagens que duravam um dia, depois finais de semana, até possibilitar que o trabalhador programasse suas viagens em feriados prolongados e nas férias. Em 1981, a empresa já contava com uma carteira de clientes formada por mais de 300 grêmios e associações no Brasil para o turismo rodoviário (CVC, 2013).

» **1986** – Liberação do exercício e da exploração das atividades e serviços de agenciamento de viagens no Brasil, pelo Decreto n. 2.294, de 21 de novembro de 1986.

Essa década foi marcada pela consolidação de grandes agências de turismo e também pelo aparecimento de empresas especializadas, indeterminados segmentos de mercado. Com o surgimento dos primeiros pacotes de viagem com transporte aéreo e os fretamentos nacionais e internacionais pelas operadoras, teve início a democratização das viagens de lazer.

» **1989** – Criada a Associação Brasileira das Operadoras de Turismo (Braztoa), em São Paulo.

Desde 1986, a Câmara dos Operadores Brasileiros de Turismo (Cobrat) reunia as empresas que atuavam apenas no mercado nacional. Por isso, a Braztoa surgiu com o propósito de representar as operadoras turísticas que trabalhavam com destinos internacionais. No entanto, em 1994, essas entidades se uniram para ter mais representatividade e fortalecer

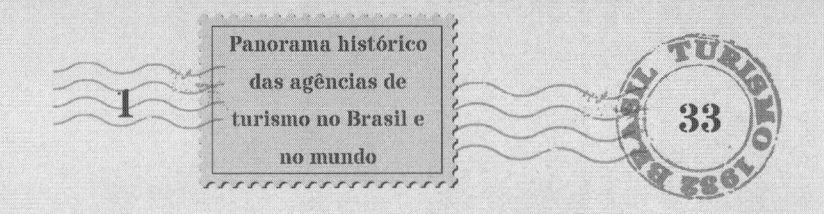

1 Panorama histórico das agências de turismo no Brasil e no mundo

as operações turísticas brasileiras. Então a Braztoa passou a congregar as operadoras turísticas brasileiras especializadas na organização, na promoção e na execução de programas turísticos, bem como os representantes de empresas de serviços turísticos do exterior, colaboradores e institucionais (Braztoa, 2013a).

Conhecer a evolução histórica do setor é importante para que possamos analisar os principais aspectos que deram origem ao que praticamos hoje. Além dos fatores específicos do mercado, o turismo é uma atividade que sofre muita influência externa, pois depende de condições econômicas favoráveis para o consumo de viagens, entre outros elementos sociais, ambientais e políticos. Meurer (2006) destaca que "as variáveis macroeconômicas […] influenciam o comportamento dos viajantes e, por isso, têm de ser levadas em conta para o planejamento do governo e dos agentes privados envolvidos na atividade".

A Abav, durante sua trajetória, sempre buscou defender os interesses dos profissionais e das empresas do setor. Na década de 1960, tiveram início as reinvindicações para a regulamentação das atividades dos agentes de viagem. Depois, nos anos 1970, existiu um conflito com os bancos, que passaram a atuar fortemente no mercado, comprando ou abrindo agências de viagem próprias, estabelecendo uma concorrência com os agentes de viagem, que sentiam uma desvantagem em relação à estrutura bancária utilizada como ponto de venda e/ou divulgação dos produtos. Contudo, esse não foi um segmento lucrativo para os bancos, e por isso eles deixaram de atuar diretamente no setor (Abav, 2003).

Na década de 1980, ocorreram protestos nas ruas por conta de uma resolução do governo que proibia a remessa de divisas para o exterior para o pagamento de serviços turísticos, além de instituir o depósito compulsório pago pelos turistas que fizessem viagens internacionais.

Mais tarde, em 1999, quando houve desvalorização cambial, que representou uma forte queda do real em relação ao dólar, as viagens internacionais foram comprometidas. Grandes empresas, como a Soletur, sofreram esse impacto, pois dependiam em grande parte dos pacotes vendidos para o exterior. Elas não conseguiram reverter de imediato a situação, já que os valores dobraram repentinamente com a diferença de câmbio. Nesse cenário, a Soletur ainda enfrentou muitas dificuldades para a renegociação de suas dívidas, mediante as altas taxas de juros praticadas no país. Em 2001, a empresa surpreendeu o mercado ao decretar falência (Rejowski; Perussi, 2008).

> Quando a Soletur foi à falência, quase 8.000 clientes haviam comprado pacotes para viajar nos próximos meses. Outras 3.000 pessoas estavam viajando, a maior parte ao exterior, quando a empresa baixou as portas. Esses turistas ficaram sem garantia de que seus vouchers e bilhetes de retorno fossem honrados por hotéis e companhias aéreas. (Secco, 2001)

Guimarães, que comandou a Soletur por quase 40 anos, considerada a maior operadora de turismo do Brasil, escreveu uma carta de despedida que continha explicações para a falência. Ele afirmou: "a empresa morre de diversas doenças incuráveis, como traições, ingratidões comerciais, competidores operando na informalidade, juros escorchantes, descontrole na política cambial, tudo adicionado à atual instabilidade mundial e, possivelmente, decepção e cansaço do seu fundador" (Simão, 2001).

Essa instabilidade mundial mencionada pelo empresário estava relacionada também a um fato marcante ocorrido no mesmo ano da falência: o atentado terrorista ao World Trade Center, em Nova Iorque, nos Estados Unidos, em 11 de setembro de 2001. A segurança é um aspecto muito relevante na escolha de um destino e pode impactar o volume de viagens em um determinado período. Por outro lado, fatos como esse criam novos parâmetros e formas de controle, como as taxas de segurança cobradas para cobrir parte dos investimentos em segurança nos aeroportos atualmente. Os pesquisadores Howie e Campbell (2013) exploram essa temática do terrorismo e o impacto nas representações de segurança na sociedade; a intenção é descobrir formas que permitam reduzir o medo e propiciar uma sensação de segurança, tanto para turistas quanto para moradores locais.

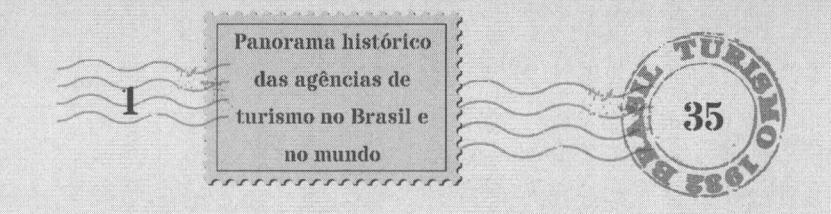

Além disso, existem também as catástrofes naturais que impactam o turismo, como terremotos e furacões, pois causam desastres em cidades turísticas, como aconteceu em Cancun, em 2005, com o furacão Wilma, que destruiu muitos hotéis na orla das praias.

Por outro lado, Korstanje (2012) ressalta que a segurança não está associada apenas a desastres naturais ou ataques terroristas, pois qualquer cidade oferece riscos e perigos cotidianos, como crimes e roubos. Esses são aspectos de segurança que fazem parte do turismo, pelo fluxo de pessoas e pelas realidades diferentes ou estereotipadas entre a origem e o destino.

Entretanto, um cenário de mudança cria também oportunidades para novos negócios e para a ampliação de muitas empresas. Com a saída da Soletur do mercado, a CVC® apostou no turismo interno e assumiu uma posição de liderança. Hoje, é a maior operadora de turismo da América Latina, com mais de 700 agências de turismo próprias e mais de 8 mil agências de viagens parceiras, atendendo a cerca de 2,5 milhões de passageiros ao ano. O fundador Guilherme Paulus, atualmente presidente do Conselho de Administração do grupo CVC®, considera quatro fatores para o sucesso, vivenciados ao longo de sua carreira na empresa (Moreira, 2011):

Gestão de agências de viagem: orientações para você abrir e administrar o seu negócio — Raquel Pazini

1. **Estar atento às oportunidades**: Paulus utilizou a estratégia de excursões rodoviárias personalizadas para atender às necessidades da primeira clientela.
2. **Reinventar-se sempre**: A CVC® não dependeu apenas das viagens rodoviárias. Na década de 1990, deu início ao segmento aéreo e depois ao de cruzeiros marítimos.
3. **Encontrar um nicho (ou vários)**: A empresa continuou fidelizando os funcionários das montadoras quando se aposentavam, oferecendo programas para a terceira idade, assim como produtos voltados para diversas faixas etárias.
4. **Aprender com seus erros**: O empresário deve ser ousado para criar e inovar, ganhar experiência com erros e acertos e mudar o caminho ou estratégia quando for preciso.

Nessa breve abordagem histórica, observamos que

> o crescimento, a organização e o profissionalismo das agências de turismo frisou [sic] toda a complexidade de atuação dessas empresas no mercado, suscetível a avanços de processos, equipamentos e tecnologias, ao lado das mudanças do comportamento do consumidor e das condições, favoráveis ou não, das destinações turísticas. (Rejowski; Perussi, 2008, p. 15)

O mercado está aberto para novas agências de turismo fazerem parte dessa história, ao mesmo tempo que a experiência e a tradição de muitas empresas tornam o mercado consolidado, em favor do desenvolvimento e do crescimento do turismo em âmbito nacional e internacional.

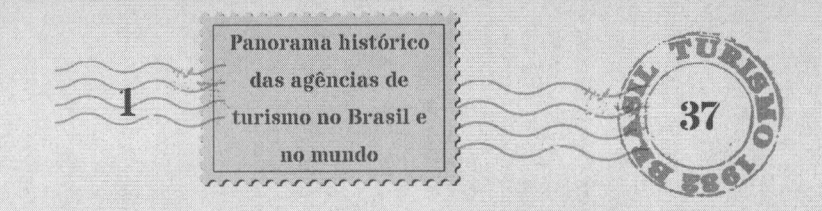

1.2 Panorama do setor no Brasil

O Ministério do Turismo disponibiliza estudos, pesquisas e dados sobre o setor turístico no país. Em 2012, as estatísticas básicas de turismo apresentaram informações sobre o fluxo receptivo internacional, a receita cambial gerada, as chegadas de turistas ao Brasil, os movimento de passageiros, os resultados econômicos e os equipamentos, os prestadores de serviços turísticos e os profissionais da área cadastrados no ministério (agências de turismo, oferta hoteleira, acampamentos turísticos, restaurantes e bares, parques temáticos, transportadoras turísticas, locadoras de veículos, organizadoras de eventos, prestadoras de serviço de infraestrutura para eventos e guias de turismo).

Na Tabela 1.1, é possível conferir a distribuição das 14.420 agências de turismo existentes no Brasil, que atuam tanto no mercado emissivo quanto no receptivo.

Tabela 1.1 – Agências de turismo cadastradas no Ministério do Turismo, segundo grandes regiões e unidades da Federação – 2011/2012

Grandes regiões e unidades da Federação	Agências de turismo	
	2011	2012
Brasil	13.188	14.420
Norte	666	715
Acre	49	63
Amapá	59	72
Amazonas	169	155
Pará	187	195
Rondônia	118	142

(continua)

(Tabela 1.1 – conclusão)

Grandes regiões e unidades da Federação	Agências de turismo	
	2011	2012
Tocantins	47	54
Nordeste	2.151	2.467
Alagoas	150	189
Bahia	615	663
Ceará	282	341
Maranhão	194	203
Paraíba	218	272
Pernambuco	324	385
Piauí	73	72
Rio Grande do Norte	184	204
Sergipe	111	138
Sudeste	6.631	7.130
Espírito Santo	184	195
Minas Gerais	1.281	1.407
Rio de Janeiro	1.825	1.990
São Paulo	3.341	3.538
Sul	2.639	2.838
Paraná	954	1.000
Rio Grande do Sul	1.028	1.073
Santa Catarina	657	765
Centro-Oeste	1.101	1.270
Distrito Federal	323	398
Goiás	328	377
Mato Grosso	216	237
Mato Grosso do Sul	234	258

Notas:

1. Quantidade de prestadores de serviços turísticos regularmente cadastrados no Sistema de Cadastro dos Empreendimentos, Equipamentos e Profissionais da Área de Turismo (Cadastrur), que declararam exercer a atividade de prestadoras de serviços de infraestrutura para eventos. Note-se que cada prestador de serviços pode se cadastrar em mais de uma atividade. Posição: 31 de dezembro de cada ano.

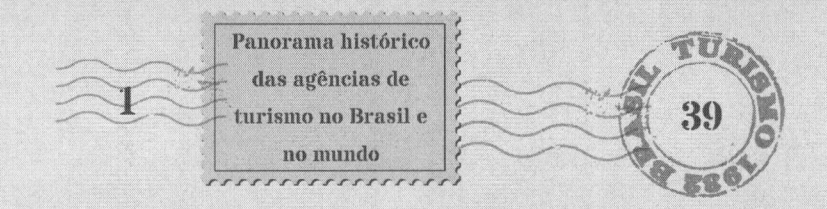

Panorama histórico das agências de turismo no Brasil e no mundo

2. A Lei n° 11.771, de 17 de setembro de 2008, institui o cadastro obrigatório dos prestadores de serviços turísticos junto ao Ministério do Turismo. Incluem-se como prestadores de serviços turísticos: 1 – Sociedade Empresária, 2 – Sociedade Simples, 3 – Empresário Individual, 4 – Serviços Social Autônomo, 5 – Cooperativa, 6 – Microempreendedor Individual (MEI) e 7 – Empresa Individual de Responsabilidade Limitada (Eireli).

3. Incluem-se em Agências de Turismo os subtipos de atividades a ela vinculadas no Cadastrur: I – Agência de Viagens, II – Agência de Receptivo e IV – Operadora de Turismo.

4. Dados de 2011 foram revisados. Nota-se que os estados da Região Sudeste têm o maior número de agências de turismo – respectivamente, São Paulo, Rio de Janeiro e Minas Gerais. Essas cidades também concentram uma demanda demográfica expressiva, já que a maioria das empresas atua no mercado emissivo.

Fonte: Adaptado de Brasil, 2013a.

Segundo o *Boletim de Desempenho Econômico do Turismo* (2013), a situação dos negócios é favorável, pois no primeiro trimestre de 2013 foi constatado que 39% das agências de viagem estão em expansão e 51% delas estão estáveis. Nesse estudo são analisados também outros fatores, como faturamento, preços, vendas de pacotes nacionais e internacionais, treinamento de pessoal, nível de emprego, grau de instrução dos funcionários e investimentos programados.

Em 2005, a Abav promoveu o Programa de Desenvolvimento Setorial em Agenciamento e Operações Turísticas (Proagência), para pesquisas e estudos de mercado sobre o agenciamento. A primeira pesquisa setorial, feita em 2006, revelou dados inéditos do perfil e da atuação de 930 agências de viagem em todas as regiões do Brasil.

Em 2008, foi feita uma nova pesquisa, que resultou no Diagnóstico dos Fatores Críticos da Competitividade Setorial no Agenciamento de Viagens e Operações Turísticas (Comparativo 2006/2008), que, além de comparar a evolução do mercado nesses dois anos, possibilitou a mensuração dos resultados qualitativos do projeto.

Em 2009, na segunda etapa do Proagência, a Abav e o Serviço Brasileiro de Apoio às Micro e Pequenas Empresas (Sebrae)

> deram continuidade ao trabalho de fortalecimento da rede de distribuição da cadeia produtiva do turismo, cujo foco está nos agentes de viagens. Para isso, buscou [sic] ferramentas capazes de possibilitar estratégias de inovação, como centrais de negócios, que é [sic] um modelo de consórcio unindo diferentes agências de viagens de pequeno porte para atuar em operações de compras, comercialização e acesso ao crédito junto ao trade turístico. (Abav, 2014a)

Esse projeto possibilitou a elaboração de diversas pesquisas e estudos, como: estratégias de inteligência competitiva para as agências de viagem; vender para o governo: manual prático para as agências de viagem; estratégias de *marketing* para agências de turismo receptivo; empreendedor individual: benefícios para o setor de agenciamento de viagens; análise geral da competitividade do setor de agenciamento de viagens brasileiro. Além disso, o projeto promove diversas ações de capacitação, com eventos, cursos e treinamentos para profissionais atuantes nas agências (Abav, 2014a).

Os conteúdos dessas pesquisas desenvolvidas pela Abav serão utilizados nos próximos capítulos deste livro, de acordo com cada temática abordada. O objetivo é aproximar a teoria do cenário real do agenciamento de viagens no Brasil.

1 Panorama histórico das agências de turismo no Brasil e no mundo

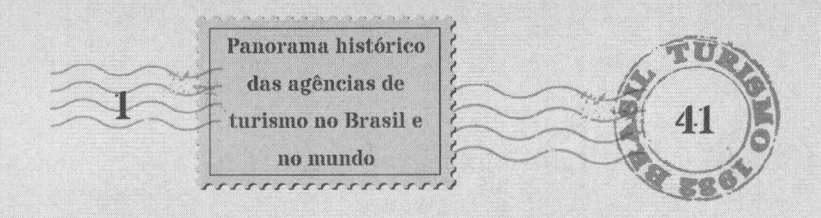

Síntese

Vamos resumir os principais assuntos abordados neste capítulo?

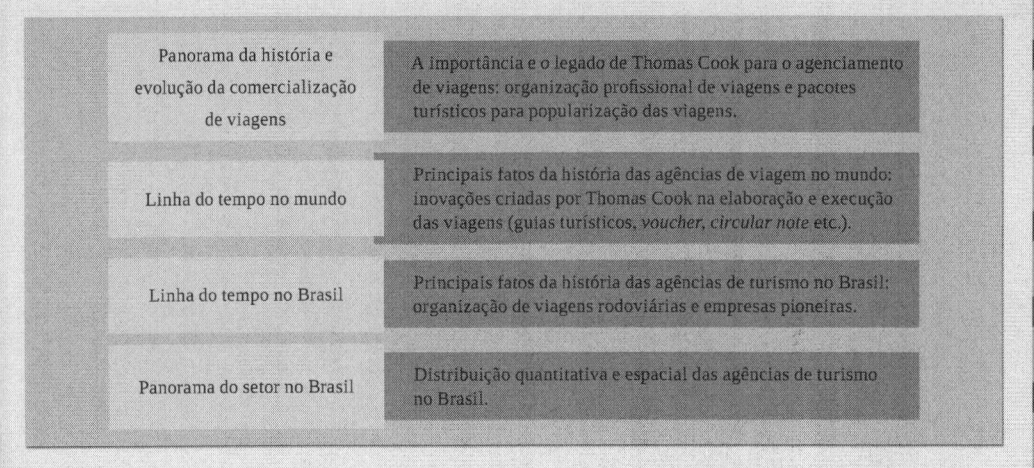

Panorama da história e evolução da comercialização de viagens	A importância e o legado de Thomas Cook para o agenciamento de viagens: organização profissional de viagens e pacotes turísticos para popularização das viagens.
Linha do tempo no mundo	Principais fatos da história das agências de viagem no mundo; inovações criadas por Thomas Cook na elaboração e execução das viagens (guias turísticos, *voucher*, *circular note* etc.).
Linha do tempo no Brasil	Principais fatos da história das agências de turismo no Brasil: organização de viagens rodoviárias e empresas pioneiras.
Panorama do setor no Brasil	Distribuição quantitativa e espacial das agências de turismo no Brasil.

Para revisar o conteúdo apresentado e refletir sobre ele, responda às questões propostas.

Questões para revisão

1. Qual foi a inovação da primeira viagem organizada por Thomas Cook em 1841?
   a) Negociação da passagem de trem a um preço reduzido.
   b) Viagem entre Leicester e Lougborough.
   c) Uso do transporte ferroviário na Inglaterra para passageiros.
   d) Viagens para participação de eventos.

2. Sobre o legado de Thomas Cook para o agenciamento de viagens, analise as sentenças:
   I) Com origem que remonta a meados do século XIX, Thomas Cook passou de um simples indivíduo organizador de excursões a proprietário de uma grande organização multinacional, que incluía linha aérea, operadoras de turismo, agências de viagem, entre outros.
   II) Thomas Cook foi considerado um "fazedor de férias". Seguindo esse conceito, ainda existem profissionais especializados em desenvolver produtos de viagem para diversos públicos e segmentações de mercado.
   III) O cupom de hotel foi criado para confirmar previamente as reservas para os viajantes, que apenas efetuavam o pagamento na chegada ao hotel. Atualmente, o *voucher* tem a mesma função, mas permite o pagamento antecipado via agência de viagem.

   É correto apenas o que se afirma em:
   a) I, II e III.
   b) II e III.
   c) I e II.
   d) II.

3. Analise a relação da história do agenciamento de viagens com o turismo de massa e o impacto da evolução dos meios de transporte. Cite um exemplo no cenário atual para ilustrar sua justificativa.

4. Qual foi o tipo de viagem que propulsionou o crescimento das agências de turismo no Brasil, a partir da década de 1960?

5. A Agaxtur é uma das poucas empresas familiares brasileiras que estão em atividade desde 1953, experiência que lhe trouxe grande credibilidade e capacidade de lidar com os desafios do mercado ao longo da história. Sobre esses fatores, marque a resposta correta:
   a) As agências de turismo não tinham concorrência até a década de 1960.
   b) A popularização do transporte aéreo permitiu ampliar a comercialização de viagens.

c) A Abav teve papel relevante na disposição sobre as atividades e serviços das agências de turismo, orientando e formalizando seu registro e funcionamento.
d) A desvalorização cambial afeta apenas as agências de turismo com filiais em outros países.

Fique por dentro!

Pesquise uma agência de viagem e uma operadora turística que atuem na sua cidade ou região e identifique a segmentação utilizada para comercialização de produtos e serviços.

Para saber mais

Sugerimos a leitura de algumas obras que complementam e aprofundam alguns temas abordados neste capítulo.

BRENDON, P. **Thomas Cook**: 150 Years of Popular Tourism. London: Secker & Warburg, 1991.

SALGUEIRO, V. Grand tour: uma contribuição à história do viajar por prazer e por amor à cultura. **Revista Brasileira de História**, v. 22, n. 44, p. 289-310, 2002.

SWINGLEHURST, E. **Romantic Journey**: Story of Thomas Cook and Victorian Travel. Michigan: Pica Editions, 1974.

WITHEY, L. **Grand Tours and Cook's Tours**: A History of Leisure Travel, 1750 to 1915. Michigan: William Morrow, Incorporated, 1997.

Essas obras abordam com mais profundidade a bibliografia de Thomas Cook, bem como sua contribuição para o agenciamento e o turismo no mundo.

MARCELO, H. V. As antecipações do turismo no Brasil. **Revista Iberoamericana de Turismo**, Penedo, v. 1, n. 2, p. 12-25, 2011.

O artigo explora a história do Brasil, segundo a perspectiva do turismo.

URRY, J. **O olhar do turista**: lazer e viagens nas sociedades contemporâneas. São Paulo: Sesc/Nobel, 1996.

A obra discute o lazer e o turismo sob diferentes percepções e experiências do turista, no contexto de um fenômeno social, destacando o surgimento e o desenvolvimento do turismo de massa.

2 Conceitos e características gerais das agências de turismo

Conteúdos do capítulo:

» Principais definições e terminologias referentes às agências de turismo.

» Características e funções das agências de turismo e das operadoras turísticas.

» Particularidades das agências de turismo generalistas e especialistas.

» Segmentações tradicionais e inovadoras do mercado turístico aplicadas às agências de turismo.

» Associações ou entidades de classe que representam as agências de turismo no Brasil.

Após o estudo deste capítulo, você será capaz de:

1. reconhecer a diferença conceitual entre agência de turismo, agência de viagem e operadora turística, de acordo com suas respectivas funções;

2. identificar a importância da segmentação turística, para definir o perfil do negócio e o ramo de atuação de uma agência de turismo;

3. compreender a relevância e as formas de atuação das entidades de classe específicas do agenciamento de viagens.

2.1 Conceitos e classificação

Muitas pessoas desconhecem as diferenças existentes entre as agências de turismo e o quanto o perfil de cada uma pode influenciar na organização e no processo de compra de uma viagem. No entanto, para um profissional, é importante saber diferenciar as características de cada empresa e também conhecer as vantagens e as desvantagens de cada uma delas.

> Antes de distinguirmos a terminologia aplicada aos conceitos de agenciamento de viagens, vamos examinar um conceito geral que identifica o setor.

Agências de viagem são prestadoras de serviços turísticos dedicadas à assessoria e à organização de viagens, atuando na intermediação remunerada entre os fornecedores e o cliente.

No Quadro 2.1, você pode verificar os principais elementos que caracterizam a prestação de serviços das agências de turismo no mercado turístico.

Quadro 2.1 – Elementos do conceito geral de agenciamento de viagens

Assessoria
» Pesquisa
» Filtragem
» Conselho profissional
Organização de viagens
» Conhecimento técnico
» Conhecimento prático
» Conhecimento próprio
Intermediação
» Intangibilidade
» Heterogeneidade
» Perecibilidade

(continua)

(Quadro 2.1 – conclusão)

Fornecedores
» Qualidade
» Confiabilidade
» Assistência
Clientes
» Atendimento
» Qualidade
» Preço

A **assessoria** está vinculada ao atendimento oferecido pelo agente de viagens, desde o momento da escolha do destino, passando pelo processo de compra, até a assistência ao cliente. Para Candioto (2012, p. 12), "o que uma agência vende é facilitação". O serviço de intermediação é, portanto, um diferencial acima do produto comercializado. Mas qual é o objetivo da **pesquisa** e da **filtragem**? Elas podem estar relacionadas tanto aos destinos quanto aos produtos. Um cliente pode ter interesse em viajar ao Caribe, por exemplo, mas será necessário, por parte do agente, um levantamento das opções de ilhas, conforme o perfil do cliente. Após essa decisão, é feita a escolha do produto mais adequado para a viagem, que pode ser um pacote turístico completo ou apenas a reserva de um hotel, caso o passageiro compre as passagens aéreas por um programa de milhagem, por exemplo. Nesse sentido, o agente depende de boas ferramentas de pesquisa e de informações atualizadas, como mapas, atrações do destino, melhor época e moeda. Dessa forma, por meio de seus **conselhos profissionais** (que podem indicar a melhor opção de viagem, destino e produto e garantir a satisfação da compra), o agente também interfere na decisão do cliente.

A **organização de viagens** requer competência, habilidade e aptidão/atitude para uma atuação bem-sucedida. Para isso, são necessárias ferramentas como **conhecimento técnico** (saber), vinculado à formação acadêmica em Turismo ou a cursos técnicos relacionados à função exercida;

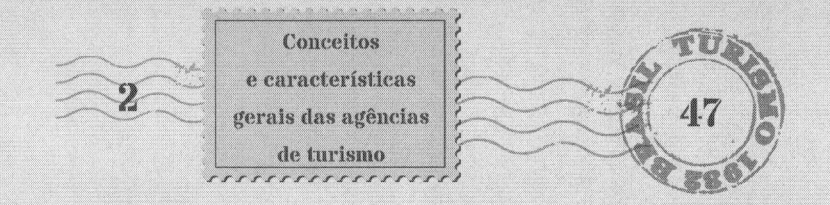

conhecimento prático (fazer), que se refere às habilidades no negócio e na comercialização de produtos turísticos; e **conhecimento próprio** (ser), que engloba as atitudes, as quais dependem de ética, compromisso e responsabilidade.

> Para entender a **intermediação** do produto turístico, vamos imaginar a realização da reserva de um hotel pela agência de turismo. O cliente, ao pagar, recebe uma confirmação de reserva – aspecto de intangibilidade, pois o consumo é feito apenas na chegada ao hotel. Durante a estadia, cada hóspede tem uma percepção diferente do hotel (heterogeneidade) e, por isso, cada serviço se desenvolve de maneira distinta. Por fim, o hotel não pode reutilizar os apartamentos não vendidos no dia, ao contrário de produtos físicos, que podem ser estocados – a esse aspecto damos o nome de *perecibilidade*.

A intermediação da agência de turismo é feita entre o **fornecedor** dos produtos e o cliente. Fornecedores podem ser companhias aéreas, hotéis, locadoras de veículos, companhias de cruzeiros marítimos, seguradoras, operadoras turísticas (pacotes turísticos), entre outros. O mercado de turismo é muito competitivo e oferece diversas opções de empresas em cada área de atuação. Cabe, assim, à agência de turismo selecionar os seus parceiros, segundo critérios de **qualidade**, **competência**, **profissionalismo**, **confiabilidade** e **assistência**. A agência de turismo pode fazer um excelente atendimento, mas, se o fornecedor não executar o serviço conforme o contratado e o esperado pelo cliente, todo o trabalho da agência ficará comprometido. Pela legislação vigente, aliás, a agência de turismo tem responsabilidade solidária em relação a problemas que possam acontecer na viagem, respondendo em nome do fornecedor pelos serviços prestados. Portanto, para a agência de turismo oferecer assistência integral ao passageiro, ela depende também desse mesmo suporte do fornecedor, para resolver qualquer imprevisto a qualquer hora, como cancelamentos de voos, *overbooking* e falhas técnicas em reservas.

Todo negócio depende de clientes para gerar lucro. O relacionamento interpessoal no agenciamento de viagens depende essencialmente da combinação de três fatores:

1. atendimento;
2. qualidade;
3. preço.

A venda de uma viagem não é algo simples, pois o atendimento exige tempo, atenção e envolvimento com as motivações do cliente. A possibilidade de fidelizar um cliente satisfeito é muito grande, e isso acaba criando um histórico de viagens, o que permite ao agente conhecer melhor o perfil pessoal e de compras desse cliente, além da melhor maneira de atender às suas necessidades. Cada turista tem as suas prioridades, seja por economia, seja por produtos de nível diferenciado – quando se paga mais pela garantia de qualidade.

O mercado de agenciamento de viagens se caracteriza por diferentes ramos de atuação e funções, e por isso é necessário utilizar uma nomenclatura para classificar os serviços prestados pelas agências de turismo. Em 1980, foi estabelecido o Decreto n. 84.934, de 21 de julho de 1980, que regulamenta o registro e o funcionamento das agências de turismo, com atividades privativas de (art. 2º):

> I – venda comissionada ou intermediação remunerada de passagens individuais ou coletivas, passeios, viagens e excursões;
>
> II – intermediação remunerada na reserva de acomodações;
>
> III – recepção transferência e assistência especializadas ao turista ou viajante;
>
> IV – operação de viagens e excursões, individuais ou coletivas, compreendendo a organização, a contratação e a execução de programas, roteiros e itinerários;

2 Conceitos e características gerais das agências de turismo

V – representação de empresas transportadoras, empresas de hospedagem e outras prestadoras de serviços turísticos;

VI – divulgação pelos meios adequados, inclusive propaganda e publicidade, dos serviços mencionados nos incisos anteriores.

O mesmo decreto, no art. 4º, classifica as agências de turismo de acordo com os serviços prestados:

- agência de viagens e turismo (AVT);
- agência de viagens (AV).

A diferenciação entre elas está na operação de viagens e excursões, individuais ou coletivas, compreendendo a organização, contratação e execução de programas, roteiros e itinerários, privativa apenas das AVTs, conhecidas também no mercado pelo termo *operadoras turísticas*.

Posteriormente, foi publicado o Decreto n. 5.406, de 30 de março de 2005, com o objetivo de identificar os prestadores de serviços turísticos, com vistas ao reconhecimento de suas atividades, empreendimentos, equipamentos e serviços, bem como do perfil de atuação, qualidade e padrões de serviços por eles oferecidos.

> Compreende-se por agência de turismo a pessoa jurídica que exerce, de modo isolado, cumulativo ou simultâneo, atividades econômicas próprias de organização e de intermediação remunerada entre fornecedores e consumidores de serviços turísticos, bem como atividades complementares a esses serviços. (Brasil, 2005)

Para estabelecer uma nomenclatura oficial, esse decreto distingue as agências produtoras como *operadoras turísticas* e as agências distribuidoras como *agências de viagem*, sendo que ambas podem ser identificadas no geral como *agências de turismo*, como é possível observar na Figura 2.1.

Figura 2.1 – Classificação das agências de turismo

Agências de turismo

Agências de viagem
A atividade de intermediação e distribuição compreende a oferta, a reserva e a venda a consumidores de um ou mais serviços turísticos fornecidos por terceiros:
- passagens;
- acomodação e outros serviços em meios de hospedagem;
- programas educacionais e de aprimoramento profissional;
- serviços de recepção, transferência e assistência;
- excursões, viagens e passeios turísticos, marítimos fluviais e lacustres.

Operadoras turísticas
A atividade de produção compreende a elaboração de programas, serviços e roteiros de viagens turísticas, nacionais ou internacionais, emissivas ou receptivas, que incluam mais de um serviço turístico.

Fonte: Elaborado com base em Brasil, 2005.

Em 2008, surgiu a Lei Geral do Turismo, Lei n. 11.771, de 17 de setembro de 2008 (Brasil, 2008b), que dispõe sobre as atividades principais das agências de turismo (passagens; acomodações e outros serviços em meios de hospedagem; programas educacionais e de aprimoramento profissional) e também sobre as atividades complementares, que compreendem a intermediação ou execução dos seguintes serviços:

I – obtenção de passaportes, vistos ou qualquer outro documento necessário à realização de viagens;

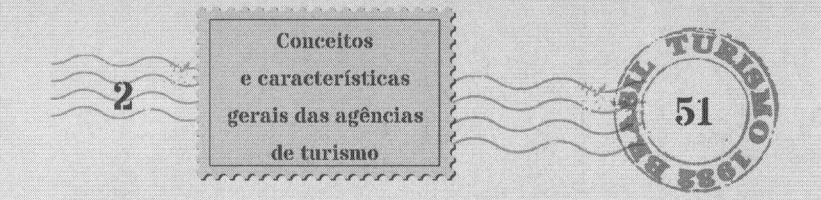

2 — Conceitos e características gerais das agências de turismo

II – transporte turístico;

III – desembaraço de bagagens em viagens e excursões;

IV – locação de veículos;

V – obtenção ou venda de ingressos para espetáculos públicos, artísticos, esportivos, culturais e outras manifestações públicas;

VI – representação de empresas transportadoras, de meios de hospedagem e de outras fornecedoras de serviços turísticos;

VII – apoio a feiras, exposições de negócios, congressos, convenções e congêneres;

VIII – venda ou intermediação remunerada de seguros vinculados a viagens, passeios e excursões e de cartões de assistência ao viajante;

IX – venda de livros, revistas e outros artigos destinados a viajantes;

X – acolhimento turístico, consistente na organização de visitas a museus, monumentos históricos e outros locais de interesse turístico.

Apresentamos a seguir, no Quadro 2.2, definições de outros autores da área, a fim de que você possa compará-las com o conteúdo explicado anteriormente.

Quadro 2.2 – Conceitos de agências de turismo

OMT, 2001, p. 40.	Agências de turismo são empresas de serviços, e sua função principal é a intermediação, das quais derivam outras funções, que vão desde a informação e o assessoramento ao cliente, até a organização de todo tipo de atividade relacionada ao setor de viagens e turismo e a elaboração de seus próprios produtos.
Tomelin, 2001, p. 17.	As agências de viagens e turismo, servindo como intermediárias e distribuidoras na prestação de serviços entre a oferta e a demanda, ou seja, entre aqueles que desejam viajar e aqueles que desejam receber os turistas, tornam-se ícones principais na distribuição dos produtos até o consumidor final.

(continua)

(Quadro 2.2 – conclusão)

Petrocchi; Bona, 2003, p. 11.	A agência de turismo desempenha, então, uma função de assessoria ao público, pois pesquisa, filtra e classifica as informações, cumprindo papéis de facilitadora para a população em geral e de intermediária entre empresas turísticas e fornecedores.
Marín, 2004, p. 28.	As agências são caracterizadas pela assessoria de viagens: recomendação confiável de destinos e serviços, planificação eficaz dos pacotes de viagem, fornecimento de informações relevantes sobre a viagem, assistência no processo de reserva, e solução de problemas na viagem.
Braga, 2008, p. 19.	As agências de viagens são um elemento do mercado turístico que funciona como agregador de serviços. São elas que transformam destinos turísticos e diversos equipamentos em produtos, atuando na produção e distribuição de bens e serviços turísticos.
Dantas, 2008, p. 36.	Cobrem o planejamento, a organização, a execução e a venda de pacotes turísticos, assim como a prestação de serviços na intermediação de serviços turísticos avulsos (reserva de hotéis, locação de veículos, reserva de passagens aéreas etc.) entre o prestador de serviços e o cliente.
Brasil, 2008b.	Compreende-se por agência de turismo a pessoa jurídica que exerce a atividade econômica de intermediação remunerada entre fornecedores e consumidores de serviços turísticos ou os fornece diretamente.
Candioto, 2012, p. 11.	A agência de viagem tem caráter varejista e atende ao consumidor final, prestando serviços, assessoria e informações detalhadas sobre os produtos.

Questão para reflexão

Quais são os elementos em comum entre os conceitos referentes a agências de turismo citados no Quadro 2.2?

Autores como Marín (2004), Dantas (2008), Braga (2008) e Candioto (2012) destacam nesses conceitos o planejamento e a organização de viagens, além do papel de assessoria no atendimento e na prestação de informações ao cliente, a partir da produção e da distribuição de produtos turísticos.

2.2 Segmentação e ramos de atuação no mercado

No mercado de turismo, existem diversas possibilidades de negócios e áreas de atuação, então cada agência de turismo deve definir suas estratégias para ser competitiva e atrair o público desejado. "A opção de segmentar ou não ocorre principalmente pelo aumento da oferta de produtos, pela expansão dos mercados e também pela vontade do cliente de ter seus desejos satisfeitos, que muitas vezes são específicos e não genéricos" (Ansarah, 1999, p. 24).

Uma agência de turismo pode ser especialista em determinado público, produto ou destino, enquanto outra pode ser generalista, aberta a atender todos os tipos de viagem. Quais são as vantagens e as desvantagens de cada uma delas?

Na **agência de turismo especializada**, o nível de conhecimento técnico dos produtos é muito maior, sem contar a experiência para o atendimento e a indicação de destinos e opções de viagem adequados à necessidade e ao perfil do cliente. Por outro lado, a agência fica mais vulnerável, caso seu mercado seja comprometido por fatores externos (política cambial, atentados terroristas etc.). É preciso pensar também na sazonalidade do produto, como os cruzeiros marítimos no Brasil, cuja temporada vai de novembro a abril, aproximadamente.

A **agência de turismo generalista**, por sua vez, tem a vantagem de poder fidelizar mais o cliente, já que em cada viagem ou férias são normalmente escolhidos destinos diferentes, o que exige uma flexibilidade maior para atendê-lo. Em contrapartida, esse quadro demanda um domínio maior dos produtos disponíveis no mercado, de modo a auxiliar e dar sugestões eficientes de viagens para o cliente, que pode escolher como destino qualquer lugar no Brasil e no mundo.

Em qualquer desses cenários, a agência de turismo precisa ter parcerias e não apenas contratos com fornecedores, uma vez que o trabalho de todos está relacionado para atender bem o turista. Uma agência de turismo generalista, por exemplo, pode ter uma operadora turística preferencial e, assim, conhecer bem seus produtos e já ter uma referência para recomendar ao cliente. Já uma operadora turística especialista pode ter um fornecedor exclusivo, o que a torna um diferencial, aumentando sua demanda. A Keith Prowse, por exemplo, é uma operadora turística especializada na venda de ingressos para eventos e *shows* de entretenimento no mundo inteiro; desse modo, ela já tem parceiros e canais de compra diretos, facilitando o acesso à informação e a compra no Brasil.

Vamos definir, na sequência, algumas categorias que identificam e caracterizam o ramo de atuação de uma agência de turismo.

a) **Fluxo de viagens**: Uma agência pode ter um fluxo de viagens emissivo ou receptivo. A agência de turismo especializada em turismo receptivo, conforme a Figura 2.2, oferece produtos no destino em que atua. Por exemplo, a operadora CVC® precisa atuar de acordo com agências de receptivo em Porto Seguro, para que sejam feitos os traslados do aeroporto para o hotel e o *city tour* incluso no pacote. Portanto, a operadora

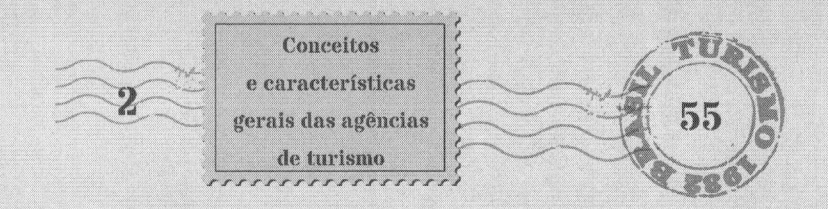

CVC® atua no emissivo, já que atende o turista na sua cidade de origem. Ela precisa estabelecer parcerias com agências de receptivo em todos os destinos presentes em seus pacotes turísticos.

Figura 2.2 – **Sistema produtivo do turismo receptivo**

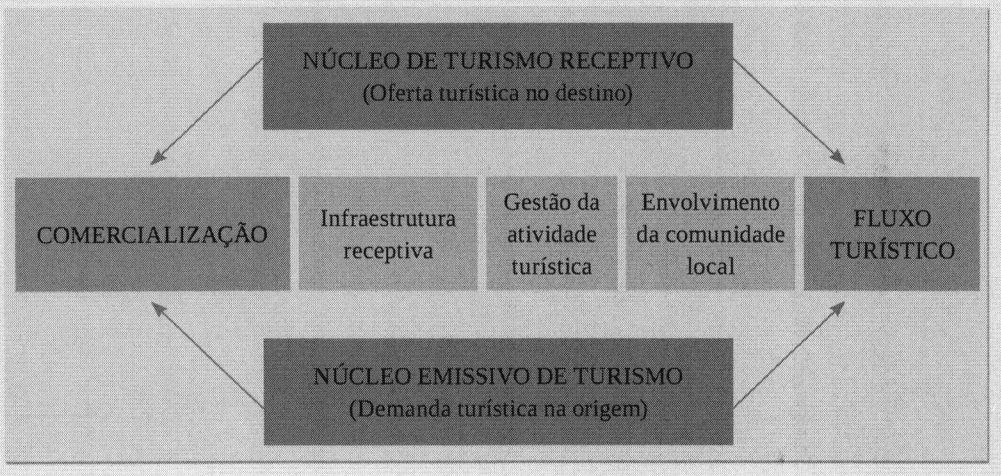

```
                    NÚCLEO DE TURISMO RECEPTIVO
                      (Oferta turística no destino)

                                                        
  COMERCIALIZAÇÃO   Infraestrutura   Gestão da   Envolvimento   FLUXO
                    receptiva        atividade   da comunidade  TURÍSTICO
                                     turística   local

                    NÚCLEO EMISSIVO DE TURISMO
                     (Demanda turística na origem)
```

Fonte: Adaptado de Sebrae-SP, 2001.

b) **Escala geográfica**: Está relacionada aos destinos dos produtos comercializados. Uma agência de turismo localizada no Brasil pode optar pela venda de produtos em outros países (internacional) ou pode apostar no turismo doméstico e comercializar apenas destinos nacionais. Existem, ainda, as agências de receptivo que atuam com roteiros locais, atendendo a públicos nacionais e estrangeiros.

c) **Perfil de atuação**: A estrutura da agência de turismo e a sua localização podem influenciar o tipo de público que ela deseja atingir.

> Agências de turismo físicas (tradicionais): Podem estar localizadas em salas comerciais com acesso mais restrito (geralmente atendimentos agendados), em lojas com vitrines em ruas de grande circulação ou centros comerciais, em *shoppings*, com atendimento além do horário comercial e em finais de semana.
> Agências de viagem *home-based*: Esse modelo pode ser adotado por pequenas agências de viagem, em que o proprietário atua sozinho e assume todas as funções da empresa. Assim, ele utiliza um escritório na sua própria casa como base e fica disponível para atendimentos na casa ou escritório dos seus clientes.
> Agências de viagem acadêmicas: Estão localizadas dentro de universidades ou instituições de ensino. Nessas parcerias, a agência de viagem fica à disposição para atender às demandas de viagens técnicas dos cursos e também às demandas de lazer e corporativas de alunos, professores e funcionários. Oferece uma contrapartida maior de vagas de estágios para a prática dos alunos do curso de Turismo, antes de ingressar no mercado.
> Agências de turismo virtuais: Também conhecidas como OTAs (*On-Line Travel Agencies*), são agências que comercializam apenas pela internet. Os pontos fortes são a tecnologia, já que os sistemas de busca e informação de produtos e serviços ficam disponíveis para o cliente acessar a qualquer hora e de qualquer lugar. O preço também costuma ser um atrativo, estimulando o consumidor a fazer a compra por conta própria, pela conveniência ou por constatar uma economia em relação a outros canais de compra, como as agências de turismo tradicionais.

Em relação à classificação, as operadoras de turismo costumam ser empresas maiores, com capital de investimento suficiente para manter escritórios em *shoppings* ou desenvolver sistemas competitivos para atuação no comércio eletrônico. As agências de viagem, na maioria, são empresas com estruturas tradicionais de atendimento, mas que estão cada vez mais inseridas nos meios eletrônicos, com o respaldo de operadoras e outros fornecedores que investem em tecnologia para os agentes de viagem.

Além da estrutura, é necessário pensar nos produtos que cada agência de turismo vai colocar na sua "prateleira". A seguir, vamos conhecer as possibilidades de negócios com que as agências de turismo podem trabalhar.

2.2.1 Tipologias tradicionais e inovadoras

Muitas agências de turismo não definem sua segmentação de mercado e acabam trabalhando sem foco ou estratégia para otimizar os negócios. No entanto, quando existem identificação e posicionamento no mercado, a agência de turismo tem o produto certo para o cliente certo.

> Embora, de um lado, haja agências de grande porte que operam e comercializam qualquer tipo de produto (desde pacotes comuns rodoviários para o sul do Brasil até viagens internacionais diferenciadas para o Taiti), de outro, há um número crescente de agências que se especializam em um determinado público, chegando até a restringirem seus negócios a esse segmento. (Astorino, 2008, p. 199)

A mesma autora sugere que os mercados emergentes para o agenciamento de viagens são:

» *singles* (solteiros jovens, de meia-idade e idosos);
» casais sem filhos;
» GLBT (*gays*, lésbicas, bissexuais e transgêneros);

- » melhor idade;
- » grupos de formatura;
- » mochileiros;
- » mergulho;
- » cruzeiros;
- » observação de fauna silvestre;
- » viagens pós e pré-eventos;
- » mercado de luxo.

Como lemos em Brasil (2013b), "a segmentação é entendida como uma forma de organizar o turismo para fins de planejamento, gestão e mercado. Os segmentos turísticos podem ser estabelecidos a partir dos elementos de identidade da oferta e também das características e variáveis da demanda". As segmentações do turismo brasileiro adotadas atualmente são:

- » turismo social;
- » ecoturismo;
- » turismo cultural;
- » turismo de estudos e intercâmbio;
- » turismo de esportes;
- » turismo de pesca;
- » turismo náutico;
- » turismo de aventura;
- » turismo de sol e praia;
- » turismo de negócios e eventos;
- » turismo rural;
- » turismo de saúde.

Confira, no Gráfico 2.1, os principais segmentos de atuação das agências de turismo brasileiras.

Gráfico 2.1 – Perfil das agências de turismo no Brasil: segmento de atuação

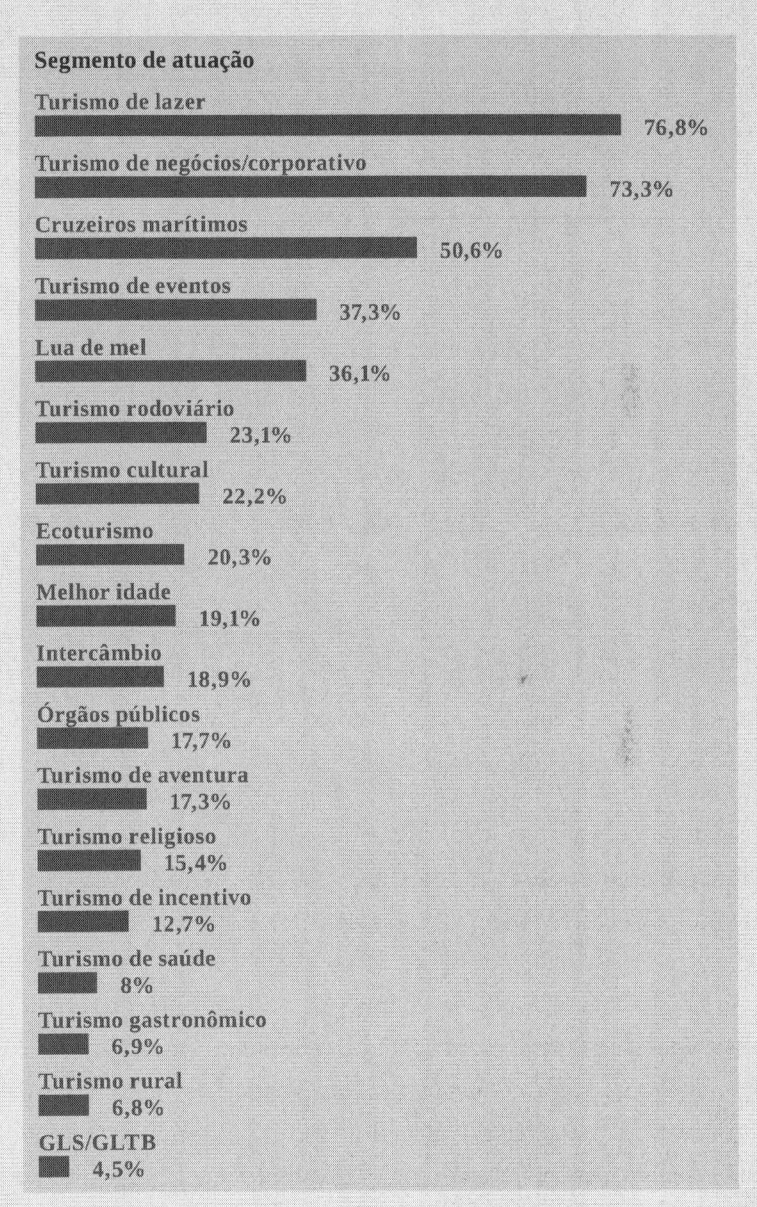

Segmento de atuação	
Turismo de lazer	76,8%
Turismo de negócios/corporativo	73,3%
Cruzeiros marítimos	50,6%
Turismo de eventos	37,3%
Lua de mel	36,1%
Turismo rodoviário	23,1%
Turismo cultural	22,2%
Ecoturismo	20,3%
Melhor idade	19,1%
Intercâmbio	18,9%
Órgãos públicos	17,7%
Turismo de aventura	17,3%
Turismo religioso	15,4%
Turismo de incentivo	12,7%
Turismo de saúde	8%
Turismo gastronômico	6,9%
Turismo rural	6,8%
GLS/GLTB	4,5%

Fonte: Adaptado de Proagência, 2006, p. 18.

Apresentamos, na sequência, as características dos principais modelos de agências de turismo existentes atualmente no mercado.

a) **Agências de turismo e lazer**

O mercado de lazer tem um público diversificado, de famílias com crianças e adolescentes, casais sem filhos, solteiros, terceira idade, GLBT etc. Apresenta grande interferência da sazonalidade – causada em grande parte pelo período de férias (alta temporada) – e uma grande procura, tanto por pacotes turísticos nacionais quanto por pacotes internacionais. Tem também destinos com programação de lazer (*resorts* de praia) para atender às famílias. Esse mercado caracteriza-se por uma grande concorrência, o que exige da agência um atendimento com agilidade e preços compatíveis. Para isso, é importante compreender o perfil e a motivação do cliente, que pode preferir praticar turismo cultural, de esportes, de pesca, náutico, de aventura, sol e praia, rural, de saúde, entre outros. Ex.: New Age Tour Operator; Agatur.

b) **Agências de turismo corporativas**

O mercado corporativo é representado pelas viagens de negócios e eventos. As principais diferenças estão no cliente, que são empresas (pessoa jurídica), e nos contratos, que são firmados com agências de turismo para atendimento exclusivo. Uma agência de turismo pode ter um departamento corporativo ou atuar exclusivamente nessa segmentação. As viagens de negócios têm características diferentes das de lazer, pois são realizadas a trabalho, alheias à motivação e às preferências particulares do funcionário ou empresário. Muitas viagens são confirmadas com pouca antecedência, o que exige precisão e agilidade nas informações. Conforme o volume de compra da empresa, podem ser feitas negociações e contratos com fornecedores preferenciais. A agência de turismo passa a atender à política de viagens da empresa, com procedimentos padronizados de atendimento e controle, além de acompanhamento para redução de custos. Ex.: Avipam Turismo e Tecnologia; Maringá Turismo©.

Existem, também, as chamadas *viagens de incentivo*, que são premiações oferecidas pelas empresas, com uma programação personalizada e exclusiva para os contemplados (clientes, funcionários e/ou fornecedores) terem experiências únicas e memoráveis. A agência de turismo fica responsável pela organização da logística de viagem e pelas providências relacionadas à realização do evento, que costuma ocorrer em *resorts*, cruzeiros marítimos ou destinos de grande atração turística, que gerem, além da motivação, o sentimento de reconhecimento e recompensa por parte do participante.

Estudos de caso

Acompanhe exemplos de viagens de incentivo organizadas por uma operadora turística especializada.

Itália: Milão, Veneza e Roma

Perfil do grupo: funcionários de grandes cooperativas, acompanhantes e representantes da empresa.

Desafio: organizar uma viagem com diversos toques de incentivo, inclusão de passeios diferenciados e serviços de alta qualidade para público bastante viajado, exigente e de alto poder aquisitivo.

Diferenciais:

» Encostos de cabeça personalizados para os transportes em Veneza e Roma;
» Passeio de barco exclusivo ao grupo para visita à Ilha de Murano;
» Traslado em gôndolas para o jantar de gala;
» Jantar de gala no Palácio Cà Zanardi, com músicos em trajes típicos e decoração especial, incluindo candelabros de cristal de Murano;

- Embarque em primeira classe em trem de alta velocidade com destino a Roma;
- Visita ao Museu do Vaticano e à Capela Sistina;
- Passeio dos homens pelo interior da Itália em carros clássicos italianos e entrega de miniaturas dos carros utilizados ao final desse passeio;
- Degustação de vinhos com explicação de um *sommelier* em uma adega subterrânea, enquanto as mulheres fazem um *tour* de compras;
- Jantar de despedida em restaurante mundialmente famoso, que fica localizado em um elegante palácio entre a Piazza Navona e o Rio Tibre.

África do Sul: Cape Town e Sun City

Perfil do grupo: proprietários de concessionárias de veículos comerciais. Casais de meia-idade com excelente poder aquisitivo, pouca experiência em destinos exóticos e exigência de qualidade no que tange à gastronomia, à hospedagem e a compras.

Desafio: organizar a viagem de forma a mostrar o melhor do país em apenas 5 noites/6 dias de programação e sem a percepção de muitos deslocamentos, o que tornaria a viagem cansativa.

Diferenciais:

- *Teaser*: *e-mails marketing* e uma garrafa de vinho sul-africano juntamente com uma carta divulgando o prêmio e convidando-os a participar da viagem à África do Sul;
- Almoço pré-embarque exclusivo ao grupo, com recepção de promotoras em trajes de safári;
- Fretamento de uma aeronave exclusiva para a viagem de Cape Town a Pilanesberg, com serviço especial de alimentação e bebidas a bordo;
- Coquetel com espumante e folhas de ouro realizado no inusitado Museu do Ouro;

2 Conceitos e características gerais das agências de turismo

> » Jantar especial com *show* de dançarinos africanos realizado no *boma* do *lodge* com decoração temática exclusiva ao grupo;
> » Visita a uma vinícola em Constantia, para apreciar os renomados vinhos africanos e, junto com o *chef*, harmonização dos vinhos com os pratos servidos;
> » Entrega de certificado a cada premiado relativo à compra de uma estrela batizada com o nome de cada concessionário.

Fonte: Adaptado de Queensberry..., 2014.

Por último, existem empresas que lidam especificamente com a logística de eventos. Muitos eventos precisam organizar e oferecer uma logística de viagem para receber o público e demais convidados. De acordo com o porte do evento, em especial quando há participantes de outras cidades e países, utilizam-se os serviços de uma agência de turismo oficial, que pode ser, até mesmo, especializada nesse segmento. É possível fazer acordos específicos para eventos com as companhias aéreas, definir bloqueios com os hotéis oficiais e com as empresas de receptivo para oferecer traslados e passeios turísticos. Ex.: Mac Viagens, M. Leal.

c) **Agências de turismo e cruzeiros**

Oferecem principalmente cruzeiros em roteiros nacionais e internacionais, de diversas companhias marítimas ou como representantes exclusivos. A maioria das operadoras de turismo conta com um setor especializado. Este é um produto mais voltado para o público de lazer, apesar de também haver a possibilidade de realização de eventos de negócios e de incentivo. Os principais atrativos são a infraestrutura do navio, o itinerário, além do custo-benefício em relação à hospedagem, alimentação e entretenimento a bordo. No Brasil, em cada temporada são lançados com antecedência os roteiros e navios disponíveis, o que possibilita a comercialização ao longo do ano. Ex.: Agaxtur, Central de Cruzeiros.

d) **Agências de turismo e lua de mel**

A viagem de lua de mel é uma tradição para muitos noivos, que buscam destinos de lazer para descanso e entretenimento. Muitos casais optam por oferecer cotas da viagem como opção na lista de presentes para os convidados. A função da agência de turismo é auxiliar os noivos na escolha da viagem e depois administrar e receber as quantias definidas nas cotas para reverter em crédito para o casal. Existem, ainda, alguns *sites* especializados em casamento que identificam o valor da cota com a temática da viagem dos noivos, ou seja, passeios turísticos, jantares, diárias de hospedagem, entre outros. Muitas agências participam de feiras de casamento para divulgar esse serviço. Existem também clientes que desejam fazer a cerimônia e a festa de casamento em *resorts* e outros destinos turísticos, e a agência de turismo pode, ainda, organizar toda a logística de viagem para o casal e para os convidados. Ex.: CVC® Noivos, Intravel.

e) **Agências de turismo e excursões rodoviárias**

São especializadas em organizar pacotes para viagens em grupo, realizadas em ônibus, micro-ônibus ou *vans*. A partir da cidade de origem e do perfil do público-alvo, são definidos os destinos de maior interesse e os mais adequados para viagens rodoviárias. Os grupos de terceira idade normalmente buscam hotéis e *resorts* para relaxamento e tratamentos de saúde, como termas e *spas*. Já o público de estudantes tem interesse em visitas técnicas, eventos e lazer, como os grupos de formatura. Ex.: Paraísotur, Turuni.

f) **Agências de turismo e ecoturismo**

Essas empresas elaboram produtos voltados para um turismo sustentável, promovendo a consciência ambiental e a interpretação dos patrimônios cultural e natural, em contato com as comunidades locais. Por isso, além do aspecto comercial, essas agências de turismo especializadas costumam estar envolvidas em projetos e atividades de educação ambiental e responsabilidade social. As agências de turismo que atuam nesse ramo selecionam destinos em que a natureza seja a atração principal, como Chapada Diamantina, Chapada dos Veadeiros, Monte Roraima, Jalapão, Bonito, Pantanal, Amazônia, entre outros roteiros nacionais e internacionais. São pacotes diferenciados, que requerem segurança e conhecimento do produto, para garantir uma experiência de qualidade no contato com o ambiente natural. Ex.: Ambiental, Freeway.

g) **Agências de turismo e melhor idade**

O público de melhor idade é potencial para as agências de turismo, pois está interessado em direcionar seu tempo livre e seus recursos financeiros, principalmente após a aposentadoria, para viajar e "curtir a vida". Pode aproveitar os menores preços da baixa temporada e fazer várias viagens por ano, geralmente em excursões ou por meio de pacotes com toda a programação previamente definida, o que gera mais comodidade e tranquilidade. As motivações são diversas no mercado de lazer, o que propicia experiências únicas e destinos inéditos. Como exemplo, temos o programa Viaja Mais Melhor Idade, promovido pelo Ministério do Turismo, exclusivo para pessoas com idade a partir de 60 anos. As agências de turismo cadastradas oferecem condições e vantagens exclusivas na comercialização de pacotes turísticos para esse público, especialmente em períodos de baixa temporada (Panrotas, 2013).

h) **Agências de turismo e intercâmbio**

São agências de turismo especializadas na organização, na venda e na orientação de produtos vinculados à educação e à formação profissional no exterior. Existem cursos de idiomas, *high-school* (equivalente a uma parte do ensino médio), cursos profissionais de extensão, graduação e pós-graduação e diversos programas para trabalhar no exterior. Todos podem ser conciliados com atividades e cursos complementares, voltados para a área de interesse do aluno. Você pode viajar para a Itália e fazer um curso de italiano de manhã e outro de *design* de moda à tarde, por exemplo. Considerando-se o público brasileiro, os principais países que disponibilizam essas opções de intercâmbio são África do Sul, Alemanha, Argentina, Austrália, Canadá, Chile, China, Espanha, Estados Unidos, França, Inglaterra, Irlanda, Itália, Nova Zelândia e Suíça. Ex.: CI, STB.

i) **Agências de turismo representantes**

São vendedoras oficiais e autorizadas a representar um serviço ou produto. Devem seguir os parâmetros e a política de vendas do fornecedor que se utiliza desse canal de distribuição. Quando se trata de companhias aéreas, essas agências de turismo levam o nome de *General Sales Agent* (GSA), com autonomia para atendimentos de determinada empresa aérea. Por conta de políticas de redução de custos e de novas formas de comercialização *on-line*, este é um modelo pouco adotado no mercado atualmente. Ex.: a TT Operadora, representante dos passes de trem da Eurail, que, por isso, atende agências de viagem, operadoras e o consumidor final. Já a Valetur é a operadora oficial do Rio Quente Resorts em nível nacional.

j) **Agências de turismo consolidadoras**

Essas agências distribuem produtos e serviços exclusivamente para as agências de turismo. Fazem a intermediação principalmente das companhias aéreas, disponibilizando sistemas e recursos próprios para reservas e emissão de passagens aéreas nacionais e internacionais. Para a agência de turismo é uma grande vantagem, pois o consolidador representa um canal único de acesso a diversas empresas aéreas, o que facilita os procedimentos operacionais e financeiros. Ex.: Flytour, Gapnet®.

Todas essas categorias podem ser combinadas de diversas maneiras, conforme a estratégia e a idealização do negócio pelo empreendedor, que, ao abrir uma agência de turismo, deve conhecer o mercado, a concorrência e o perfil dos clientes que pretende alcançar. A operadora turística Visual, por exemplo, com sede em São Paulo e com escritórios regionais em dez cidades, atua com perfil generalista no mercado apenas de lazer e oferece: pacotes nacionais (por estado), *resorts*, roteiros ecológicos, pacotes para feriados e lua de mel, viagens de estilo e charme, locação de veículos, roteiros internacionais e cruzeiros marítimos e fluviais. A Agatur é uma agência acadêmica de turismo, também de perfil generalista, que atua no segmento de lazer, eventos e viagens de estudo. Já o grupo Flytour, uma das maiores empresas de turismo do Brasil, atua como agência de turismo corporativa, agência consolidadora e operadora turística de lazer.

Existem, ainda, agências de turismo que inovam na prestação de serviços, para atender a uma demanda potencial ou apostar em uma tendência de mercado.

Para muitos indivíduos, viajar está associado principalmente a um *status* social, combinado com outros fatores como qualidade de vida, bem-estar, lazer, poder aquisitivo e nível cultural. No entanto, condições físicas, financeiras ou pessoais podem impedir a realização de uma sonhada viagem. Por isso, Santos (2009) pesquisou sobre o consumo de pacotes fictícios que estão sendo ofertados por uma agência de turismo chamada Perseus Tours, em Moscou, na Rússia, para os chamados *pseudoturistas*. Segundo a pesquisa, "tais pacotes são adquiridos com o objetivo de se obter prestígio social e constituem-se em suvenires e uma série de objetos autenticadores que têm por finalidade comprovar a realização de uma viagem que não aconteceu".

Em contrapartida, a empresa Immaginare – Experiências e Viagens Extraordinárias, do Grupo Freeway, defende que "em meio à tendência atual de virtualização das relações humanas, a Immaginare desponta com um convite à experiência real, aquela que provoca sensações e emoções únicas, que ficam marcadas para sempre". Foram definidas diversas categorias para diferenciar as viagens, como *vip*, água, corpo e alma, nas nuvens, pecados e escapadas. Seguem alguns exemplos dessas experiências inesquecíveis.

» **O hotel mais sustentável do mundo** (Eslováquia): O hotel utiliza água geotermal que brota do solo como meio de geração de energia; assim, consegue alimentar todo o complexo do *resort* e ainda ajudar várias casas e indústrias da cidade.
» **Uma noite de presidiário** (Alemanha): Construído em um antigo presídio, datado de 1867, o hotel oferece aos hóspedes a sensação de ser um detento. Todos os ambientes, desde os 57 quartos até o bar fechado por grades, mantêm o espírito e as características originais da construção.
» **Um dia de James Bond** (Tailândia): Uma emocionante e divertida aventura na região da ilha conhecida hoje como *James Bond Island*. O passeio inclui a navegação por formações rochosas, desembarque em ilhas inabitadas, remo em canoas por cavernas e paradas em belíssimas praias de areia branca.
» **1.001 noites no deserto** (Emirados Árabes Unidos): Inclui representação de mercado local, roupas típicas para os participantes, banda arábica, tatuagens de hena, cartomantes, passeios de camelo e dançarinas do ventre.
» **Um castelo exclusivo para você** (Escócia, França, Inglaterra e Irlanda): A experiência permite a escolha entre muitos castelos europeus. Alguns aceitam somente a locação exclusiva do imóvel, outros alugam quartos como um hotel normal. Há muito luxo nos quartos

decorados com peças seculares e, ao mesmo tempo, com o conforto moderno. Existem várias atividades que podem ser realizadas nas cercanias: montaria, golf, falcoaria, arco e flecha, entre outras.

» **Aventura medieval** (República Tcheca): No castelo, o turista é recepcionado por tocadores de trompetes acomodados nas janelas. Inclui a apresentação de esgrimistas lutando com suas armas típicas, dançarinos medievais, malabaristas e música ao vivo. Os participantes podem testar suas habilidades manuais fazendo cestas, velas, enfeites com pão de gengibre, moedas de metais, entre outros artefatos.

As motivações e o comportamento do consumidor são diversificados e muitas vezes desconhecidos, o que é um cenário favorável para que novas agências de turismo criem novos produtos e tenham um diferencial no mercado. Portanto, a segmentação da oferta para atender às necessidades da demanda é uma estratégia essencial a ser considerada na abertura e na gestão de uma agência de turismo.

2.3 Entidades do setor

Nesta seção, vamos destacar as principais entidades que representam especificamente as agências de turismo no Brasil e suas respectivas funções.

A **Associação Brasileira de Agências de Viagens (Abav)** é a principal entidade que representa as agências de viagem em nível nacional, com sedes em todos os estados. Teve início no Rio de Janeiro, em 1953, com a presidência de Luiz Amâncio Tarquínio de Souza, quando existiam apenas 74 agências de viagem no mercado.

Como vantagem aos associados, atualmente são oferecidas algumas parcerias: consórcio nacional Gazin, pelo programa Viaja Fácil Brasil

Gestão de agências de viagem: orientações para você abrir e administrar o seu negócio

Raquel Pazini

e pela TCN – Consultoria e Negócios, com facilidade de crédito e condições especiais de parcelamento no pagamento de viagens; *Phone Access*, para venda de cartões telefônicos para ligações no exterior; acordo com o grupo Fitta para a realização de operações do câmbio turismo. Além disso, há o reconhecimento da empresa associada, por compartilhar os seguintes objetivos da Abav Nacional (Abav, 2014b):

» Representar os interesses das Agências de Viagens
» Promover o bem-estar social e o congraçamento da classe em todo o território nacional
» Defender os legítimos interesses da indústria do Turismo como um todo, colaborando com os poderes públicos no estudo e solução dos problemas do setor
» Fomentar o desenvolvimento do Turismo nacional em todas as suas manifestações
» Promover a divulgação e publicidade das matérias de interesse da entidade, o que permite levar ao conhecimento dos associados todos os acontecimentos referentes ao turismo nacional
» Promover congressos, exposições de turismo e conferências que contribuam para o desenvolvimento técnico do setor
» Promover, através do ICCABAV, a valorização e o treinamento de recursos humanos

O programa Iccabav (Instituto de Capacitação e Certificação da Associação Brasileira de Agências de Viagens) promove a qualificação de profissionais e o aprimoramento da gestão no setor de turismo. Com cursos presenciais e a distância, os principais temas são: tecnologia e conectividade; gestão econômica e finanças; gestão empresarial e vendas; geografia turística; práticas focadas nos diversos tipos de turismo; gestão de pessoas.

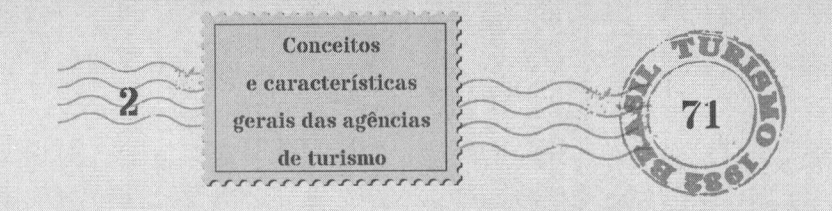

Anualmente, a Abav também promove a Feira das Américas, que, em 2014, chega à sua 42ª edição, representando os profissionais responsáveis por mais de 85% das vendas do setor. O evento conta com toda a diversidade de expositores que compõem o mercado do turismo: operadores emissivos e receptivos, destinos, consolidadores, companhias aéreas, hotéis, locadoras de automóveis, tecnologia, parques temáticos, transportadores rodoviários, centros de eventos, empresas do mercado financeiro e de câmbio, consultorias, segmentos especializados, entre outros. Segundo Guilherme Paulus, Presidente do Conselho de Administração da CVC®,

> a maior feira das Américas é também o maior encontro das lideranças do turismo. Contribui para o incentivo de debates sobre as potencialidades e os gargalos de nossa indústria, aproxima a iniciativa privada do poder público e estimula alianças e troca de experiências para o desenvolvimento do turismo. (Paulus, 2013)

A **Associação Brasileira das Operadoras de Turismo (Braztoa)** teve início em São Paulo, no ano de 1989, e hoje congrega um grupo de 99 empresas, sendo 90 operadoras de turismo de todo o Brasil, que atuam nos mercados nacional e internacional, emissivo e receptivo. Juntas essas empresas comercializam aproximadamente 90% das viagens no país (Braztoa, 2013a). Os principais objetivos da entidade são:

» promover a valorização, no país e no exterior, das atividades desenvolvidas por seus associados;
» realizar ações promocionais, publicitárias e comerciais que aproximem seus associados das agências de turismo compradoras dos serviços que prestam no exterior;
» representar para seus associados uma garantia suplementar nas relações com fornecedores e clientes;

- » promover ações de gestão voltadas aos meios de comunicação visando obter melhores condições de preços;
- » representar seus associados diante das transportadoras aéreas, dos hotéis e de outros fornecedores com o fim de aperfeiçoar o relacionamento comercial entre eles;
- » representar seus associados diante de entidades classistas e das autoridades nacionais, estrangeiras e internacionais;
- » participar de entidades internacionais que congregam entidades congêneres;
- » exercer outras atividades que sejam de interesse de seus associados.

Entre as principais iniciativas da Braztoa está o *Turismo Week*, uma campanha realizada na baixa temporada com promoção de viagens para destinos nacionais e internacionais. Na edição de março de 2013, 45 operadoras participantes ofertaram cerca de 1.800 roteiros com descontos de até 50%. Existe também o programa Braztoa Sustentabilidade, que desde 2005 incentiva os associados a atuarem de forma mais responsável, incorporando o conceito de sustentabilidade na gestão das empresas, para melhores práticas no mercado, sustentada em questões econômicas, socioculturais e ambientais. Os encontros comerciais da entidade são eventos focados em negócios e na atualização profissional, direcionados para o público dos agentes de viagem. Em 2013, esse evento passou a se integrar à Feira das Américas, promovida pela Abav, com o intuito de integrar o *trade* turístico, com mais qualidade, otimização de recursos e expectativas de bons negócios (Braztoa, 2013b).

No segmento corporativo, temos também a **Associação Brasileira das Agências de Viagens Corporativas (Abracorp)**, que tem a proposta de "disseminar, junto aos associados, as melhores práticas de operação e relacionamento com os clientes e demais integrantes da indústria de viagens corporativas" (Abracorp, 2014).

Em função de as agências de turismo se relacionarem com diversos setores do turismo, cabe ao profissional estar atento também às ações de outras entidades, como a Associação Brasileira da Indústria de Hotéis (Abih); o Fórum de Operadores Hoteleiros do Brasil (Fohb); a Associação Brasileira de Empresas de Eventos (Abeoc); a Associação Brasileira das Empresas de Ecoturimo e Turismo de Aventura (Abeta); a Associação Brasileira das Locadoras de Automóveis (Abla); a Associação Brasileira de Bares e Restaurantes (Abrasel); a Convention & Visitors Bureau (CCVB); a Associação Brasileira das Empresas Aéreas (Abear); a Federação Nacional de Turismo (Fenactur); a Associação Brasileira de Cruzeiros Marítimos (Abremar).

Já o **Ministério do Turismo** tem o objetivo de desenvolver o turismo como uma atividade econômica sustentável, com papel relevante na geração de empregos e divisas, proporcionando a inclusão social. Em sua estrutura organizacional, existe a Secretaria Nacional de Políticas do Turismo, que assume o papel de executar a política nacional para o setor, orientada pelas diretrizes do Conselho Nacional do Turismo. Além disso, ela é responsável pela promoção interna, zelando pela qualidade da prestação do serviço turístico brasileiro.

A atuação do **Instituto Brasileiro de Turismo (Embratur)** concentra-se na promoção, no *marketing* e no apoio à comercialização dos produtos, serviços e destinos turísticos brasileiros no exterior (Brasil, 2013c).

Síntese

Conceitos e classificação	As agências de turismo se dividem em agências de viagem (distribuição) e operadoras turísticas (produção) e são responsáveis pela intermediação de produtos e serviços entre os fornecedores e o consumidor final.
Segmentação e ramos de atuação no mercado	Existem diversas segmentações no turismo que podem ser utilizadas na formatação e comercialização de produtos. A agência de turismo pode atuar com perfil generalista ou especialista e ainda utilizar critérios geográficos, fluxo de viagens e estrutura de atendimento para caracterizar o negócio.
Tipologias tradicionais e inovadoras	Cada agência de turismo pode utilizar a segmentação como uma estratégia, tanto para criar uma identificação e diferencial da empresa quanto para atender melhor as necessidades do seu público-alvo.
Entidades do setor	A Abav é a associação de classe qe representa as agências de viagem, enquanto a Braztoa representa as operadoras turísticas e brasileiras no Brasil.

Para revisar o conteúdo apresentado e refletir sobre ele, responda às questões propostas.

Questões para revisão

1. Em relação aos aspectos conceituais do agenciamento de viagens, responda verdadeiro (V) ou falso (F). Depois, marque a resposta correta:
   - ( ) As agências de viagem podem ser classificadas em agências de turismo e operadoras turísticas.
   - ( ) As agências de viagem são responsáveis pela produção e pela distribuição do produto turístico no mercado.
   - ( ) As operadoras turísticas fazem a intermediação entre as agências de viagem e os fornecedores na elaboração de pacotes turísticos.

2 — Conceitos e características gerais das agências de turismo

( ) Companhias aéreas, hotéis e locadoras de veículos são exemplos de fornecedores para as agências de turismo.

a) F, V, F, V.
b) V, F, V, F.
c) V, V, F, V.
d) F, F, V, V.

2. A pesquisa do Proagência (2006) identificou as áreas de atuação das agências de viagem no Brasil.

Áreas de atuação das agências de viagem no Brasil

Áreas de atuação (total)	%
AV (venda de serviços emissivos)	82,1%
AV (venda de serviços receptivos)	43,7%
AV&T (operadora nacional)	30,7%
AV&T (operadora nacional)	31,1%
AV&T (operadora de receptivo local/regional)	19,6%
AV&T (operadora de receptivo internacional)	15,8%
AV&T (consolidadora aéreo)	10,1%
AV&T (operadora de receptivo nacional)	14,3%
AV&T (consolidadora de hotéis e/ou locadora)	11%

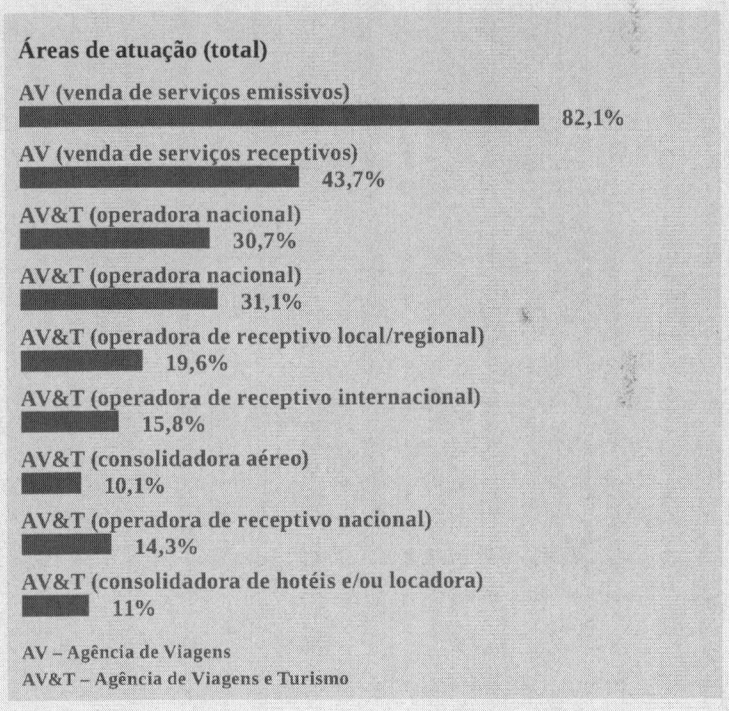

AV – Agência de Viagens
AV&T – Agência de Viagens e Turismo

Fonte: Adaptado de Proagência, 2006 p. 10.

Considerando os resultados, avalie as informações a seguir:

I) A maioria das empresas são agências de viagem emissivas, pois atuam na função de distribuição de produtos nacionais e internacionais para o consumidor final, além de terem maiores facilidades e flexibilidade de estrutura física, operacionalização e custos se comparadas com operadoras.
II) As operadoras de turismo de perfil especialista têm possibilidade de atender a um público maior de clientes de lazer e corporativos.
III) As agências de viagem generalistas têm a vantagem de ter um conhecimento mais aprofundado dos produtos selecionados para comercialização e recomendação aos clientes.
IV) O que diferencia uma agência de viagem de uma operadora turística no mercado de turismo receptivo é o fluxo nacional ou internacional de viagens.

É correto apenas o que se afirma em:
a) I.
b) II e IV.
c) I e IV.
d) II e III.

3. Para uma agência de turismo definir seu ramo de atuação, é possível analisar algumas categorias, que se diferenciam pelo perfil do público e do mercado que se deseja atingir. Identifique, respectivamente, as categorias de uma agência de turismo que atue com as seguintes características: agência tradicional/emissiva/mercado de lazer/produtos internacionais.
   a) Escala geográfica/segmentação de mercado/fluxo de viagens/perfil de atuação.
   b) Perfil de atuação/segmentação de mercado/escala geográfica/fluxo de viagens.
   c) Perfil de atuação/fluxo de viagens/segmentação de mercado/escala geográfica.
   d) Segmentação de mercado/fluxo de viagens/perfil de atuação/escala geográfica.

4. Neste capítulo, verificamos que as agências de viagem são prestadoras de serviços turísticos dedicadas à assessoria e organização de viagens e atuam na intermediação remunerada entre os fornecedores e o cliente. Com base nesse conceito, explique os benefícios que uma agência de viagem oferece ao cliente.

5. Existem diversos modelos e ramos de atuação para as agências de turismo, conforme os produtos oferecidos e o público-alvo. Com base nesses elementos, analise a diferença entre o mercado de lazer e o corporativo.

Fique por dentro!

Analise as estratégias para integrar a iniciativa pública e privada no evento Feira das Américas, promovido anualmente pela Abav.

Para saber mais

Sugerimos a leitura de algumas obras que complementam e aprofundam alguns temas abordados neste capítulo.

AZEVEDO, M. S. de; SPERS, E. E.; FARAH, O. E. Variáveis que influenciam na escolha de uma agência de turismo no público de estudantes universitários. **Turismo em Análise**, São Paulo, v. 19, n. 1, p. 85-102, 2008.

O objetivo desse artigo é identificar os motivos que levam o público de estudantes universitários a escolher a agência de turismo, diante um cenário de diversificados canais de comercialização entre empresas e consumidores.

FERREIRA, S. D.; MAIA, S. C. F.; BOUBETA, A. R. Segmentação de mercado com base nas preferências dos turistas: uma aproximação multivariada. **Revista Brasileira de Pesquisa em Turismo**, São Paulo, v. 4, n. 2, p. 49-63, 2010.

Essa publicação traz novas metodologias de pesquisa para conhecer as preferências dos turistas e segmentar o mercado.

MARTINS, V. G.; MURAD JUNIOR, E. **Viagens corporativas**: saiba tudo sobre gestão, estratégias e desafios deste promissor segmento. São Paulo: Aleph, 2010.

Esse livro é precursor na descrição do mercado de viagens corporativas, que envolve a relação das empresas (gestores de viagem e viajantes) com agências de turismo (intermediárias) e seus respectivos fornecedores.

MOTA, K. C. N.; MACIEL FILHO, J. A. C. de L. M. Segmento do turismo de negócios para as agências de viagem: perfil de clientes corporativos de Fortaleza e Região Metropolitana. **Turismo em Análise**, São Paulo, v. 22, n. 2, p. 428-444, 2011.

Nessa pesquisa foram identificadas as principais características e perfil de algumas empresas atendidas por agências de viagem que atuam no especializado mercado corporativo.

PERUSSI, R. F.; REJOWSKI, M. Marketing turístico estratégico: posicionamento da CVC Turismo no mercado brasileiro. **Turismo em Análise**, São Paulo, v. 17, n. Especial, p. 142-160, 2006.

Nesse artigo é analisado o foco de atuação da CVC, incluindo todas as suas estratégias de *marketing* e posicionamento do mercado

SANTOS, C. M. dos; KUAZAQUI, E. **Consolidadores de turismo**: serviços e distribuição. São Paulo: Pioneira Thomson Learning, 2004.

Esse livro destaca a importância dos consolidadores de turismo e os componentes do processo de distribuição de serviços turísticos.

SILVA, I. de O.; SCUSSULIM, M. R.; VIEIRA FILHO, N. A. Q. Perfil e práticas de agências especializadas em atividades turístico-pedagógicas em Belo Horizonte, Minas Gerais. **Revista Turismo & Desenvolvimento**, Campinas, v. 4, n. 1, p. 33-42, 2005.

Essa publicação ilustra as práticas e relações das agências de turismo especializadas em atender escolas e organizar viagens pedagógicas.

3 Canais de distribuição e o impacto da tecnologia nas relações comerciais

Conteúdos do capítulo:

» Modelo tradicional de canal de distribuição e papel das agências de turismo.

» Fases dos canais de distribuição: intermediação, desintermediação e reintermediação.

» Relação das tecnologias da informação e da comunicação com o agenciamento de viagens.

» Evolução e uso das ferramentas tecnológicas no turismo.

» O impacto da internet e o uso do comércio eletrônico.

» Modelo atual de multicanais de distribuição no turismo: relações diretas e indiretas.

Após o estudo deste capítulo, você será capaz de:

1. entender o modelo tradicional de canais de distribuição no turismo, além das possíveis relações das agências de turismo como intermediadoras na comercialização de produtos e serviços;

2. compreender o impacto das tecnologias da informação e da comunicação no turismo, além das transformações na relação entre agências de turismo e consumidor com a consolidação do comércio eletrônico;

3. identificar a realidade dos multicanais no mercado, por meios de distribuição direta e indireta, na perspectiva das agências de turismo.

Canais de distribuição e o impacto da tecnologia nas relações comerciais

No papel de intermediadora, a agência de turismo faz a distribuição de produtos e serviços do turismo para o consumidor e por isso é considerada um canal de vendas pelos fornecedores. Para Cunha (2001), citado por Braga (2008, p. 30), um canal de distribuição é "uma estrutura operativa, um sistema de relações ou várias combinações de organizações, através das quais um produtor de bens e serviços turísticos vende ou confirma a viagem ao comprador". Acompanhe a seguir a relação e o posicionamento das agências de turismo como canal de distribuição no turismo.

3.1 Canais de distribuição e fases de intermediação

Lohmann (2006) analisou estudos e pesquisas a respeito dos canais de distribuição no turismo e constatou que eles tratam principalmente da desintermediação, da reintermediação e da relação comprador-distribuidor, seja por uma perspectiva geral, de multicanais, seja focada nos agentes de viagem ou operadores turísticos.

Buhalis (2001) comenta que os canais de distribuição têm sido tema frequente de pesquisas no meio acadêmico, pois têm estrutura dinâmica, com relações diretas e indiretas em constante mudança, que causam efeitos na competitividade e lucratividade das empresas, além de terem a capacidade de influenciar o comportamento do consumidor e de medir a habilidade das empresas em satisfazer eficientemente sua demanda.

Segundo Gomes (2010), os canais de distribuição do turismo são formados por redes organizacionais articuladas por agentes locais e externos, responsáveis pela dinâmica da produção. Para Buhalis (2001), um canal de distribuição pode ser definido como um mecanismo que proporciona informações suficientes para as pessoas certas, no momento e lugar certos, para permitir ao consumidor decidir a compra, reservar e pagar pelo produto desejado.

Esse modelo de negócio surgiu da necessidade dos fornecedores de alcançar diversos públicos em diversos lugares. Imagine uma companhia aérea antes do surgimento da internet. Os escritórios eram insuficientes para atender o país inteiro, fosse com estrutura física, fosse com uma equipe para divulgar e operacionalizar as passagens aéreas. Como solução, buscavam-se as agências de viagem, que estão localizadas em todas as cidades e podem vender o produto da empresa aérea, mediante um comissionamento por esse serviço. Dessa forma, as agências de viagem também foram úteis para hotéis, agências de receptivo, operadoras turísticas etc. O cliente, por exemplo, nessa mesma época, não tinha acesso aos hotéis em determinados destinos, mas a agência tinha guias e cadastros de vários hotéis no Brasil e no mundo.

Então, no modelo tradicional, as agências de turismo tinham praticamente exclusividade na intermediação e distribuição de produtos e serviços de muitas empresas, o que garantiu muitas vendas e a consolidação das agências de viagem no mercado turístico (Tomelin, 2001).

Figura 3.1 – Modelo tradicional de canal de distribuição

Cliente (consumo)	Intermediação	Fornecedores (produção)
» Corporativo » Lazer	» Agências de turismo	» Companhias aéreas » Hotéis » Receptivo

Na Figura 3.1, ilustramos a situação do consumidor interessado em viagens de lazer ou negócios que depende da intermediação de uma agência de turismo para adquirir o produto do fornecedor. Como verificamos no segundo capítulo, as agências de viagem também podem adquirir produtos de uma operadora, que utiliza da parceria com os fornecedores para, por exemplo, elaborar e produzir pacotes turísticos.

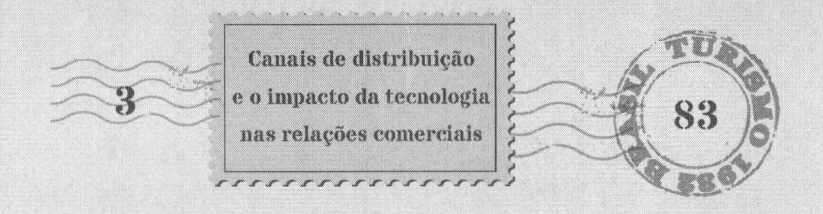

No entanto, esse cenário mudou por conta de relações que foram criadas e modificadas entre os três elementos (cliente, agência de turismo e fornecedor), por conta da desintermediação (O'Connor, 2001). Conforme Lohmann (2008, p. 31), "as ligações feitas entre o fornecedor e o consumidor podem ser direta ou indireta, por meio de um ou mais intermediários". Foram as relações diretas, viabilizadas pelas novas tecnologias, que transformaram o modelo tradicional de distribuição do turismo (Flecha; Costa, 2004). Como mostra a Figura 3.2, Tomelin (2001) identificou esse processo evolutivo dos canais de distribuição de acordo com o impacto das novas tecnologias no mercado das agências de viagem.

Figura 3.2 – Fases dos canais de distribuição

Intermediação
Os fornecedores dependem exclusivamente das agências de viagem para distribuir o seu produto ao cliente.

↓

Desintermediação
A partir da revolução tecnológica, os fornecedores procuram eliminar os seus distribuidores para atingir diretamente os consumidores e reduzir custos.

↓

Reintermediação
As agências procuram novas alternativas de remuneração para continuarem intermediárias do cliente, porém sem depender diretamente do seu fornecedor.

Fonte: Adaptado de Tomelin, 2001.

Na **fase da intermediação**, anterior à década de 1990, as agências de turismo tinham exclusividade na distribuição de produtos e serviços para o consumidor. Os fornecedores estimulavam muito essa relação e ofereciam muitas viagens para os agentes conhecerem o produto e, assim, poderem recomendar sua experiência para os clientes.

Na **fase de desintermediação**, a tecnologia permitiu que os canais de distribuição se abrissem a novas relações, nas quais o consumidor tem acesso direto ao fornecedor, dispensando e tirando a exclusividade do agente de viagens como intermediário. Isso levou as companhias aéreas a reduzirem o comissionamento e, posteriormente, a eliminá-lo por completo. Esse foi um processo gradativo, de iniciativa de algumas companhias aéreas que, de modo a reduzir suas despesas, optaram por eliminar os custos do intermediário. Essas ações criaram muita insatisfação e polêmica no mercado das agências de turismo, já que as passagens aéreas eram o produto mais vendido, o que garantia a estabilidade financeira dessas empresas. Dessa forma, a cobrança pelo seu serviço de atendimento e a emissão de uma passagem aérea ficaram sob responsabilidade da agência de turismo (Carrol; Siguaw, 2003).

E o que acontece na **fase de reintermediação**? Nesse período, a agência de turismo depende da cobrança de taxas pelo serviço prestado, sem depender dos percentuais de comissionamento definidos pelo fornecedor. Para isso, é necessário que os agentes de viagem sejam qualificados, além da oferta de diferenciais claros e sustentáveis, que justifiquem o pagamento da taxa de serviço pelo cliente.

Olhando para o mercado de agenciamento de viagem hoje, em qual etapa você acha que estamos? Ainda não existe um posicionamento único e padrão de todas as agências de turismo. Assim, podemos afirmar que a minoria ainda resiste às mudanças e gostaria de voltar aos tempos da intermediação, mas a maioria está na fase de desintermediação. Isso significa que as empresas se adaptaram conforme as circunstâncias do mercado, ou seja, adotaram a cobrança de taxa de serviço apenas quando o fornecedor não paga comissão. As agências de turismo que definem uma estratégia de remuneração própria e têm condições de criar valor pelo seu atendimento estão no estágio da reintermediação. No próximo capítulo, veremos em detalhes as formas de remuneração das agências de turismo.

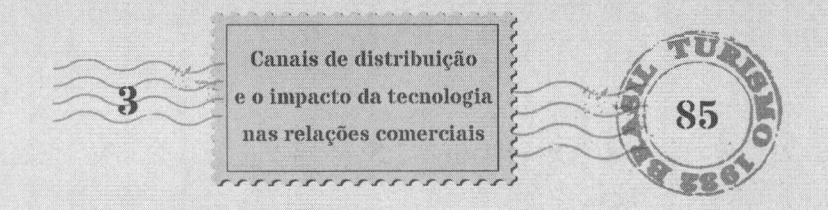

3.2 O impacto das tecnologias da informação e da comunicação

Observamos, na seção anterior, que a tecnologia foi uma das maiores responsáveis pelas mudanças no modelo tradicional de distribuição do turismo. A internet, principalmente, influenciou as relações entre fornecedores, agências de turismo e consumidores.

As tecnologias da informação e da comunicação (TICs) têm transformado o turismo em escala global, pois permitem criar uma rede de relacionamentos e novos níveis de interatividade entre empresas e consumidores, com base em uma "infoestrutura" que otimiza todas as operações em turismo. Os consumidores podem identificar, personalizar e comprar produtos turísticos, e as empresas podem desenvolver, gerenciar e distribuir as suas ofertas em todo o mundo (Buhalis; O'Connor, 2005; Buhalis; Law, 2008).

Hoje, a tecnologia está ao alcance de todos, a todo momento, por conta dos diversos aparelhos móveis, como celulares e *tablet*s, com acesso direto à internet. Existem consumidores que vivem 100% conectados e valorizam tudo o que pode ser feito de forma eletrônica e imediata, desde transações bancárias a compras *on-line* em supermercados. Por outro lado, ainda existem outros públicos que estão gradativamente se adaptando a essa nova realidade e ainda não têm o hábito ou o interesse de um uso mais intenso da internet.

Os benefícios das TICs para as agências de turismo são muitos, considerando-se a possibilidade de oferecer pacotes para uma demanda específica, com flexibilidade e agilidade na atualização de materiais promocionais (Cooper, 2001). *Sites* como o Google Maps, por exemplo, permitem descobrir localizações e conhecer distâncias de cidades e lugares em todo o mundo. A interatividade é um elemento muito presente, tanto nas redes sociais, que permitem um contato direto com fornecedores e com o próprio turista, quanto em *sites* que compartilham opiniões e avaliações de produtos e serviços. O maior exemplo é o TripAdvisor®, que opera em 30 países e

> oferece dicas confiáveis de viajantes reais e uma ampla variedade de opções de viagem e recursos de planejamento, além de contar com links para as ferramentas de reserva. Os sites com a marca do TripAdvisor formam a maior comunidade de viagens do mundo, com mais de 200 milhões de visitantes exclusivos por mês e mais de 100 milhões de avaliações e opiniões sobre mais de 2,5 milhões de restaurantes, hotéis e pontos turísticos. (TripAdvisor®, 2013)

Esse *site* pode ser muito útil para os agentes de viagem consultarem a avaliação dos turistas sobre diversos hotéis nacionais e internacionais. O comparativo com as informações do *site* e do fornecedor permite elaborar uma seleção de hotéis para escolha do cliente, mesmo que o agente não conheça a cidade. O *site* da TripAdvisor® estabelece um *ranking* dos hotéis listados (primeiro a último lugar), a partir de uma classificação média entre os parâmetros: excelente, muito bom, razoável, ruim e horrível. Os hotéis podem ser filtrados pelo tipo de viagem de interesse: família, casais, sozinho, negócios e amigos. Além disso, o *site* mostra o número de avaliações de cada hotel, comentários dos viajantes e um *link* para consulta de preços e reservas em *sites* parceiros, como Decolar.com, Booking.com e Hoteis.com.

Muitas empresas já se deram conta do potencial das redes sociais e estão presentes também no Twitter© e no Facebook®, nos quais é possível ter uma interação direta com o público que tem interesse em acompanhar suas novidades. A Gol, por exemplo, foi a primeira companhia aérea brasileira a oferecer opção de compra de passagem aérea exclusivamente no Facebook®. O mecanismo permite que o cliente compartilhe a passagem comprada no aplicativo da companhia e convide os amigos para embarcar no mesmo voo. Durante a escolha do assento, o cliente consegue ver o perfil social da pessoa que irá sentar ao seu lado, desde que autorizado pelo usuário, possibilitando-lhe escolher o assento mais próximo de um amigo ou perfil do seu interesse que esteja no mesmo avião (Andrade, 2013b).

Outro fator essencial do uso da tecnologia nas agências de turismo, além do uso dos sistemas operacionais, é a comunicação e o *marketing* eletrônico, que permitem identificar informações do usuário e personalizar a divulgação de viagens. O longo alcance e o baixo custo são elementos favoráveis da promoção eletrônica. Antes, os fornecedores dependiam da produção de material impresso para apresentar o seu produto, com a dificuldade de mantê-lo sempre atualizado. Agora, por meio de um cadastro, as empresas dispõem da listagem de contatos de seus clientes (*mailing*[1]) e podem enviar promoções de seus produtos para um público direcionado,

---

1 *Mailing* é uma lista ou grupo de contatos de *e-mails*.

valendo-se de recursos visuais e interativos para atrair mais a atenção do consumidor (Carrol; Siguaw, 2003; Flecha; Costa, 2004).

Flores, Cavalcante e Raye (2012) analisaram o impacto das TICs em algumas agências de turismo e constataram que todas utilizam a internet no processo de atendimento e venda, seja em relação ao fornecedor, seja em relação ao cliente. O correio eletrônico é a ferramenta mais utilizada como meio de comunicação, além de *sites* próprios e redes sociais, principalmente para relacionamento com os clientes. O *e-mail* também é o instrumento de TIC mais usado para divulgação e venda de produtos e serviços, já que o comércio eletrônico ainda é pouco utilizado pelas agências de turismo tradicionais, que têm *sites* mais informativos, como um cartão de visitas.

O uso das ferramentas de TIC permite a percepção do intangível ao tangível. Por isso, é importante atribuir valor à informação que, segundo Biz e Ceretta (2008), "possibilita o consumidor imaginar, pensar e sonhar aquilo com que [sic] adquiriu ou com que [sic] pretende adquirir". Segundo os mesmos autores, no turismo a informação tem três etapas: informação do destino (descrição e atrativos); logística (acesso e infraestrutura); e comercialização do produto (*marketing* e canais de distribuição). Desse modo, fatores como descrição do produto, confiabilidade e qualidade da informação, interatividade, personalização, eficiência e eficácia de processos interferem na formação do conhecimento e no poder de decisão do turista.

De acordo com Buhalis (1998), nesse ambiente tecnológico o consumidor demanda flexibilidade, especialização, acessibilidade e interatividade ao adquirir produtos e serviços. Mas vamos voltar um pouco no tempo para entender de onde veio essa transformação.

No turismo, a tecnologia se desenvolveu inicialmente a partir da implantação de Sistemas Computadorizados de Reserva (CRS) na década

3 Canais de distribuição e o impacto da tecnologia nas relações comerciais

de 1970, depois com os Sistemas de Distribuição Globais (GDS) e a internet para uso doméstico e comercial, a partir da década de 1990, conforme Buhalis (1998).

A maior influência foi das companhias aéreas, que foram as primeiras a investir na tecnologia e implementá-la de modo a otimizar os seus métodos de trabalho e melhorar os serviços prestados aos seus clientes. Você já imaginou como era feita uma reserva de voo antes da internet?

A agência de turismo precisava utilizar o telefone para fazer consultas de tarifas e reservas, e a emissão era feita manualmente na agência de turismo para viagens domésticas e internacionais. Os bilhetes eram emitidos manualmente na empresa aérea, via ordem de emissão de passagem (OP) e preenchidos conforme os dados do voo registrados na planilha de controle da companhia aérea. Esses procedimentos ocupavam muito tempo e dependiam de muita atenção para evitar erros e mal-entendidos.

Por isso, no final da década de 1950, as companhias aéreas criaram um sistema computadorizado de reserva, chamado *Computer Reservation Systems* (CRS), para registrar todas as informações de voos de forma padronizada, controlar receitas, além de melhorar e facilitar a comunicação e a atualização de dados, com segurança e agilidade. Posteriormente, já na década de 1970, as companhias aéreas passaram a disponibilizar esse sistema para agências de turismo, cedendo um computador com acesso exclusivo ao seu programa, para que as agências pudessem ter mais autonomia e mais praticidade na venda de passagens (O'Connor, 2001; Santos; Murad, 2008).

Com o desenvolvimento tecnológico e com algumas parcerias entre companhias aéreas, foi criado o *Global Distribution System* (GDS) em substituição ao CRS, em meados da década de 1980. Esse sistema de distribuição global integrou informações de várias companhias aéreas, a partir da utilização de uma mesma linguagem. A International Air Transport

Association (Iata), ou Associação Internacional de Transporte Aéreo, padronizou nomes de cidades, companhias aéreas e outros formatos em códigos, para que fossem compreendidos e utilizados em qualquer lugar do mundo. Com essa ferramenta, é possível efetuar consultas, reservas e emissões de passagens aéreas como se o usuário estivesse consultando o sistema das próprias companhias aéreas, pois a informação é atualizada e mantida de forma sincronizada. O GDS apresenta também diversos outros recursos, como organização e controle de reservas, marcação de assentos e solicitações de serviços especiais. Atualmente, já agrega outros serviços, como hotéis, locação de automóveis e cruzeiros marítimos. Os principais GDSs atuantes no mercado mundial são Sabre, Galileo, Amadeus e Worldspan.

Qual é o posicionamento dos GDSs como canal de distribuição no turismo atualmente? Eles foram criados inicialmente pelas companhias aéreas, mas depois se constituíram em empresas independentes, que hoje fazem a intermediação entre as empresas aéreas e as agências de viagem, as operadoras turísticas e as agências consolidadoras. Por meio de um contrato de adesão, a agência de turismo pode fazer uso desse sistema, que é indispensável para a comercialização de passagens aéreas. As agências de viagem virtuais utilizam a tecnologia dos GDSs integradas nos seus *sites* para oferecer uma ferramenta de busca rápida e eficiente para os seus clientes. Desse modo, o GDS também pode ser considerado um distribuidor no mercado turístico.

Podemos perceber que as empresas de GDS têm ampliado a sua atuação no mercado, com soluções e inovação em tecnologia para o turismo. Confira, a seguir, um *case* empresarial.

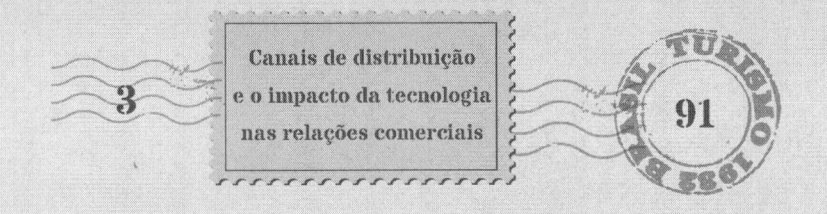

Empresa: Travelport

Objetivo: prover soluções tecnológicas para a indústria global de viagens por meio de seus GDSs Galileo, Apolo e Worldspan.

TravelportViewTrip Mobile: ferramenta móvel de gerenciamento de itinerário para viajantes.

Os viajantes usam dispositivos móveis para praticamente tudo atualmente, inclusive para planejamento e gerenciamento de viagens. Para acompanhar esse ritmo, a empresa precisa embarcar em uma jornada para dentro do mundo da tecnologia móvel.

Com o ViewTrip Mobile, os clientes da agência não precisam mais gerenciar documentos de viagem impressos ou abrir o *e-mail* para acessar os itinerários. Ao mesmo tempo, eles precisam confiar nas informações e nos itinerários que recebem pela tecnologia móvel.

Este é um aplicativo disponível para as agências que utilizam os GDS Galileo ou Worldspam, com o propósito de melhorar o valor, o serviço e as comunicações com os clientes, pois mantém os viajantes informados e satisfeitos com tecnologia móvel.

Recursos para os viajantes:

- Lista das viagens: exibe todas as viagens futuras.
- *Status* dos voos e guia dos aeroportos.
- Alertas de voos proativos: mensagens instantâneas quanto a atualizações.
- Serviços localizados: envia informações específicas do local aos viajantes.
- Envio de publicidade: mensagens oportunas e lembretes úteis de viagens.
- Conversão de moedas.
- Previsão do tempo.
- Guia de viagem: atrações, lojas, hotéis, restaurantes, mapas etc.
- Guia de eventos: festivais, artes, comidas, música etc.

Fonte: Elaborado com base em Travelport, 2012.

Por meio de sua ampla e complexa base de dados, o GDS também vende seu conteúdo para empresas aéreas e agências de turismo virtuais (*on-line travel agencies* – OTAs) que oferecem ferramentas de comercialização *on-line*. Por outro lado, alguns GDSs, criam também a sua própria OTA, como o Travelocity, do Sabre.

Nesse cenário de novas parcerias e estratégias, o GDS não depende apenas da utilização de seu sistema pelas agências de turismo. Antes da internet, esse era um canal de distribuição exclusivo e necessário para as companhias aéreas, mas, com a possibilidade de comercialização direta nos seus próprios *sites*, o GDS passou a ser mais uma opção de canal de venda. Algumas companhias aéreas, aliás, preferiram não participar do GDS, já que existe um custo para adesão e manutenção do sistema. A Gol e a Azul, por exemplo, contam com um sistema próprio, que pode ser acessado pelas agências de turismo cadastradas. Por isso, atualmente, o GDS no Brasil é um sistema utilizado principalmente para efetuar reservas e para emissão de passagens aéreas internacionais, o que permite ao agente de viagens consultar informações de voos e fazer combinações para montagem de itinerários com companhias aéreas e cidades do mundo inteiro.

3.2.1 Internet e comércio eletrônico

A internet oferece diversos recursos para distribuição, comercialização e aquisição de viagens, acessíveis tanto para fornecedores quanto para consumidores, que podem ser percebidos como oportunidade ou ameaça. São sistemas de reservas e agências de viagens *on-line*, *sites* de busca e de comparação de preços, sistemas de gerenciamento para destinos turísticos, redes sociais, portais, canais de televisão interativa, *web* 2.0 etc. (Buhalis; Law, 2008).

No início, a internet era apenas uma fonte de consulta de informações e preços, mas atualmente o comércio eletrônico já é amplamente utilizado no turismo. De acordo com Machado e Almeida (2010), o comércio eletrônico pode ser entendido como a compra e venda de produtos e serviços de forma *on-line*. Em muitos mercados, exige uma política de preços mais agressiva, em razão da grande concorrência e de ser um fator essencial na decisão de compra de muitos clientes, que ao mesmo tempo exigem transparência e credibilidade (Granados; Gupta; Kauffman, 2012).

Nas compras *on-line*, o consumidor é responsável por todas as suas escolhas. Muitos têm experiência em viagem e capacidade para planejar e executar uma viagem sozinhos, pois também têm facilidade de lidar com os diversos recursos disponíveis na internet. Mas outros, às vezes, se deixam levar pelo impulso ou pelo preço e não têm consciência nem condições de lidar com situações adversas. Por exemplo, se você comprar uma passagem aérea no *site* da companhia aérea e depois precisar fazer uma alteração, não adianta recorrer a uma agência de viagem, pois é você quem precisa resolver e tomar todas as providências.

Além disso, é necessário uma certa habilidade para selecionar *sites* e fontes confiáveis para compras *on-line* (Buhalis; Law; 2008; Salvado; Ferreira; Costa, 2012). Se você experimentar colocar a informação *hotel no Rio de Janeiro* no Google, quantas opções aparecem? Agora imagine um cliente interessado em fazer uma reserva de hotel para uma primeira viagem ao Rio de Janeiro pela internet. Por onde começar? Qual hotel escolher? Qual localização? Quais referências? Qual *site* para reserva? Qual a forma de pagamento? O internauta deve responder a todas essas questões sozinho, o que pode não ser um impedimento para aqueles usuários que estão cientes das vantagens e desvantagens dessa escolha.

Mas, se o consumidor tem acesso direto a essas informações, qual é a utilidade de uma agência de viagem?

Gestão de agências de viagem: orientações para você abrir e administrar o seu negócio

Raquel Pazini

Uma agência de viagem pode facilmente responder a essas dúvidas, providenciar a reserva para o cliente e ainda estar disponível para resolver qualquer eventualidade durante a viagem. A internet ainda não cumpre totalmente o papel de assessoria e planejamento personalizado de viagens oferecidos pelas agências de turismo, que ainda têm contato e relacionamento pessoal nos atendimentos, o que demonstra credibilidade, em virtude das referências e recomendações de um profissional experiente em viagens.

Segundo Amadeus (2012), a "característica predominante do viajante brasileiro é buscar informações *on-line* para depois comprar de forma *off-line*. Ele procura referências de destinos e informações sobre roteiros na internet, mas ainda tem a necessidade de contato físico na hora da compra".

Além disso, o tempo é um insumo cada vez mais raro, e por isso muitos clientes preferem pagar pela conveniência e comodidade de um profissional que organize a sua viagem. Segundo Candioto (2012, p. 40), "Quando procura um agente de viagem, o cliente está em busca de informações que possam complementar tudo aquilo que ele já sabe ou ouviu dizer sobre um destino, sobre um hotel etc. Ele quer facilidade, segurança, preço e algo que o convença de que fará a escolha certa".

Certamente a internet causou um grande impacto nas relações de agências de turismo com o cliente. Contudo, nem todos os impactos são totalmente negativos. Lidar com um turista mais consciente das suas opções de compra e mais exigente por um serviço diferenciado – em relação ao que ele pode fazer por conta própria ou saber pelas fontes de pesquisa na internet – requer um profissionalismo muito maior dos agentes de viagem. Por outro lado, pode acontecer de alguns turistas consultarem uma agência para esclarecer todas as dúvidas, obter sugestões, planejar a programação da viagem e depois utilizar todas essas informações prontas para comprar direto na internet.

Essa é uma situação comum nas agências de viagem, pois infelizmente muitos consumidores ainda não valorizam o serviço e o conhecimento desse profissional, colocando o preço como prioridade. Alguns até mesmo fazem um "leilão", consultando várias agências de turismo, ao mesmo tempo que pesquisam os *sites* do fornecedor, as agências de turismo virtuais e outras fontes relevantes, não se importando com o tempo e a atenção despendidos por esses profissionais. Por isso, como veremos no próximo capítulo, a agência de turismo pode cobrar taxas pela prestação do seu serviço e atender apenas os clientes que estejam conscientes do papel e das vantagens de se ter um agente de viagens.

A internet possibilitou novos canais de venda de produtos e também um aprimoramento nas ferramentas de trabalho para as empresas, com a utilização de sistemas que facilitam todo o processo de comercialização. Os conteúdos de diversos tipos de *sites* disponibilizam a informação de forma fácil e rápida, com alcance global ilimitado. As agências de turismo podem divulgar todas as informações de seus produtos e serviços em seu próprio *site* ou por meio de outros canais de venda. A vantagem para o cliente é a variedade de fontes de consulta, seja com o intuito de obter conhecimento, seja no sentido de efetivar uma compra (Laudon; Traver, 2007). Como explica O'Connor (2001, p. 13), "O acesso a informações precisas, confiáveis e relevantes é essencial para ajudar os viajantes a fazer uma escolha apropriada, uma vez que eles não podem pré-testar o produto e receber facilmente seu dinheiro de volta, se a viagem não corresponder às suas expectativas".

Atualmente, ter um *site* é indispensável para qualquer agência de turismo. Mas a função dele vai depender do foco de atuação da empresa. As OTAs dependem 100% de um *site* bem elaborado, enquanto as agências de turismo tradicionais, que desenvolvem acima de tudo atendimentos presenciais, podem ter *sites* mais informativos e institucionais. Essa diferença ocorre também em função do investimento que deve ser feito para o desenvolvimento de *sites* voltados para o comércio eletrônico.

Além disso, o impacto da internet pode ser percebido também na utilização de sistemas operacionais, que facilitam e otimizam o trabalho dos agentes de viagem. Essas ferramentas *on-line* de reservas e emissão, também chamadas de *on-line booking tools*, oferecem diversos recursos de gerenciamento e controle, além da integração de informações de diversos fornecedores em um único sistema.

Cada agência de turismo pode desenvolver um sistema próprio ou terceirizado, conforme a complexidade de funções e o nível de personalização necessários. As agências de turismo consolidadoras são bastante dependentes do desenvolvimento de tecnologias, pois oferecem portais de reservas para as agências de viagem comercializarem passagens aéreas de forma prática e ágil. As operadoras turísticas dependem de sistemas para disponibilizar todas as informações de seus produtos, para que o agente de viagens tenha acesso a preços atualizados e à disponibilidade de serviços, para poder confirmar a reserva de um pacote, por exemplo, a qualquer momento, de forma independente.

As agências de viagem utilizam os sistemas de seus fornecedores para procedimentos de cotação e reservas, apesar de algumas terem certa resistência à utilização dessas ferramentas, por insegurança e às vezes até comodidade. Para elas, é mais fácil solicitar que um atendente de uma operadora turística encaminhe a cotação pronta. Em contrapartida, elas perdem a oportunidade de prestar um atendimento imediato para o cliente. O domínio e o uso de sistemas propiciam autonomia e também requerem conhecimento. Por exemplo, se um cliente solicitar uma cotação de pacote para Cancun, cabe ao agente selecionar os hotéis no sistema que vai indicar, porque ele tem condições de prestar todo esse atendimento sem consultar a operadora turística. Mas será que o agente de viagens sabe vender pacotes para qualquer lugar do mundo? Nesse sentido, a operadora turística oferece o sistema para as consultas mais básicas e continua proporcionando suporte ao agente de viagens sempre que necessário.

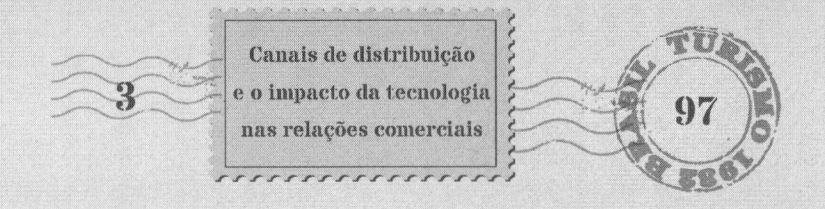

As agências de turismo costumam ter sistemas para gestão administrativa e financeira. Existem empresas especializadas nessa terceirização, como Stur, Infotur e Monde. A agência de turismo faz a adesão ao programa e paga uma mensalidade para suporte e assistência técnica. Entre os recursos a que tem acesso estão: cadastros de clientes e fornecedores; registro e processamento de vendas; controle financeiro (contas a pagar e a receber); relatórios de gerenciamento. A partir da organização de informações das vendas, o agente de viagens pode extrair uma grande vantagem para atender ao cliente, pois pode atualizar suas preferências e hábitos de compra no cadastro e, assim, oferecer um serviço realmente personalizado, de modo a cativar os clientes, que valorizam muito a atenção e o interesse em vivenciar uma experiência de compra satisfatória.

Outros fatores essenciais do uso da tecnologia nas agências de turismo, além do uso dos sistemas, como já comentamos, são a comunicação e o *marketing*. Hoje, a utilização do *e-mail* é indispensável no contato com o cliente, pois possibilita o registro e o envio de informações, principalmente com a utilização de programas como o Outlook™. Aliás, todo o processo de compra de uma viagem pode ser feito por *e-mail*, quando o cliente não tem disponibilidade de ir pessoalmente até a agência de turismo. Além disso, o arquivo desses contatos pode ser organizado e acessado facilmente sempre que necessário.

Já o *marketing* é facilitado pela criação de *sites* para divulgação constante de informações e promoções de viagem, além do uso de listas de *e-mails* dos clientes efetivos e potenciais. Como esse recurso de *mailing* é utilizado por diversos tipos de empresas, tornou-se muito inconveniente

Gestão de agências de viagem: orientações para você abrir e administrar o seu negócio

Raquel Pazini

e caracterizado muitas vezes como *spam*. Assim, para ter melhores resultados, a agência deve trabalhar o *marketing* eletrônico de forma criativa e personalizada.

Confira, a seguir, cinco dicas para a agência de turismo utilizar a internet de forma adequada e conquistar mais clientes.

1. **Utilizar um *website* rápido e funcional**, com informações claras e de fácil acesso.
2. **Investir em Search Engine Optimization (SEO)**, isto é, na **otimização para motores de busca**. Essas práticas e estratégias possibilitam que um *website* apareça nas primeiras páginas quando o usuário digita as palavras-chave do que está procurando.
3. **Trabalhar com as *adwords* e *links* patricinados**, visto que são ótimos meios de propaganda direcionada e rápida.
4. **Utilizar as mídias sociais com inteligência**, pois elas são consultadas pelos viajantes quando eles desejam buscar destinos e trocar conhecimentos.
5. **Proporcionar assuntos de qualidade em *blogs***. Por exemplo: as tendências do mercado, o *ranking* dos melhores locais para viajar e dicas e informações sobre os destinos turísticos.

Fonte: Adaptado de Rufino, citada por Amadeus, 2013.

Questão para reflexão

Com base no conteúdo apresentado até aqui, você considera a internet uma ameaça ou uma oportunidade para as agências de turismo?

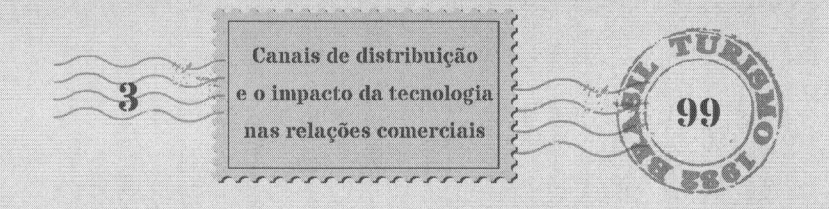

3 Canais de distribuição e o impacto da tecnologia nas relações comerciais

Surgiram muitos comentários de que a internet e a comercialização direta seriam motivos para o desaparecimento das agências de viagem tradicionais. Mas, na verdade, a tecnologia motivou transformações no mercado, de modo que ela só seria uma ameaça se não fossem feitas adaptações aos novos métodos de trabalho e perfis de clientes. Criou-se, então, uma oportunidade para as agências de turismo se reinventarem e valorizarem o seu papel nos canais de distribuição (Law; Leung; Wong, 2004; Neves; Tavares, 2011; Salvado; Ferreira; Costa, 2012). Por quê? Podemos citar algumas razões:

» A internet não cumpre totalmente o papel de assessoria e planejamento oferecidos pelas agências de turismo.
» A referência e a indicação profissional de um agente de viagens têm maior peso do que uma fonte virtual desconhecida.
» A qualidade e a humanização no atendimento personalizado ainda fazem a diferença.
» O tempo será um insumo cada vez mais raro, e os clientes pagarão pela conveniência e comodidade de um profissional organizar a sua viagem.

Dessa forma, as agências de turismo precisam estar cientes das novas perspectivas e vantagens oferecidas pela tecnologia, investindo em qualidade, na especialização de mercados e clientes, em diferenciais, na personalização de produtos e serviços e no aprimoramento do conhecimento para um atendimento mais eficaz.

Contudo, apesar de toda a inovação tecnológica no turismo, percebe-se uma coexistência dos mercados *on-line* e *off-line* de viagens, além de diferentes canais de distribuição, nos quais cada agência de turismo deve se posicionar para que possa ser bem-sucedida e adotar estratégias coerentes com o público-alvo que deseja atingir. Esse será o tema da próxima seção.

3.3 Modelo atual de distribuição: multicanais

Em um mercado globalizado, manter-se competitivo é um fator de sobrevivência. Para isso, uma agência de turismo precisa constantemente revisar seus custos e trabalhar em suas estratégias para ampliar o lucro. Com esse intuito, alguns fornecedores consideram vantajoso eliminar o intermediário para não ter o custo de sua remuneração (comissionamento). Nesse contexto, o fornecedor passa também a ser um concorrente para a agência de turismo, e o consumidor passa a ter multicanais de compra para o mesmo produto. A inserção da internet como canal de distribuição motivou inovações no mercado de agências de turismo, que pode ter a coexistência dos canais *on-line* (ambiente virtual) e *off-line* (ambiente físico) como modelo de negócio (Laudon; Traver, 2008; Salvado; Ferreira; Costa, 2012).

Nesse cenário, a competitividade não fica apenas entre as agências de turismo, mas entre quaisquer empresas que comercializem o mesmo produto. As agências virtuais (OTAs) são agências de turismo (empresas) que investem muito em tecnologia, pois dependem exclusivamente de seus *sites* para a comercialização de seus produtos, já que não atendem o público pessoalmente. Nesse novo modelo, as OTAs são agências de turismo focadas em atingir um amplo número de consumidores, a qualquer dia e horário, sem limites geográficos. Elas conseguem disponibilizar todo o portfólio de produtos para o cliente e facilmente fazer atualizações de preços (Salvado; Ferreira; Costa, 2012).

Nos "bastidores", têm estruturas físicas similares aos de uma agência de viagem tradicional (*off-line*), mas apenas para realizar os procedimentos internos e dar suporte aos usuários. Como seu acesso é ilimitado, muitos consumidores a utilizam para pesquisa de produtos e preços, o que faz com que o consumidor seja mais bem informado. Essas possibilidades criaram um confronto com muitas agências de viagem, que perceberam as OTAs como uma grande ameaça. Por seu amplo alcance, muitas delas criaram estratégias para captar mais clientes, com base no preço. Em geral, nas publicações das OTAs, o preço e as condições de pagamento estão em destaque, justamente para chamar a atenção do consumidor e estimular a compra direta no *site*.

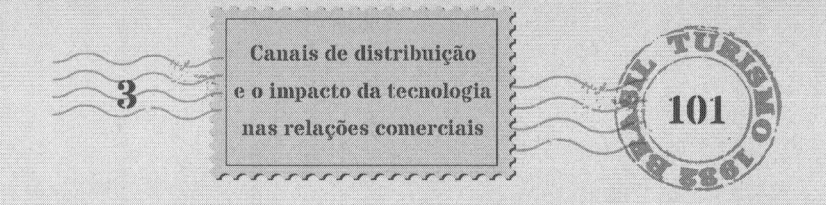

Vamos supor que você queira pesquisar o preço de uma passagem aérea para Paris. Você pode consultar o *site* de uma companhia aérea, de uma OTA ou solicitar a cotação para uma agência de viagem. Em qual delas a tarifa será menor? Em nenhuma, pois a tarifa publicada pela companhia aérea é a mesma para qualquer canal de venda. O que as diferencia são as taxas de serviço cobradas. A OTA é uma agência de turismo que também depende de intermediação e, se não cobrar pelos seus serviços, não sobrevive. Mas, como estão cientes da importância de terem preços atraentes, as empresas não informam de imediato o valor total do produto, deixando as taxas constarem apenas no final da compra. Essa é uma prática que trouxe muitos conflitos e reclamações, pois induz a compra a partir dos primeiros valores apresentados. A própria Decolar.com Ltda. já foi acusada de propaganda enganosa. A empresa foi intimada a dar explicações sobre a oferta de passagens aéreas que não mostravam o preço final. No processo julgado, foi determinada a alteração desse tipo de publicidade, e agora é preciso considerar o valor efetivo do produto, discriminando as taxas de embarque e de serviço (Cândido, 2013).

As agências de viagem precisam estar atentas a essa questão, pois muitos clientes acabam solicitando orçamentos apenas para comparar com o valor disponível das OTAs. Se houver uma divergência de valores, o cliente pode equivocadamente considerar que o preço é menor na OTA e a agência de viagem perde uma venda e até mesmo o cliente.

Segundo Bowie e Buttle (2001), as empresas que optam pela distribuição *on-line* podem ser caracterizadas por oferecerem:

» acesso à informação em qualquer dia e horário;
» mobilidade para acessar a internet/informação em diversos dispositivos, em qualquer lugar;
» rapidez e múltiplas opções de pesquisa, seja diretamente no fornecedor, seja indiretamente pelos intermediários;
» competitividade em tempo real, tanto em termos de produto quanto de preço (transparência no mercado);
» relativa segurança para transações de reservas e para pagamentos;
» distribuição especializada.

Empresas turísticas que utilizam a internet e outros aplicativos para comercialização eletrônica voltada ao consumidor final são chamadas de *eMediaries* (Buhalis; Licata, 2002). Para Dale (2003), as *eMediaries* atuam em um cenário competitivo e por isso buscam vantagens estratégicas sustentáveis, mediante parcerias entre os canais de distribuição, redes colaborativas e complementares, por meio de comunicação integrada.

Os multicanais de distribuição no turismo são tanto diretos quanto indiretos, ambos focados na otimização de rentabilidade, que é o principal componente desse sistema. Além disso, eles visam atender a diferentes segmentações de mercado e estão sempre buscando reduzir seus custos e obter vantagens das tecnologias em constante evolução. Por outro lado, a adoção dos multicanais pode fragilizar a identidade e o controle dos negócios, em comparação com empresas que adotam o posicionamento de canais individuais e exclusivos. Dessa forma, cada empresa deve examinar os custos e as vantagens de cada canal de venda, para definir estratégias com base na análise do perfil e do comportamento do consumidor (Pearce; Taniguchi, 2008).

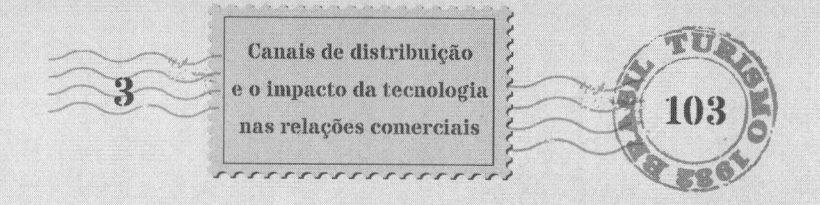

Figura 3.3 – **Modelo de multicanais de distribuição**

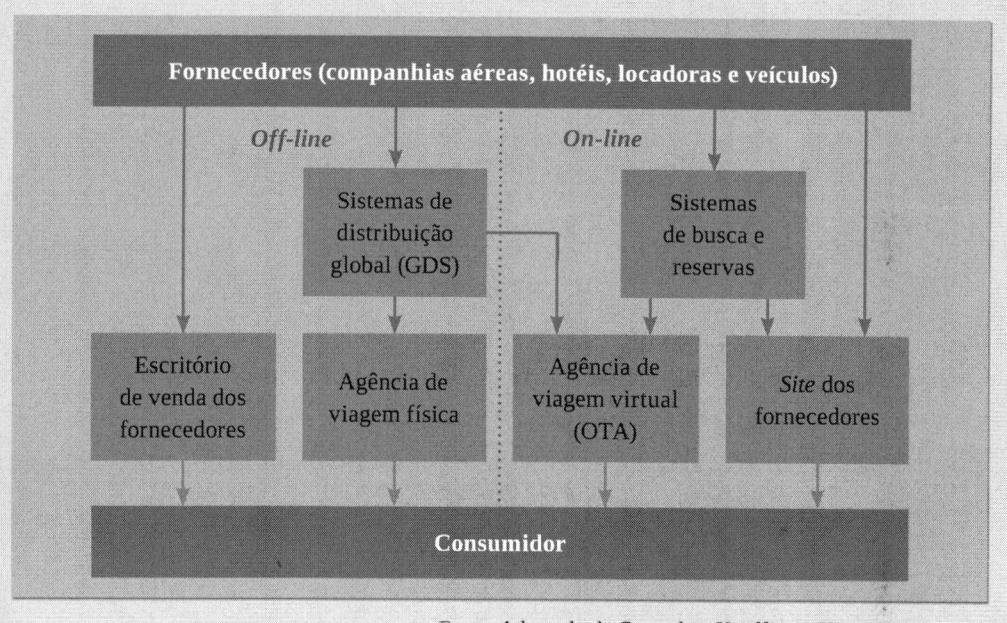

```
┌─────────────────────────────────────────────────────────────┐
│  Fornecedores (companhias aéreas, hotéis, locadoras e veículos) │
└─────────────────────────────────────────────────────────────┘
           Off-line           |           On-line
                              |
        Sistemas de           |        Sistemas
        distribuição          |        de busca e
        global (GDS)          |        reservas

  Escritório    Agência de    Agência de      Site dos
  de venda dos  viagem física viagem virtual  fornecedores
  fornecedores                (OTA)

┌─────────────────────────────────────────────────────────────┐
│                         Consumidor                          │
└─────────────────────────────────────────────────────────────┘
```

Fonte: Adaptado de Granados; Kauffman; King, 2008.

No contexto de agenciamento de viagens, existem operadoras turísticas que seguem o modelo tradicional e continuam atendendo apenas as agências de viagem, enquanto outras abriram lojas em *shoppings* e outros pontos de venda para estarem mais próximas do público. Veja um exemplo:

> Depois de ter iniciado a implantação de lojas em shoppings centers (na década de 80) e em hipermercados (nos anos 2000) em todo o Brasil, revolucionando o setor de agências de viagens que até então funcionavam somente em prédios e horários comerciais, a CVC dá um importante passo em sua estratégia de

crescimento com a inauguração, em março de 2010, de sua primeira loja em posto de combustível. A loja fica no bairro da Saúde e a explicação é simples: os postos se fortalecem no conceito de "conveniência", detêm grande fluxo de pessoas, possuem estacionamento gratuito para o cliente e oferecem horário de atendimento estendido, inclusive aos finais de semana. Mais tarde, em dezembro de 2011, seria a vez da inauguração da primeira loja em estação de metrô, na Estação Butantã (SP). (CVC, 2013)

O vice-presidente de Canais de Vendas da CVC® em 2012, Sandro Sant'Anna, responsável por administrar a sinergia das vendas *on-line* e *off-line*, considera a CVC® uma empresa multicanal, justamente pelo fato de o consumidor também ser multicanal. As redes de lojas físicas são distribuídas em diversos locais, oferecem uma base de atendimento exclusivo aos agentes de viagem e também têm ferramentas de reservas e vendas em seu *site*. Dessa forma, o cliente pode consultar as opções de pacotes no *site* e escolher comprar no agente de viagens de sua preferência ou em uma loja da CVC® no *shopping*, pelo mesmo preço (Andrade, 2013c).

Por outro lado, a Schultz© é uma operadora turística que optou pela distribuição exclusiva via agências de viagem. Ela criou ferramentas e sistemas para otimizar o trabalho operacional e possibilitar sua inclusão no mercado digital. O proprietário/diretor da operadora Schultz© comentou, em entrevista à *Mercado & Eventos*, que a tecnologia é o melhor recurso para competir nesse mercado (Strucchi, 2013). Ele investiu mais de R$ 7 milhões para desenvolver um portal operacional completo e também oferecer às agências de viagem a possibilidade de terem um *site* integrado com comercialização *on-line* gratuita. Essa é uma estratégia para ter um diferencial competitivo em relação às OTAs, que o empresário chama de *gigantes.com*. Assim, uma agência de turismo tradicional pode ter uma estrutura física e virtual ao mesmo tempo e atender a preferência de cada cliente.

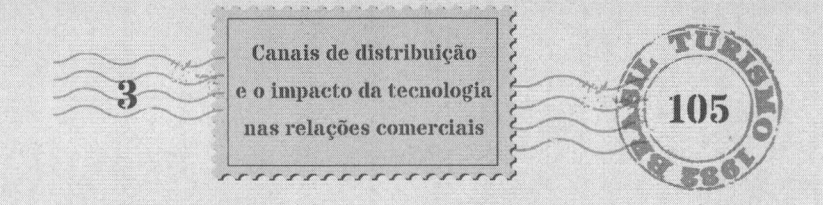

Huang, Chen e Wu (2009) fizeram um estudo que comprovou que o canal de distribuição mais utilizado pelas operadoras turísticas em Taiwan são as agências de viagem varejistas, avaliando-as sob critérios de capacidades transacionais, receitas e despesas envolvidas. A pesquisa indica também que as agências de turismo não têm a expectativa de utilizar todos os canais de venda disponíveis. Ao contrário, elas selecionam alguns canais prioritários dentro do seu plano de *marketing*, com o objetivo de aumentar a competitividade pela redução de custos, pela diferenciação de produto e pela gestão de receitas.

A Cangooroo, por exemplo, é uma empresa especializada em tecnologia para empresas turísticas. Ela oferece novos recursos para dar autonomia ao agente de viagens na decisão do preço final, de acordo com o perfil da venda e do consumidor. "Trata-se de uma transição cultural no segmento de comercialização de viagens, na qual o mercado antes *offline* assume características e dinamismo das transações *online*" (Cangooroo, 2013).

A multicanalidade é uma realidade no mercado, ou seja, há uma coexistência de todos os canais, tanto os diretos quanto os indiretos, os quais contribuem para o desenvolvimento da atividade turística. Law, Leung e Wong (2004) defendem a coexistência das agências de turismo *on-line* (OTA) e *off-line*, destacando que a tendência no mercado é equilibrar o volume de reservas de viagem em ambos os canais.

A Hotel Urbano Viagens e Turismo S.A. é uma agência de viagem *on-line* que optou por atuar também no mercado *off-line*, com a abertura de lojas físicas em *shoppings*. A estratégia é aproximar-se do consumidor, captar novos clientes e prestar assessoria para aqueles que desejam conhecer o produto. O objetivo é também esclarecer dúvidas e oferecer dicas para fazer a compra diretamente pelo *site*. Segundo Brasil (2006), essa estratégia permite

> [o] desenvolvimento de ações que compensem a eventual perda do *link* social entre empresas e clientes, assegurando que em outros encontros de serviços a empresa fortaleça a percepção de valor e os potenciais laços de lealdade fragilizados a partir da venda concentrada através de sistemas baseados em tecnologia (*internet*).

A maior empresa nesse mercado *on-line* é a Decolar.com, que concentra 70% dos negócios na venda de passagens aéreas, enquanto a Hotel Urbano optou por direcionar a comercialização para hospedagem, pacotes, locação de veículos e cruzeiros marítimos – que têm uma margem de rentabilidade maior (Serodio, 2013).

Koo, Mantin e O'Connor (2011) analisaram as companhias aéreas que realizam vendas com a estratégia de multicanais, por intermédio de uma OTA, e concluíram que esse tipo de empresa tem a vantagem de proporcionar um alcance e acesso maiores aos consumidores, o que aumenta o potencial de vendas. Entretanto, existe uma grande concorrência de outras companhias aéreas, no mesmo portal. Por outro lado, algumas companhias preferem ter um canal único de comercialização, apenas em seus próprios *sites*, em função dos altos custos dos canais de distribuição (taxas de reserva para GDS e comissão). Mas isso é viável apenas quando há ligação e fidelização com os clientes para compra direta.

Brasil (2006, 2008) investigou a percepção e a satisfação dos turistas com o canal de atendimento escolhido para a compra de passagens aéreas. Os principais indicadores, definidos como sistema de entrega do serviço (SES), envolvem a diferenciação pelo nível de contato (presencial ou a distância) e pelo tipo de interação (autosserviço ou serviço interpessoal). As variáveis envolvidas são: atitudes de relacionamento interpessoal;

propensão ao uso de tecnologia; controle; independência e percepção de risco no processo de compra; conveniência pela facilidade de uso e economia de tempo. Nessa pesquisa, foi "constatado que o uso mais intenso de canais interpessoais fortalece a relação entre a satisfação com o sistema de entrega e o valor percebido pelo cliente e suas intenções de lealdade" (Brasil, 2006, p. 361).

    Mediante a multiplicidade de estratégias de distribuição para as empresas turísticas, Pearce (2009) desenvolveu um modelo que pode ser utilizado pelos gestores de agências de turismo. Ele está fundamentado, inicialmente, nas necessidades e preferências dos consumidores e do próprio negócio.

Figura 3.4 – Processo de definição de estratégia para distribuição em turismo

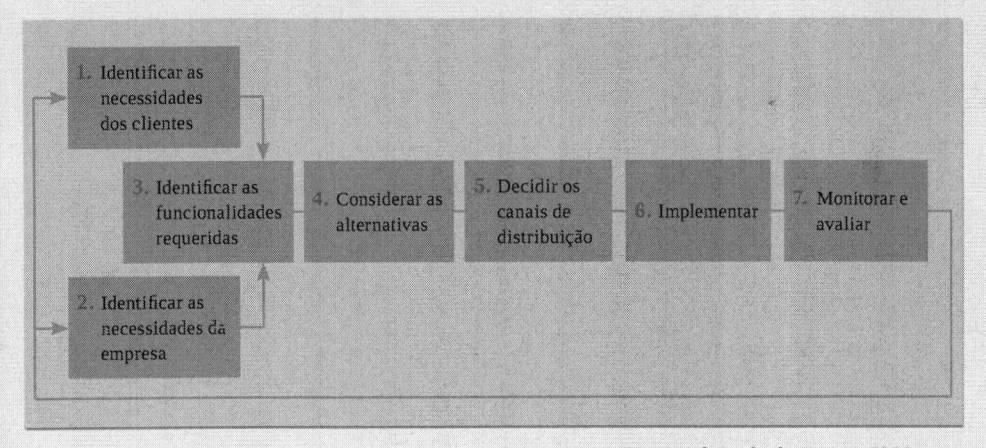

1. Identificar as necessidades dos clientes
2. Identificar as necessidades da empresa
3. Identificar as funcionalidades requeridas
4. Considerar as alternativas
5. Decidir os canais de distribuição
6. Implementar
7. Monitorar e avaliar

Fonte: Adaptado de Pearce, 2009.

    A funcionalidade do canal está associada ao acesso à informação desejada, à oferta de produtos adequada ao público-alvo, à possibilidade de combinação de produtos para uma viagem e aos recursos para reserva e confirmação de pagamento. Essa sinergia deve existir para que o fornecedor informe e venda o que o turista deseja saber e comprar. A quarta etapa prevê a escolha entre uma distribuição direta ou indireta, que deve considerar os benefícios dos intermediários e as vantagens da venda para o consumidor, de acordo com o foco de mercado e os recursos disponíveis pela empresa. Além disso, a opção por multicanais ou por um canal único deve ser feita com base no perfil do consumidor, para que cada canal utilizado e cada intermediário selecionado possa atender às necessidades de cada segmentação da demanda. Nesse sentido, é preciso analisar a abrangência de mercado, o porte da empresa, o nível de qualificação para representação dos produtos pelos intermediários e os custos envolvidos, para que não comprometam o lucro que viabiliza o negócio. A implementação envolve o comprometimento de tempo e de recursos por parte do gestor, de modo a colocar em prática toda a estrutura de distribuição planejada (Pearce, 2009).

O mesmo autor (2009) afirma que este é um processo contínuo, que requer acompanhamento e controle de resultados, para que possa contemplar os elementos básicos iniciais, que são a satisfação do cliente e da empresa. Afinal, ajustes e aprimoramentos são sempre necessários, porque o mercado se transforma constantemente. Para Oliveira, Campomar e Luis (2008), as empresas "devem criar, desenvolver e sustentar vantagens em relação aos seus concorrentes, de forma que lhes permita crescer e se desenvolver em ambiente competitivo".

No caso das companhias aéreas, uma estratégia muito utilizada foi a de incentivar a compra diretamente em seu *site*, ao criar promoções disponíveis para compra apenas de madrugada ou nos finais de semana – portanto, fora do horário comercial, quando as agências de turismo têm limitação para atendimento. Atualmente, cada empresa aérea pode determinar um modelo de atuação, seja pela venda direta, seja pela indireta, conforme mostra a Figura 3.5.

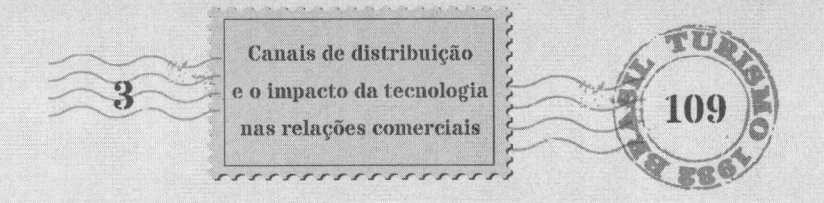

Figura 3.5 – Canais de distribuição das companhias aéreas

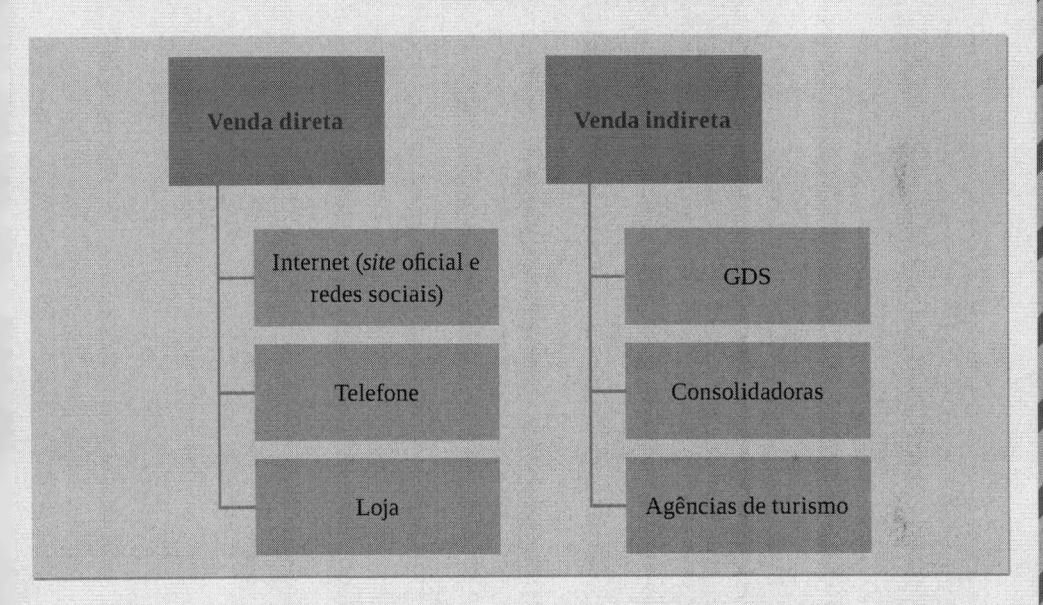

```
Venda direta
├── Internet (site oficial e redes sociais)
├── Telefone
└── Loja

Venda indireta
├── GDS
├── Consolidadoras
└── Agências de turismo
```

Vivemos hoje a multicanalidade no mercado, ou seja, a coexistência de todos os canais, diretos e indiretos, que contribuem para o desenvolvimento da atividade turística. Em outros negócios, isso já é comum, basta pensarmos em todos os lugares possíveis para comprar um aparelho celular da Apple®, por exemplo.

Síntese

Canais de distribuição e as fases da intermediação	No modelo tradicional de distribuição, as agências de turismo tinham exclusividade na intermediação de produtos e serviços entre o consumidor e os fornecedores. Contudo, as novas tecnologias possibilitaram a desintermediação nesse mercado, motivando as agências de turismo a buscarem novas práticas para se manterem atuantes no cenário da reintermediação.
O impacto das tecnologias da informação e da comunicação	É preciso destacar a influência das companhias aéreas no uso e aplicação de tecnologias no turismo, por meio do GDS, bem como as possibilidades de manter relacionamento e ter interatividade no ambiente virtual de negócios para as agências de turismo.
Internet e comércio eletrônico	A internet e o comércio eletrônico deixaram de ser uma ameaça para as agências de turismo, que hoje utilizam essas ferramentas para otimizar processos operacionais e ampliar os recursos de comercialização com o cliente.
Modelo atual de distribuição: multicanais	As agências de turismo definem suas estratégia de distribuição de produtos e o cliente decide onde e como comprar, de acordo com seu perfil e suas necessidades, seja no ambiente *on-line* (virtual), seja no *off-line* (físico).

Para revisar o conteúdo apresentado e refletir sobre ele, responda às questões propostas.

Questões para revisão

1. (Enade, 2009) Na atualidade, o Setor de Viagens e Turismo encontra-se em constante evolução, passando por um processo de mudanças em suas técnicas e serviços, em função das novas tendências que vigoram nos setores de alimentação, eventos, agenciamento de viagem e hoteleiro, fruto das necessidades e das exigências dos consumidores, bem como das diferentes motivações das viagens.

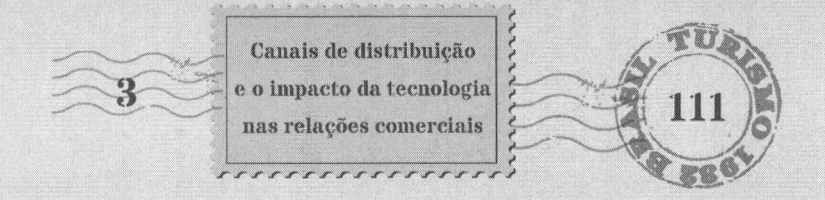

3 Canais de distribuição e o impacto da tecnologia nas relações comerciais

PORQUE

A utilização, em larga escala, dos recursos e das facilidades tecnológicas, especialmente as relacionadas com a tecnologia da informação e com o marketing de relacionamento como estratégia para captar e fidelizar público, intensificam a diversificação do produto turístico e a segmentação de novos mercados.

Com base na leitura dessas frases, é CORRETO afirmar que:
a) A primeira afirmativa é falsa, e a segunda é verdadeira.
b) A primeira afirmativa é verdadeira, e a segunda é falsa.
c) As duas afirmativas são verdadeiras, mas a segunda não é uma justificativa correta da primeira.
d) As duas afirmativas são verdadeiras, e a segunda é uma justificativa da primeira.

2. (Enade, 2006 – Adaptado) A figura abaixo representa um esquema da cadeia produtiva do turismo na formação de pacotes turísticos.

Cadeia produtiva do turismo na formação de pacotes turísticos

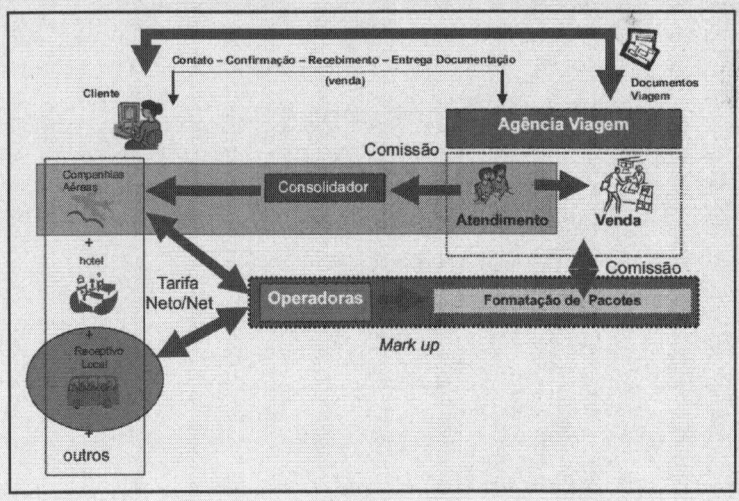

(Internet: <www.braztoa.com.br>).

Considerando essa figura, assinale a opção **incorreta**:
a) A cadeia produtiva do turismo pode ser entendida como uma representação sistêmica do turismo que mostra elementos ou elos e as relações que são estabelecidas entre eles.
b) O turista é quem faz a cadeia produtiva do turismo entrar e permanecer em funcionamento.
c) Os meios de hospedagem, as companhias aéreas, as empresas de receptivo e outras empresas com atividades complementares podem ser considerados fornecedores da operadora turística, que, por sua vez, é fornecedora da agência de viagens.
d) Na cadeia produtiva do turismo, a operadora turística é responsável por vender os pacotes diretamente ao turista, podendo, assim, ser considerada uma empresa atacadista.

3. Conforme Candioto (2012, p. 63), "acredita-se que haverá uma adequação no mercado por parte do cliente que terá opção em utilizar ou não um serviço de agente de viagens. Por isso, os agentes de viagem devem investir na qualidade da prestação do serviço, buscando cotidianamente alternativas e ferramentas que agilizem e agreguem valor à sua função".

Sobre os impactos do modelo atual de canal de distribuição nas agências de viagem, marque a resposta correta:
a) As agências de turismo que definem uma estratégia de remuneração própria e têm condições de criar valor pelo seu atendimento estão no estágio da reintermediação.
b) Pela internet, os fornecedores publicam valores menores que os disponíveis para compra nas agências de viagem.
c) Os fornecedores não têm mais interesse na distribuição de seus produtos pelas agências de viagem.
d) O principal atrativo das OTAs é o preço, já que o consumidor não utiliza os serviços de uma agência de viagem.

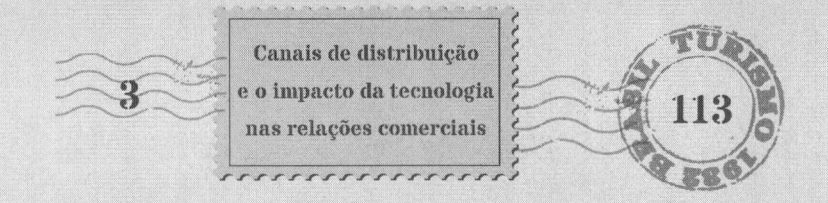

4. Segundo Candioto (2012), as novas tecnologias ditam mudanças de comportamento, provocam tendências e expressam atitudes. Nesse sentido, as agências de turismo podem utilizar a internet para diversas finalidades operacionais e de *marketing*.

   Indique algumas ferramentas tecnológicas utilizadas pelas agências de turismo e identifique seus benefícios.

5. As agências de turismo têm um papel fundamental como canais de distribuição na cadeia produtiva do turismo. Explique as fases da intermediação e as respectivas relações da agência de viagem com fornecedores e clientes.

Fique por dentro!

Pesquise uma agência de turismo multicanal na sua cidade ou região e analise as estratégias de comercialização e distribuição utilizadas, com base nos conceitos estudados no capítulo.

Para saber mais

Sugerimos a leitura de alguns artigos que complementam e aprofundam alguns temas abordados neste capítulo.

BISPO, M. de S.; GODOY, A. S. The Learning Process of the Use of Technologies as Practice: an Ethnomethodological Approach in Travel Agencies. **Revista Brasileira de Pesquisa em Turismo**, São Paulo, v. 6, n. 2, p. 34-54, 2012.

O artigo tem como objetivo compreender o processo de aprendizagem que envolve o uso de tecnologias da informação e da comunicação em uma agência de viagem e como isso pode influenciar esse tipo de empresa.

BONIN, M. V. Contexto de transformações no turismo e as novas tecnologias de comunicação e informação. **Revista Turismo & Desenvolvimento**, Campinas, v. 1, n. 1, p. 79-107, 2001.

Essa publicação traz uma reflexão sobre as transformações causadas pelas novas tecnologias no mercado turístico, especialmente no ramo das agências de viagem.

CACHO, A. do N. B.; AZEVEDO, F. F. de. O turismo no contexto da sociedade informacional. **Revista Brasileira de Pesquisa em Turismo**, São Paulo, v. 4, n. 2, p. 31-48, 2010.

O objetivo do artigo é analisar as consequências das evoluções tecnológicas no turismo e na sociedade informacional.

LONGHINI, F. O.; BORGES, M. P. A influência da Internet no mercado turístico: um estudo de caso nas agências de viagens de Piracicaba (SP) e região. **Caderno Virtual de Turismo**, Rio de Janeiro, v. 5, n. 3, p. 1-8, 2005.

Com base na revolução causada pela internet, o artigo busca analisar o impacto dessa tecnologia na forma de atuação de algumas agências de viagem.

MENDES, G. H. C. S.; BUCZYNSKI, R. de C. J. Tecnologia da informação e os canais de distribuição do turismo: uma reflexão sobre o tema. **Revista Acadêmica Observatório de Inovação do Turismo**, Rio de Janeiro, v. 1, n. 4, 2006.

Leia esse artigo para consultar uma revisão bibliográfica sobre o impacto das tecnologias da informação e da comunicação nas empresas distribuidoras do produto turístico.

OLEDO, G. L.; SZTUTMAN, L.; RUBAL, J. M. Comércio eletrônico em agências de viagens – estratégias competitivas e de marketing. **Turismo em Análise**, São Paulo, v. 12, n. 2, p. 90-116, 2001.

Nesse estudo, analisa-se o comércio eletrônico como uma estratégia para agências de viagem obterem vantagem competitiva no contexto do *marketing*.

4. Abertura e gestão de agências de viagem

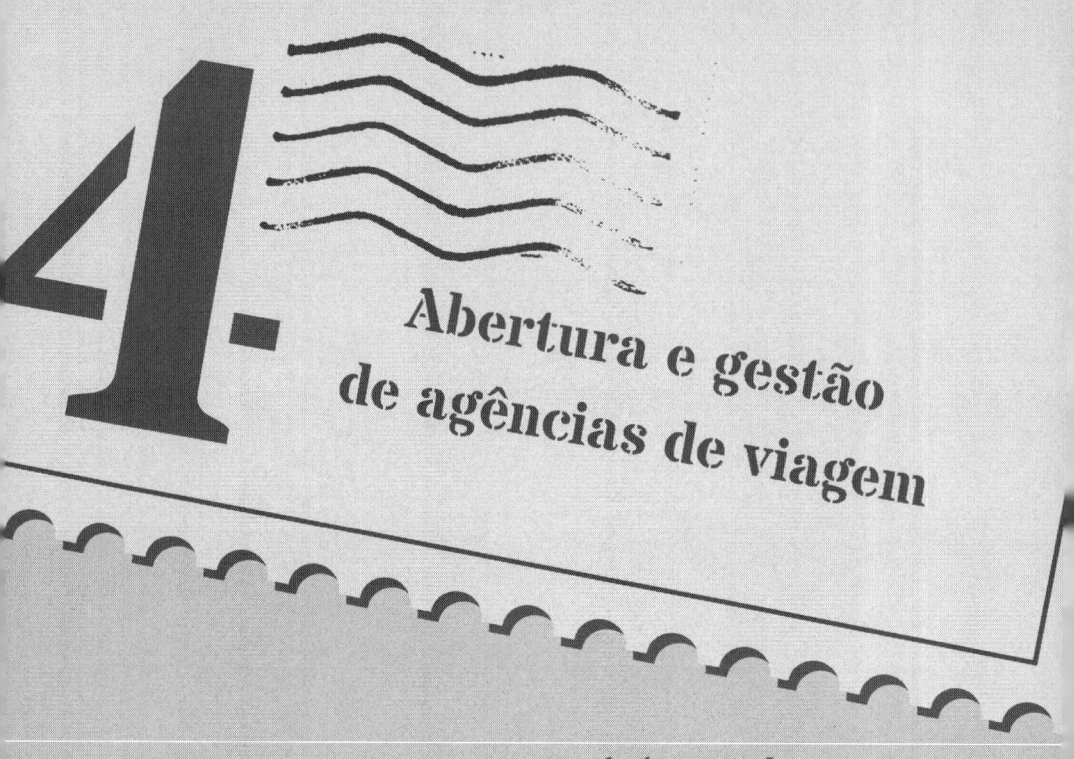

Conteúdos do capítulo:

» Informações básicas sobre empreendedorismo e plano de negócios.

» Providências e documentação necessária para abertura de uma agência de viagem.

» Despesas a considerar em uma agência de viagem atuante.

» Principais formas de remuneração para geração de receitas.

» Questões jurídicas e éticas das agências de viagem em relação ao tipo de negócio e ao consumidor.

Após o estudo deste capítulo, você será capaz de:

1. perceber a importância do planejamento para a abertura de uma agência de viagem, desde o plano de negócios aos documentos necessários para a formalização e a liberação de funcionamento da empresa;

2. identificar os principais gastos mensais de uma agência de viagem, assim como os meios para obtenção de receita, para que sejam feitos o planejamento e o controle financeiro adequados à estrutura e ao perfil da agência em questão;

3. compreender os aspectos éticos e legais da profissão, que exigem responsabilidade e comprometimento com as parcerias no mercado e com o atendimento ao cliente.

4 Abertura e gestão de agências de viagem

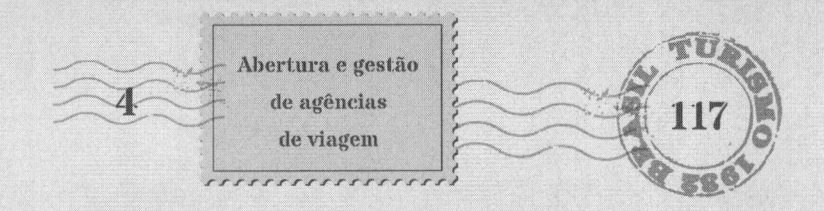

Muitas são as motivações para abrir uma agência de viagem, entre as quais estão a afinidade com o produto ou serviço, o sonho de ser dono do próprio negócio ou uma ótima oportunidade de mercado. Em todas as situações, o profissional deve ter um perfil empreendedor.

4.1 Empreendedorismo e plano de negócios

Para Dolabela (2008, p.24), *empreendedor* é um termo que "implica uma forma de ser, uma concepção de mundo, uma forma de se relacionar". Segundo o mesmo autor, o empreendedorismo está relacionado à iniciativa e à inovação, seja para o indivíduo que cria uma empresa, seja para a pessoa que compra uma empresa e a modifica, seja ainda para o funcionário, que agrega valor ao seu trabalho e gera benefícios para a organização.

Mas qual é o perfil de um empreendedor? Confira no Quadro 4.1.

Quadro 4.1 – Perfil do empreendedor

Busca de oportunidades e iniciativa	» Faz as coisas antes de ser solicitado ou antes de ser forçado pelas circunstâncias. » Age para expandir o negócio a novas áreas, produtos ou serviços. » Aproveita oportunidades fora do comum para começar um negócio, obter financiamentos, equipamentos, terrenos, local de trabalho ou assistência.
Corre riscos calculados	» Avalia alternativas e calcula riscos deliberadamente. » Age para reduzir os riscos ou controlar os resultados. » Coloca-se em situações que implicam desafios ou riscos moderados.

(continua)

(Quadro 4.1 – continuação)

Exige qualidade e eficiência	» Encontra maneiras de fazer as coisas melhor, mais rápido ou mais barato. » Age de maneira a fazer coisas que satisfazem ou excedem padrões de excelência. » Desenvolve ou utiliza procedimentos para assegurar que o trabalho seja terminado a tempo ou que o trabalho atenda a padrões de qualidade previamente combinados.
Persistência ou resiliência	» Age diante de um obstáculo significativo. » Age repetidamente ou muda de estratégia a fim de enfrentar um desafio ou superar um obstáculo. » Assume responsabilidade pessoal pelo desempenho necessário para atingir metas e objetivos.
Comprometimento	» Faz um sacrifício pessoal ou despende um esforço extraordinário para completar uma tarefa. » Colabora com os empregados ou coloca-se no lugar deles, se necessário, para terminar um trabalho. » Esmera-se em manter os clientes satisfeitos e coloca em primeiro lugar a boa vontade a longo prazo, acima do lucro a curto prazo.
Busca de informações	» Dedica-se pessoalmente a obter informações de clientes, fornecedores ou concorrentes. » Investiga pessoalmente como fabricar um produto ou fornecer um serviço. » Consulta especialistas para obter assessoria técnica ou comercial.
Estabelecimento de metas	» Estabelece metas e objetivos que são desafiantes e que têm significado pessoal. » Define metas de longo prazo, claras e específicas. » Estabelece objetivos de curto prazo, mensuráveis.
Planejamento e monitoramento sistemático	» Planeja o trabalho dividindo tarefas de grande porte em subtarefas com prazos definidos. » Constantemente revisa seus planos, levando em conta os resultados obtidos e as mudanças circunstanciais. » Mantém registros financeiros e utiliza-os para tomar decisões.

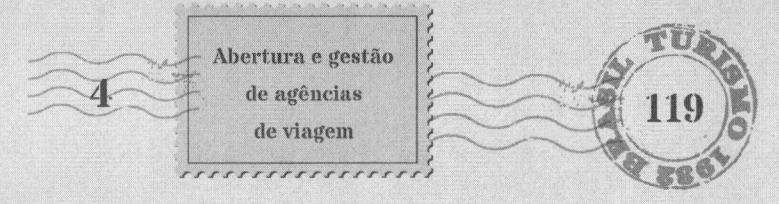

(Quadro 4.1 – conclusão)

Persuasão e rede de contatos	» Utiliza estratégias deliberadas para influenciar ou persuadir os outros. » Utiliza pessoas-chave como agentes para atingir seus próprios objetivos. » Age para desenvolver e manter relações comerciais.
Independência e autoconfiança	» Busca autonomia em relação a normas e controles de terceiros. » Mantém seu ponto de vista, mesmo diante da oposição ou de resultados inicialmente desanimadores. » Expressa confiança na sua própria capacidade de completar uma tarefa difícil ou de enfrentar um desafio.

Fonte: Adaptado de Sebrae, 2013.

Para saber mais

Você se encaixa no perfil de empreendedor? Faça o teste do Sebrae e descubra!

SEBRAE. **Teste aqui seu perfil empreendedor**. Disponível em: <http://www.sebrae.com.br/customizado/atendimento/teste-aqui-seu-perfil-empreendedor>. Acesso em: 13 fev. 2014.

O Serviço Brasileiro de Apoio às Micro e Pequenas Empresas (Sebrae) é uma entidade privada sem fins lucrativos, que atua desde 1972 como agente de desenvolvimento para empreendimentos de micro e pequeno porte no Brasil. Desenvolve projetos e disponibiliza consultorias para dar orientações e criar ferramentas para inovação do negócio, aperfeiçoamento da gestão administrativa e financeira, expansão do empreendimento e desenvolvimento de vantagens competitivas. "Para ter um negócio de sucesso, o empreendedor deve ter espírito criativo e pesquisador. É preciso buscar novos caminhos e soluções a fim de atender às necessidades da clientela e do mercado" (Sebrae, 2013).

Questão para reflexão

Em termos práticos, o que é necessário analisar antes de abrir um negócio?

Tudo deve começar com um **plano de negócios**. Ele funciona como um mapa para orientar o empresário. Contém informações sobre o mercado, sobre os produtos e sobre os serviços a serem oferecidos, além de possíveis clientes, concorrentes, fornecedores e, é claro, os pontos fracos e fortes do negócio.

Figura 4.1 – Plano de negócios

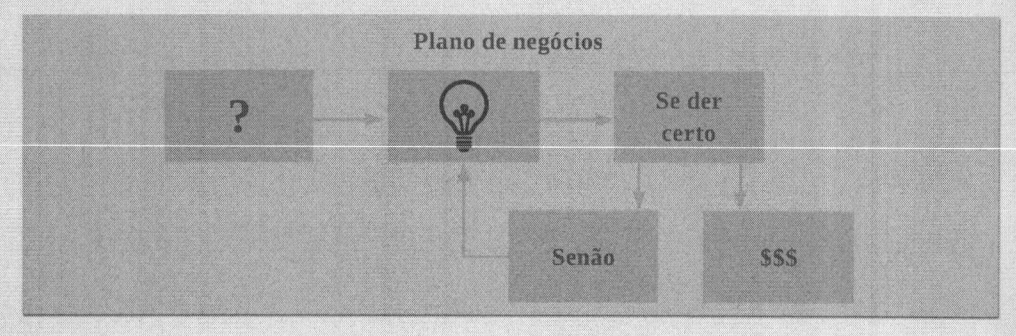

```
                    Plano de negócios

    ?     →     💡     →    Se der
                            certo
                              ↓      ↓
                   Senão    $$$
```

Fonte: Up to Start, 2014.

Observe que a Figura 4.1 ilustra uma interrogação como ponto de partida, ou seja, uma ideia pode surgir de uma oportunidade no mercado, que pode ser percebida como algo inédito ou como uma reinvenção ou um novo uso para algo já existente. Todo projeto, apesar de envolver riscos, busca o desenvolvimento e o crescimento da empresa, ou seja, a obtenção de lucro e o retorno dos investimentos. Contudo, o empresário deve saber lidar com o fracasso e também ser otimista e persistente para retomar o projeto quando necessário.

O plano de negócios é o primeiro passo para ter uma empresa de sucesso e evitar erros que poderiam ter sido previstos, pois, quanto mais o empresário planejar e conhecer o mercado, maiores as chances de ele ser coerente com a realidade.

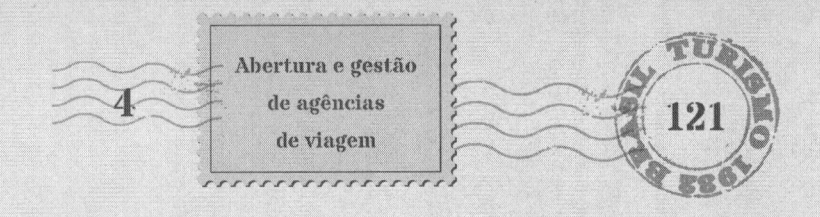

Para Dolabela (2008), o planejamento de uma empresa começa com as seguintes preliminares:

- decisão da abertura do negócio;
- análise das forças e fraquezas individuais;
- escolha do produto ou serviço adequado.

Na sequência, é preciso elaborar um plano de negócios, composto de algumas etapas básicas, descritas no Quadro 4.2.

Quadro 4.2 – Tarefas do plano de negócios

Sumário executivo	» Enunciado do projeto » Competência dos responsáveis » Os produtos e a tecnologia » O mercado potencial » Elementos de diferenciação » Previsão de vendas » Rentabilidade e projeções financeiras » Necessidades de financiamento
A empresa	» A missão » Objetivos (situação planejada desejada; o foco) » Estrutura organizacional e legal » Plano de operações (administração, comercial, controle de qualidade, terceirização, sistemas de gestão) » Parcerias
O plano de *marketing*	» Análise de mercado (o setor, tamanho do mercado, oportunidades e ameaças, clientela, segmentação, concorrência, fornecedores) » Estratégia de *marketing* (produto, preço, distribuição, promoção e relacionamento com os clientes)
Plano financeiro	» Investimento inicial » Projeções (resultados, fluxo de caixa, balanço) » Ponto de equilíbrio » Análise de investimento (tempo de retorno, taxa interna de retorno, valor atual líquido).

Fonte: Dolabela, 2008.

Assim, após a decisão de ser empreendedor e a elaboração de um bom plano de negócios, é preciso conhecer as etapas e os procedimentos necessários para a abertura de uma agência de viagem.

4.2 Etapas para abertura de uma agência de viagem

Nos capítulos anteriores, examinamos os principais conceitos do agenciamento de viagens e diversos ramos de atuação para as agências, que podem utilizar a segmentação como estratégia para definir o perfil generalista ou especialista de atendimento voltado para um público-alvo. Além disso, analisamos as possibilidades de canais de distribuição e comercialização no mercado, no contexto dos recentes avanços tecnológicos. Esses são conhecimentos essenciais para dar suporte ao processo de planejamento e abertura de uma agência de viagem.

Com o plano de negócios pronto, a criação de uma agência de viagem depende de alguns procedimentos obrigatórios, como vemos na figura a seguir.

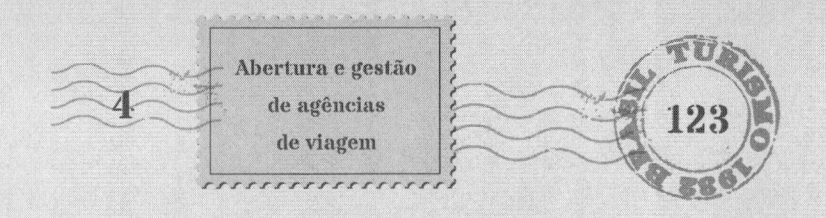

Figura 4.2 – Etapas para abertura de uma agência

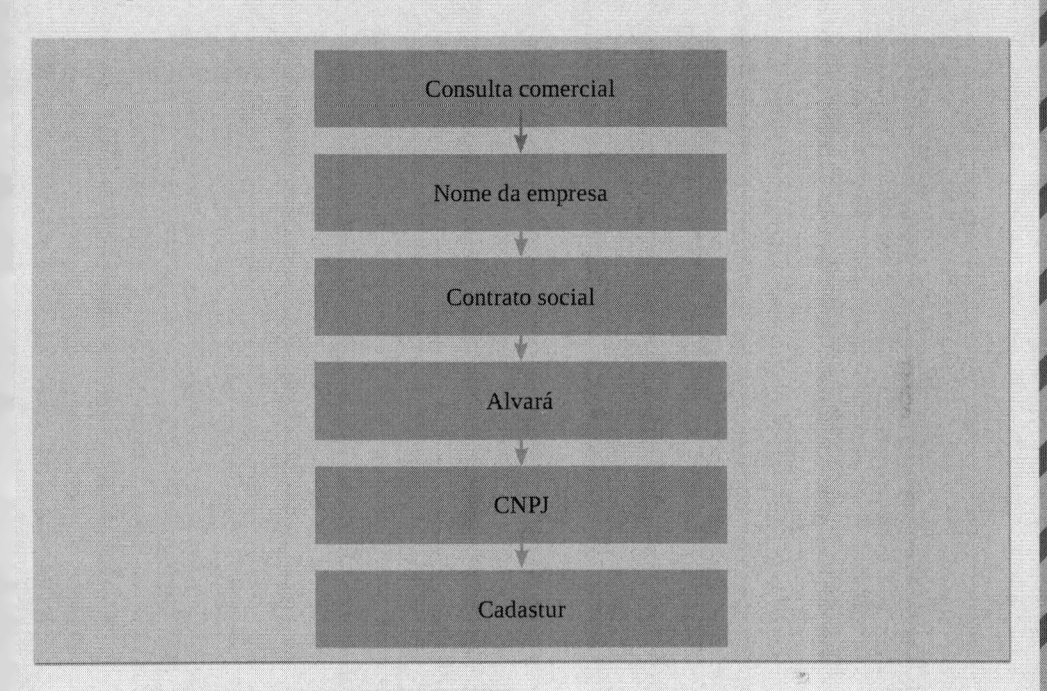

```
Consulta comercial
      ↓
Nome da empresa
      ↓
Contrato social
      ↓
    Alvará
      ↓
    CNPJ
      ↓
   Cadastur
```

» **1ª etapa – Consulta comercial**

Essa consulta é feita no *site* da prefeitura, com o objetivo de se obter uma autorização para exercício da atividade no local. Será verificada a adequação para funcionamento da empresa, conforme o ramo de atuação. As agências de turismo estão enquadradas no setor de serviços.

» **2ª etapa – Consulta do nome da empresa**

Essa verificação é feita na Junta Comercial, com a intenção de se averiguar se não existem nomes similares ou iguais. Devem ser sugeridas duas ou três opções de nomes para a empresa. A Junta Comercial do Paraná, por exemplo, oferece no seu *site* o Empresa Fácil, que permite fazer uma consulta de nomes gratuita.

» **3ª etapa – Contrato social**

Esse é o registro oficial da empresa com a natureza jurídica de sociedade limitada, que inclui a maior parte das agências de turismo brasileiras. Existem outros documentos para empresas de sociedade anônima, sociedade cooperativa, serviço social autônomo, microempreendedor individual e empresário individual. No contrato social deve constar os seguintes dados: razão social, nome fantasia, endereço definitivo, definição dos sócios, capital social, divisão de cotas acionárias dos sócios, responsabilidade administrativa, entre outros direitos e obrigações dos sócios. A deliberação e o registro legal da empresa são feitos na Junta Comercial ou em outro órgão similar competente.

Por iniciativa do Governo Federal, no âmbito da Rede Nacional para Simplificação do Registro e da Legalização de Empresas e Negócios (Redesim), foi criado o **contrato padrão**, objetivando facilitar a vida dos empreendedores e contribuir para a melhoria do ambiente de negócios no país. É um contrato de sociedade limitada, simplificado, com cláusulas padronizadas, que contemplam as cláusulas obrigatórias exigidas pelo Código Civil, integrado a um processo de registro e legalização de empresas, também simplificado, o qual possibilita a formalização de empresas em apenas 48 horas. Os procedimentos estão detalhados na figura a seguir.

4 Abertura e gestão de agências de viagem

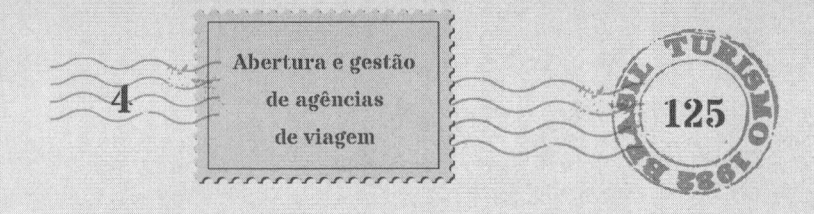

125

Figura 4.3 – Como realizar o processo de registro e legalização de uma agência de viagem

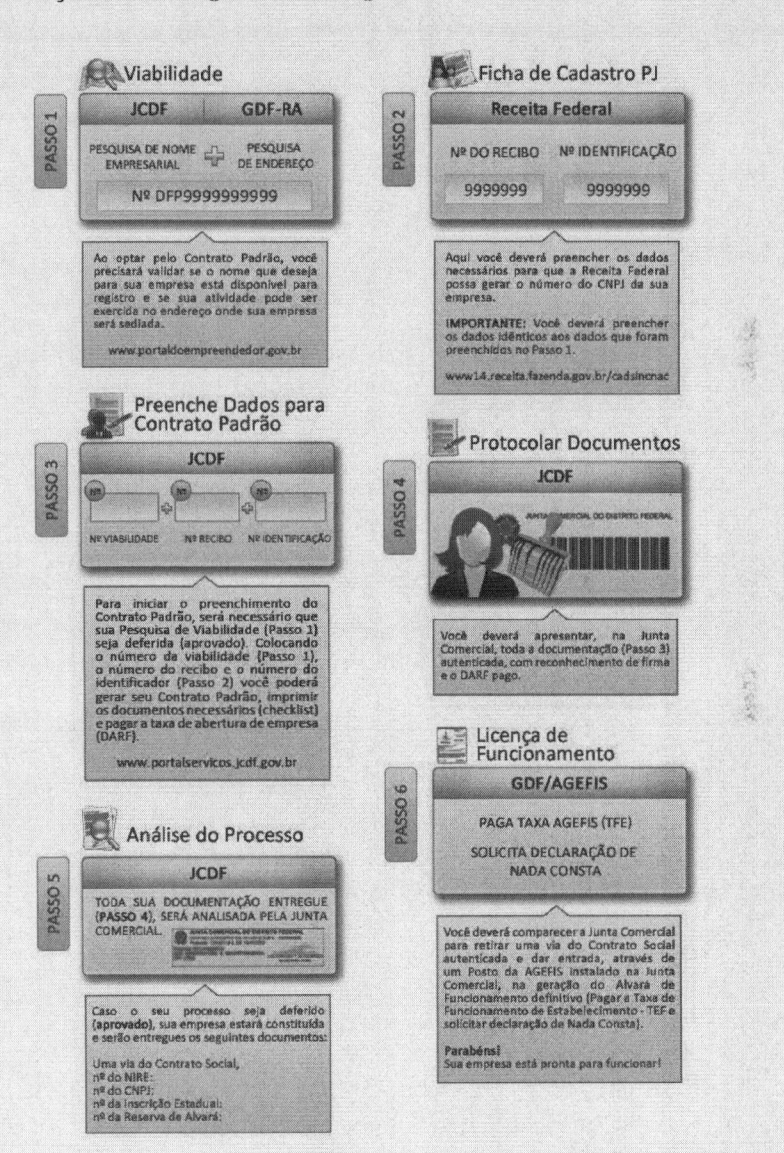

PASSO 1 - Viabilidade
JCDF | GDF-RA
PESQUISA DE NOME EMPRESARIAL + PESQUISA DE ENDEREÇO
Nº DFP9999999999

Ao optar pelo Contrato Padrão, você precisará validar se o nome que deseja para sua empresa está disponível para registro e se sua atividade pode ser exercida no endereço onde sua empresa será sediada.
www.portaldoempreendedor.gov.br

PASSO 2 - Ficha de Cadastro PJ
Receita Federal
Nº DO RECIBO | Nº IDENTIFICAÇÃO
9999999 | 9999999

Aqui você deverá preencher os dados necessários para que a Receita Federal possa gerar o número do CNPJ da sua empresa.

IMPORTANTE: Você deverá preencher os dados idênticos aos dados que foram preenchidos no Passo 1.
www14.receita.fazenda.gov.br/cadsincnac

PASSO 3 - Preenche Dados para Contrato Padrão
JCDF
Nº VIABILIDADE | Nº RECIBO | Nº IDENTIFICAÇÃO

Para iniciar o preenchimento do Contrato Padrão, será necessário que sua Pesquisa de Viabilidade (Passo 1) seja deferida (aprovado). Colocando o número da viabilidade (Passo 1), o número do recibo e o número do identificador (Passo 2) você poderá gerar seu Contrato Padrão, imprimir os documentos necessários (checklist) e pagar a taxa de abertura de empresa (DARF).
www.portalservicos.jcdf.gov.br

PASSO 4 - Protocolar Documentos
JCDF

Você deverá apresentar, na Junta Comercial, toda a documentação (Passo 3) autenticada, com reconhecimento de firma e o DARF pago.

PASSO 5 - Análise do Processo
JCDF
TODA SUA DOCUMENTAÇÃO ENTREGUE (PASSO 4), SERÁ ANALISADA PELA JUNTA COMERCIAL.

Caso o seu processo seja deferido (aprovado), sua empresa estará constituída e serão entregues os seguintes documentos:
Uma via do Contrato Social,
nº do NIRE;
nº do CNPJ;
nº da Inscrição Estadual;
nº da Reserva de Alvará;

PASSO 6 - Licença de Funcionamento
GDF/AGEFIS
PAGA TAXA AGEFIS (TFE)
SOLICITA DECLARAÇÃO DE NADA CONSTA

Você deverá comparecer a Junta Comercial para retirar uma via do Contrato Social autenticada e dar entrada, através de um Posto da AGEFIS instalado na Junta Comercial, na geração do Alvará de Funcionamento definitivo (Pagar a Taxa de Funcionamento de Estabelecimento - TFE e solicitar declaração de Nada Consta).

Parabéns!
Sua empresa está pronta para funcionar!

Fonte: Portal do Empreendedor, 2013.

Gestão de agências de viagem: orientações para você abrir e administrar o seu negócio

Raquel Pazini

A Redesim é um sistema integrado que permite abertura, fechamento, alteração e legalização de empresas em todas as Juntas Comerciais do Brasil, simplificando procedimentos e reduzindo a burocracia ao mínimo necessário. Essas e outras informações estão disponíveis no Portal do Empreendedor (2013), com orientações detalhadas sobre os tipos de empresas do Brasil (naturezas jurídicas) e também sobre a abertura, alteração, baixa e formalização de empreendimentos.

» **4ª etapa – Alvará de funcionamento**

Esse documento é concedido pela Prefeitura ou por outro órgão similar competente e autoriza o exercício da atividade no endereço determinado. Conta com um prazo de vigência e deve ser colocado em local visível da agência de viagem.

» **5ª etapa – CNPJ**

O CNPJ (Cadastro Nacional de Pessoa Jurídica) é relativo à pessoa jurídica, assim como o CPF (Cadastro de Pessoa Física) é relativo à pessoa física, ou seja, trata-se da identificação nacional e oficial da empresa. A deliberação e o controle são feitos pela Receita Federal, que também é responsável pela tributação do Imposto de Renda (IRPJ).

» **6ª etapa – Cadastur/Ministério do Turismo**

É um sistema criado pelo Ministério do Turismo para efetuar o cadastro obrigatório de pessoas físicas e jurídicas que atuam no mercado turístico, em parceria com os órgãos oficiais de turismo das unidades da Federação. No *site* do Cadastur é possível consultar os prestadores de serviço turísticos regularmente cadastrados – ele serve, portanto, como uma fonte de credibilidade e confiabilidade para o consumidor.

Existe também a possibilidade de filiação a algumas entidades de classe, associações e sindicatos, mas que não são obrigatórias para as agências de turismo, como a Associação Brasileira de Agências de Viagem

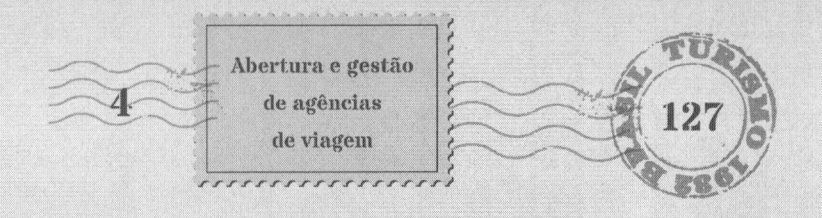

(Abav), a Associação Brasileira das Operações de Turismo (Braztoa), o Sindicato das Empresas de Turismo (Sindetur) e a International Air Transport Association (Iata).

Tradicionalmente, uma empresa sempre dependia de dois sócios para a sua abertura, mas desde 2009 existe a opção jurídica de Empreendedor Individual (EI). A Abav (2013b), pelo programa Proagência, criou o material *Empreendedor Individual: benefícios para o setor de agenciamento de viagens*, o qual orienta sobre a regulamentação específica para empreendedores autônomos, que ficam vinculados também à pessoa física.

Esse estudo indica que empreendedor individual é a pessoa que trabalha por conta própria e que se legaliza como pequeno empresário, com um faturamento anual inferior a R$ 36 mil. Além disso, ele não pode ter participação em outra empresa como sócio ou titular. Não é necessário pagar taxas, alvarás ou registros. Os serviços contábeis de abertura também podem ser realizados gratuitamente. Existe apenas um valor mensal referente a tributos e encargos sociais, dando ao prestador de serviço o direito a ter várias vantagens, como comprovação de renda e aposentadoria por tempo de serviço.

Essa pode ser uma opção interessante para agências de viagem *home-based* ou *home-office*, quando o empresário atua sozinho, utilizando um escritório na sua própria casa como referência, pois oferece a conveniência de atender aos clientes na sua residência ou no local de trabalho. Pode ser uma atividade em tempo integral ou complementar, para uma renda extra. É ideal para os que têm bons contatos de pessoas que costumam viajar com frequência (amigos, parentes, colegas de trabalho, indicações etc.), seja a trabalho, seja a lazer.

Existe ainda o agente de viagens *freelancer*, que atua sem vínculo empregatício ou empresa constituída, atendendo à sua carteira de clientes de forma independente. Existe uma empresa chamada Casa do Agente©, especializada em agentes *freelancer*, que oferece suporte operacional, técnico e financeiro. Ela atua como um elo entre o agente de viagens independente e as principais empresas do setor de turismo: operadoras turísticas, redes hoteleiras, agências consolidadoras de bilhetes aéreos, companhias de cruzeiros, transportadoras turísticas, locadoras de veículos e outras.

Outro modelo de negócio para as agências de viagem são as franquias, com o benefício do uso da marca e do modelo de estrutura de grandes agências de turismo consolidadas no segmento em que atuam. São preestabelecidos um capital para montagem da loja, um valor para capital de giro, o prazo de retorno do investimento e a taxa de franquia. No mercado de lazer, um exemplo é a empresa Clube Turismo©, que oferece treinamento e suporte para abertura da agência de viagem, além de diversas ferramentas e sistemas operacionais, mais ações de *marketing* em benefício de toda a sua rede de franqueados. Ela estabeleceu, ainda, algumas modalidades de franquia para atender os interesses dos empresários e respectivos clientes:

» Franquia máster: opção mais exclusiva, com apenas uma franquia máster em cada estado do Brasil.
» Loja em *shopping*: estabelecida em *shopping* ou supermercado de grande circulação de pessoas.
» Quiosque de viagem: indicado para instalação em *shopping centers*, supermercados e aeroportos com grande movimentação de pessoas.
» Corporativo: modalidade a ser instalada em salas comerciais e direcionada ao atendimento corporativo.
» *Home office*: opção mais econômica de franquia, desenvolvida justamente para dar oportunidade a todos aqueles que desejam trabalhar no ramo de viagens e turismo, mas que não possuem capital suficiente para investir em uma loja normal.

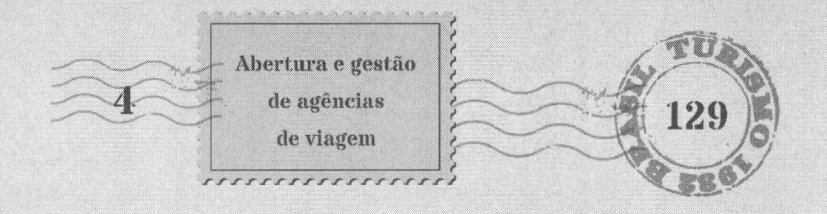

Outro exemplo de empresa turística que atua fortemente no mercado de franquias é a CVC®. Confira a notícia a seguir, publicada em 12 de setembro de 2013, no Portal Panrotas.

> **Notícia: Patriani convida agências a virar franquias CVC®**
>
> Com mais de 740 lojas espalhadas pelo País, a CVC quer abrir outras 70 ainda este ano e o superintendente de Vendas, Produtos e Marketing, Valter Patriani, informou hoje que passou a fazer parte da estratégia da operadora abrir oportunidades para as agências multimarcas (que vendem produtos de todas as operadoras) que quiserem migrar para o modelo de franquia exclusiva CVC. Ou seja, se antes a prioridade para abrir uma loja CVC era para ex-funcionários, agora, com o sistema de franquias, também as agências passam a ter a chance de ingressarem na rede exclusiva CVC.
>
> "Pelas peculiaridades do turismo, temos buscado agentes de viagens e profissionais que atuam no turismo para serem nossos franqueados", disse Luiz Eduardo Falco, presidente da CVC. "As condições são exatamente iguais entre agentes exclusivos e multimarcas. A diferença é que, ao se tornar exclusivo, o multimarca poderá fazer parte de uma rede de agências com uma marca que tem alto nível de reconhecimento e credibilidade junto ao consumidor final e, ainda, com um vasto portfólio de produtos capaz de suprir todo tipo de demanda de viagens e apoio em propaganda, visto que os produtos são promovidos semanalmente na mídia nacional", argumenta Patriani.
>
> Fonte: Andrade, 2013a.

Na concepção de uma agência de viagem, além do modelo e estratégia de negócio escolhido, o empresário precisa conhecer o mercado e a concorrência, para estabelecer um bom planejamento econômico-financeiro, que deve incluir um orçamento e previsão de custos, além de uma estimativa de receitas, com base no potencial de vendas da empresa.

4.3 Despesas gerais: custos fixos e variáveis

De acordo com Petrocchi e Bona (2003), podemos classificar os custos totais de uma agência de viagem em:

» **Custos fixos**: São os gastos mensais realizados para manutenção da empresa. Ex.: aluguel, taxa de condomínio, contas de telefone e internet, pró-labore, salários e encargos sociais, material de escritório e de limpeza, serviços contábeis e terceirizados, contribuições com entidades de classe, contribuição sindical patronal.
» **Custos variáveis**: São gastos proporcionais ao volume de vendas mensal. Ex.: impostos e tributos, comissões internas de venda para equipe de atendimento, distribuição dos lucros entre os sócios, publicidade e propaganda.

Nas agências de viagem geralmente são os proprietários que fazem a gestão financeira da empresa, o que exige conhecimento e controle de gastos, para manter o orçamento equilibrado e buscar alternativas para a redução de custos.

Para um suporte nessas e demais questões administrativas, é essencial contar com a assessoria de um escritório de contabilidade, que cobra uma mensalidade de acordo com o tamanho da empresa e o número de funcionários. Um escritório de contabilidade presta serviços geralmente nestas quatro áreas principais (Kops, 2013):

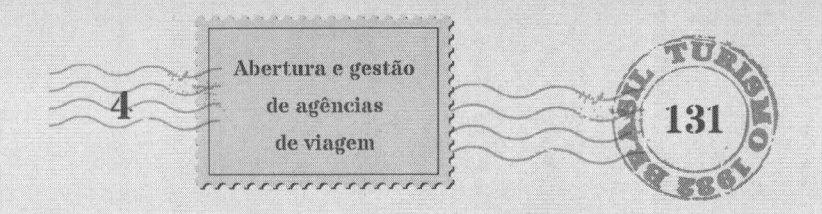

1. **Relacionamento com órgãos públicos**: constituição de empresas, elaboração de contrato social, viabilização de CNPJ e alvará, encerramento de empresas, comunicação aos órgãos públicos de fatos que alterem a pessoa jurídica, como mudanças no nome, endereço e atuação.
2. **Recursos humanos**: geração da folha de pagamento, emissão de holerites, controle de admissão e demissão de funcionários, emissão de guias de pagamento da previdência social (GPS) e do Fundo de Garantia por Tempo de Serviço (FGTS) e relação com os sindicatos patronais, profissionais e de funcionários.
3. **Fisco-tributário**: setor que registra os lançamentos de entrada e saída para, posteriormente, gerar guias de impostos municipais, estaduais e federais.
4. **Contabilidade** *sensu stricto*: com as funções de analisar as informações disponibilizadas pelos departamentos de recursos humanos e fisco-tributário e ordenar o plano de contas de cada empresa, considerando-se os ativos, os passivos e os resultados.

A tributação para as agências de viagem inclui todos os impostos e taxas obrigatórios, considerando-se também as contribuições previdenciárias, como INSS (Instituto Nacional do Seguro Social) recolhido na folha de pagamento dos funcionários e pró-labore de sócios e administradores, e o FGTS (Fundo de Garantia sobre Tempo de Serviço), que é uma contribuição mensal paga pela empresa em favor dos funcionários.

Conforme alguns limites estabelecidos de receita bruta, muitas agências de viagem podem optar por um sistema de tributação chamado de *Simples Nacional*, que é um regime especial unificado de arrecadação de tributos e contribuições devidos pelas microempresas e pelas empresas de pequeno porte. Consideram-se receita bruta o produto da venda de bens e serviços nas operações de conta própria e o preço dos serviços prestados – excluídas as vendas canceladas e os descontos incondicionais concedidos. O Simples Nacional implica arrecadação mensal, mediante documento único dos seguintes tributos (Receita Federal, 2013):

» Imposto sobre a Renda da Pessoa Jurídica (IRPJ);
» Imposto sobre Produtos Industrializados (IPI);
» Contribuição Social sobre o Lucro Líquido (CSLL);
» Contribuição para o Financiamento da Seguridade Social (Cofins);
» Contribuição para o PIS/Pasep;
» Contribuição Patronal Previdenciária (CPP);
» Imposto sobre Operações Relativas à Circulação de Mercadorias e sobre Prestações de Serviços de Transporte Interestadual e Intermunicipal e de Comunicação (ICMS);
» Imposto sobre Serviços de Qualquer Natureza (ISS).

As emissões de nota fiscal pelas empresas já são eletrônicas, justamente para facilitar o controle pela Receita Federal. As agências de viagem, na condição de intermediadoras, não pagam pelo imposto sobre, por exemplo, o valor total de uma passagem aérea, pois a companhia aérea já será tributada sobre seu produto. Cabe à agência de viagem pagar impostos apenas sobre o valor da comissão ou da taxa de serviço recebida.

É importante lembrar que nem todos os empresários têm habilidades para lidar com questões administrativas e financeiras, e nisso reside a importância de se constituir uma sociedade, para que cada sócio se responsabilize por uma parte das funções, utilizando suas competências na função correta.

Cabe aos gestores da empresa definir também a política de remuneração dos seus funcionários. Alguns parâmetros podem ser utilizados, como o piso salarial, que sugere o salário mínimo mensal para o agente de viagens. Essa informação atualizada pode ser obtida com o contador – o salário, em média, é de R$ 812,00. Além disso, pode ser concedido um benefício para cobrir despesas com transporte e alimentação.

Conforme o perfil do funcionário, a agência de viagem pode estabelecer metas e programas de remuneração complementares, já que a rentabilidade nesse mercado depende muito da produtividade. As formas mais comuns são: comissão de vendas, em que o agente de viagens ganha um percentual para cada venda realizada, e participação nos lucros, em que se considera um percentual de acordo com o resultado mensal final das vendas de toda a equipe.

Cabe à agência de viagem analisar o modelo mais adequado para o seu grupo de colaboradores. A comissão de vendas é vantajosa para aqueles agentes que têm uma carteira de clientes frequente e um volume maior de vendas. Contudo, ela pode criar uma certa competitividade interna, que em última instância pode vir a resultar em pouca colaboração do grupo. Por outro lado, o compartilhamento do resultado final da equipe parte de uma meta geral, em que todos se unem para atingir um objetivo comum.

4.4 Fontes de receita: comissão *versus* taxa de serviço

O desempenho e o sucesso de uma agência de viagem dependem de lucro, ou seja, do resultado estimado, que pode ser calculado da seguinte forma (Petrocchi; Bona, 2003):

Resultado = Receita − Despesa

Questão para reflexão

Quais são as fontes de receita de uma agência de viagem?

No modelo tradicional, a comissão já é um valor agregado ao produto, ou seja, o fornecedor é responsável pela definição desse percentual, assim como pelo repasse do valor correspondente para a agência de viagem.

Confira este exemplo:

Diária comissionada de hotel: R$ 100,00
Comissão 10% = R$ 10,00
Diária NET (custo da hospedagem sem comissão) = R$ 90,00

Quando se trabalha com tarifa comissionada, o preço do fornecedor deve ser o mesmo ou menor para venda pela agência de viagem. O intuito é que a agência seja mais um canal de venda do fornecedor e não um concorrente. Assim, dependendo do volume, é possível negociar tarifas exclusivas e percentuais de comissionamento diferenciados para a agência de viagem.

No geral, não existe um padrão no percentual desses comissionamentos, já que cada fornecedor tem liberdade para adotar sua própria política de remuneração na distribuição de seus produtos. Durante a fase de intermediação, as companhias aéreas ofereciam uma média de 10% de comissão. No entanto, com a desintermediação, algumas companhias aéreas eliminaram o comissionamento, enquanto outras reduziram em média para 6%. As demais empresas seguem uma média de mercado, com hotéis repassando 10% e as operadoras 12%. Além dessas comissões, os fornecedores podem pagar um *over*, ou seja, uma comissão extra, que pode ser gerada por incentivo de vendas ou parcerias exclusivas.

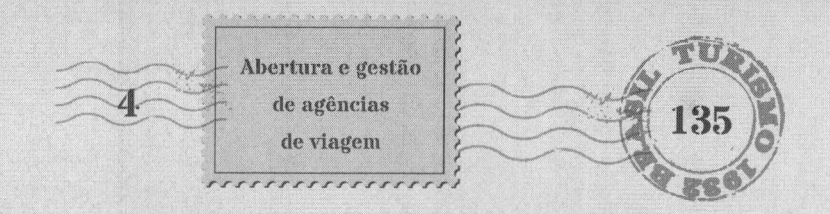

Entretanto, a política de comissionamento tem algumas incoerências, que foram consideradas principalmente no mercado corporativo:

» A comissão não está atrelada ao serviço nem à qualidade da agência de viagem, pois é um percentual que varia conforme o valor do produto. O procedimento para fazer a reserva de um hotel, por exemplo, é o mesmo, tanto para um hotel de categoria 5 estrelas, que custa R$ 800,00 a diária, quanto para um hotel de categoria turística, que custa R$ 100,00 a diária. Dessa forma, com o mesmo trabalho, é possível ganhar R$ 80,00 no primeiro hotel e R$ 10,00 no segundo, considerando-se uma comissão de 10%.

» Falta de interesse da agência de viagem em obter tarifas reduzidas, porque elas geram menos comissão, justamente pelo fato de a remuneração depender de valores percentuais.

» A agência de viagem tem dificuldades em reduzir o valor das tarifas, pois ela apenas intermedeia a venda do produto. São os fornecedores que definem o preço. Logo, a agência de viagem desconhece a composição desses valores – o que dificulta a liberdade de dar descontos, por exemplo.

» Por não pagarem diretamente o serviço da agência de viagem, os clientes não estão acostumados e conscientes do valor de um atendimento e acabam desvalorizando o conhecimento e a assistência desse profissional.

Questão para reflexão

Qual é a relação da desintermediação com o modelo tradicional de remuneração?

Gestão de agências de viagem:
orientações para você abrir
e administrar o seu negócio

Raquel Pazini

A desintermediação gerou inicialmente a abertura dos canais de distribuição, a partir do impacto das novas tecnologias, que possibilitaram, além de outros meios de comercialização, uma relação direta dos fornecedores com o consumidor final. Nesse quadro, em que a intermediação da agência de viagem deixou de ser exclusiva e passou a ser opcional, as companhias aéreas foram as precursoras da redução do comissionamento e posteriormente da eliminação total das comissões. Esse foi um processo gradativo e de iniciativa de algumas companhias aéreas que, para reduzir despesas, optaram por eliminar os custos do intermediário. Essas ações criaram muita insatisfação e polêmica no mercado das agências de viagem, já que as passagens aéreas eram o produto mais vendido, que garantia a estabilidade financeira da maioria dessas empresas.

Essas grandes mudanças no mercado fizeram com que as agências de viagem precisassem adaptar suas estratégias e formas de atuação, para evitar prejuízos e até mesmo a falência. Qual foi a solução adotada pelas agências de viagem diante dessa crise no modelo tradicional de remuneração?

A resposta está na cobrança da taxa de serviço!

Essa taxa pode ser definida como aquela cobrada do cliente para cobrir os custos da realização dos serviços e o lucro que a empresa quer receber sobre ele. Dessa forma, a agência de viagem tem liberdade e autonomia para estabelecer uma taxa por produto ou serviço, a fim de atender às suas necessidades. Assim, ela não depende mais apenas dos percentuais de comissão definidos pelo fornecedor.

Mas será que o consumidor está preparado para pagar pelo atendimento de uma agência de viagem, assim como paga por uma consulta médica? De que modo uma agência de viagem pode cobrar pelos serviços? Uma agência de viagem deve estabelecer suas taxas:

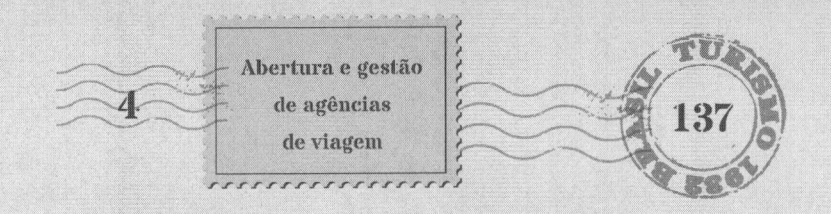

- » com base em um posicionamento no mercado, partindo do domínio do negócio e da empresa;
- » gerando, na equipe de atendimento da agência, um valor pelo serviço prestado ao cliente, que exige conhecimento e tempo;
- » tendo diferenciais claros e sustentáveis, que justifiquem o pagamento da taxa de serviço pelo cliente;
- » iniciando um processo gradual de cobrança com o cliente, para que ele reconheça o serviço prestado, pagando por ele;
- » utilizando transparência nos valores, com coerência e ética.

Para auxiliar as agências de viagem a produzir parâmetros de cobrança de taxas, algumas Abavs estaduais criaram tabelas com sugestões de valores, conforme vemos na Tabela 4.1.

Tabela 4.1 – **Taxas de serviços**

Serviços turísticos	Taxa
Cotação de tarifas em companhias aéreas	R$ 10,00
Reconfirmação de reservas e/ou marcação/remarcação de passagem	R$ 10,00
Reemissão/alteração de passagem (além do valor cobrado pela empresa aérea)	R$ 10,00
Reconfirmar reservas e remarcar passagens de grupos (a partir de 10 pessoas)	R$ 50,00
Reserva e emissão de passagem vinculada a programas de milhagem	R$ 50,00
Emissão de passe aéreo não comissionado	R$ 50,00
Cancelamento de passagem internacional (além do valor cobrado pela empresa aérea)	R$ 50,00
Cancelamento de passagem nacional (além do valor cobrado pela empresa aérea)	R$ 20,00
Entrega e retirada de documentos em domicílio	R$ 10,00
Entrega de passagem/documento no aeroporto	R$ 10,00
Atendimento de embarque ou desembarque no aeroporto	R$ 10,00
Serviços de urgência, fora do horário comercial	R$ 50,00

Fonte: Adaptado de Abav-ES, 2007.

O ideal é que cada agência de viagem defina sua própria tabela de serviços, com base nos produtos que comercializa e nos serviços disponíveis. A emissão de passagem com milhagem, por exemplo, não pode ser viabilizada pela agência de viagem, pois a companhia aérea solicita que esse procedimento seja feito diretamente pelo cliente. Contudo, a agência de viagem pode optar por cobrar uma taxa e prestar esse serviço em nome do cliente, desde que ele informe todos os dados pessoais, além de dados cadastrais e senha. Essa confiabilidade existe justamente no relacionamento com o cliente que já tem o seu agente de viagens definido e não precisa consultar meia dúzia de agências de viagem todas as vezes que for viajar.

No entanto, existe outra maneira de estabelecer a taxa de serviço, com base no cálculo do valor da hora-atendimento, que leva em conta a meta de receitas que a agência pretende atingir ao final do mês. Acompanhe este exemplo, que demonstra as etapas desse cálculo:

» **1º – Verificar despesas mensais**

O gestor deve fazer um levantamento de todas as despesas, que incluem aluguel, salários, telefone, impostos, taxas bancárias, entre outros. Nesta simulação, o valor necessário para cobrir todos os custos fixos e variáveis mensais seria de R$ 5 mil.

» **2º – Estabelecer a receita mensal**

Neste modelo de remuneração, a agência de viagem planeja o lucro estimado mensalmente. Nesta simulação, a agência de viagem pretende ter R$ 10 mil de receita líquida, ou seja, o valor integral sem considerar despesas. (Dessa forma, no final do mês, a agência de viagem precisa ter R$ 5 mil para pagar as despesas + R$ 10 mil de lucro para os proprietários = R$ 15 mil no caixa.)

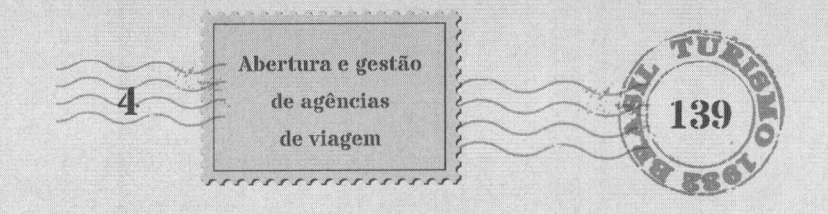

» **3º – Calcular a hora-atendimento**

O objetivo é descobrir quanto vale o tempo de atendimento de cada funcionário, para que a taxa de serviço não seja cobrada pelo produto, mas pelo tempo necessário para efetuar o atendimento e a venda desse produto.

Assim, divide-se inicialmente o valor da meta total (R$ 15 mil) por todos os agentes de viagem que trabalham na empresa, para verificar a meta individual.

> R$ 15 mil / 3 agentes = R$ 5 mil (o que cada um deve render no mês)
> Depois, deve-se descobrir a meta diária, com base na quantidade de dias úteis trabalhados.
> R$ 5 mil / 22 dias = R$ 227,00 (o que cada funcionário deve vender por dia)
> Por último, para saber quanto vale a hora de atendimento de cada agente, dividimos a meta diária pelas horas trabalhadas por dia.
> R$ 227,00 / 8 horas = R$ 28,00 (o que cada funcionário deve render por hora)

» **4º – Definir um parâmetro de tempo para cada serviço**

Para demonstrar essas taxas de serviço para o cliente, é necessário que a agência de viagem tenha feito uma estimativa do tempo médio necessário para um atendimento. A cotação de uma passagem aérea pode levar 30 minutos, enquanto a elaboração de um roteiro de 30 dias para a Europa pode levar 2 horas.

Nesta simulação, se a agência de viagem tiver um volume diário de atendimentos, em que cada funcionário tenha uma rentabilidade diária dentro da meta de R$ 227,00, é possível depender apenas da taxa de serviço para atingir a meta mensal planejada.

Em 2007, o Sindicato das Empresas de Turismo no Estado de São Paulo (Sindetur-SP), a Associação Brasileira das Agências de Viagens do

Estado de São Paulo (Abav-SP), a Associação Brasileira das Operadoras de Turismo (Braztoa), o Fórum das Agências de Viagens Especializadas em Contas Comerciais (Favecc) e a Federação Nacional de Turismo (Fenactur), por meio de seus presidentes, apresentaram o Quadro de Valores Médios Referenciais de Serviços de Agências de Turismo, dentro do conceito hora/trabalho (Abav-Rio, 2013).

Tabela 4.2 – Valores médios referenciais de serviços de agências de turismo

Serviço	Tempo estimado	Individual
Consultas	1/4 hora	R$ 50,00
Cotações (1) Cadastros	1/4 hora	R$ 50,00
Reservas Com terrestre	1/4 hora	R$ 50,00
Emissão Sem comissão (2)	1/4 hora	R$ 50,00
Alterações Remarcações	1/2 hora	R$ 50,00
Desistências	1/2 hora	R$ 100,00
Entregas perímetro urbano	1/4 hora	R$ 50,00
Entregas perímetro rural		R$ 100,00
Pré *Check-in*	1/2 hora	R$ 50,00
Assistência ao passageiro (3)	1/4 hora	R$ 100,00

Notas:

(1) Serviços personalizados cotizados no país.

(2) Exceto para bilhete aéreo, cujo valor correspondente é de 10% sobre a tarifa contratada da empresa aérea.

(3) Acompanhamento pessoal em embarques, escalas e desembarques nos aeroportos de São Paulo – Capital.

Fonte: Abav-Rio, 2013.

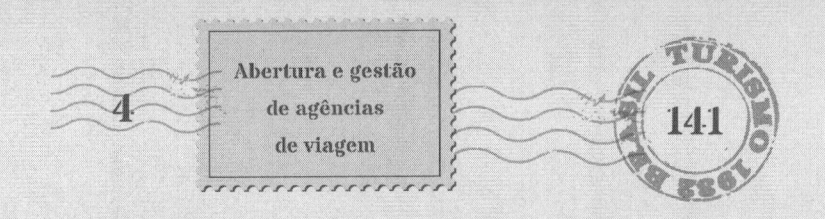

Nesse encontro, defenderam-se a necessidade e a importância da cobrança da taxa de serviço pelos agentes de viagem. Eduardo Vampre do Nascimento (Sindetur) comentou que o consumidor costuma fazer uma consulta de preços em média com quatro agências de turismo, mobilizando cerca de 16 pessoas, e muitas vezes apenas para especulação ou para fazer um comparativo com os valores praticados pelas agências de turismo virtuais, das quais acaba comprando por conta própria. Ele ainda deixou claro que, como não se trata de uma tabela obrigatória unificada, a Secretaria de Direito Econômico (SDE) referendou sua utilização, principalmente pelo fato de não caracterizar cartel, não ser imposta e apenas sugerir valores referenciais de cobrança. "As consultas, as reservas, as alterações de bilhetes demandam tempo e tempo é dinheiro. Além disso, cobramos aquilo que não somos remunerados e que dependem exclusivamente do agente de viagens", completou Goiaci Alves Guimarães (Abav-Rio, 2014).

Por outro lado, as entidades de classe ressaltaram que são necessários treinamentos para que as agências de viagem tenham condições de adotar essa nova metodologia de cobranças, sem constranger e intimidar o cliente, já que a única forma de ele compreender a razão do pagamento da taxa de serviço é se a agência estiver segura do valor do seu trabalho (Mercado e Eventos, 2007).

Há a possibilidade de a agência de viagem adotar essa política de forma integral ou parcial, uma vez que ela pode optar por cobrar a taxa de serviço independente de o cliente concluir a compra ou não. Algumas agências de viagem, ao comercializarem produtos comissionados, deduzem o valor da taxa de serviço (cobrada antecipadamente) para o cliente como desconto no ato da venda.

Você pode perceber que não existe um modelo padrão na política vigente de remuneração das agências de viagem. Vamos, então, analisar o contexto atual das empresas que atuam no mercado de lazer:

» **Agências de viagem**: Muitas agências de viagem ainda adotam o comissionamento de alguns fornecedores, cobrando taxas de serviço apenas quando necessário. Muitas delas também incluem as taxas na tarifa ou nas demais taxas dos produtos, sem mencionar para o cliente que se trata de uma taxa específica de serviço da agência de viagem. Veremos, a seguir, a metodologia de cobrança das agências corporativas, que trabalham 100% com taxas de serviço.

» **Operadoras turísticas**: Como têm a função de elaborar produtos ou pacotes de viagens, elas já incluem a sua margem de lucro na composição do preço do produto, assim como o percentual de comissionamento para as agências de viagem. Logo, todos os produtos comercializados pelas operadoras de turismo são comissionados, e os valores de venda para agência de viagem e consumidor final são sempre os mesmos. Assim, quando a operadora de turismo faz uma venda direta sem intermediário, ela acaba tendo uma margem de receita maior, pois também retém a comissão prevista para a agência de viagem.

» **Agências consolidadoras**: No papel de representantes das companhias aéreas, elas recebem um comissionamento maior, para repassar uma parte desse percentual para os clientes (agências de viagem). No entanto, quando a empresa aérea trabalha com comissionamento zero, ela também adota a cobrança de taxas de serviço com a agência de viagem, que, por sua vez, também precisa cobrar do seu cliente. A Gapnet®, por exemplo, cobra USD30 por passageiro/emissão e USD30 para efetuar a remarcação de uma passagem aérea.

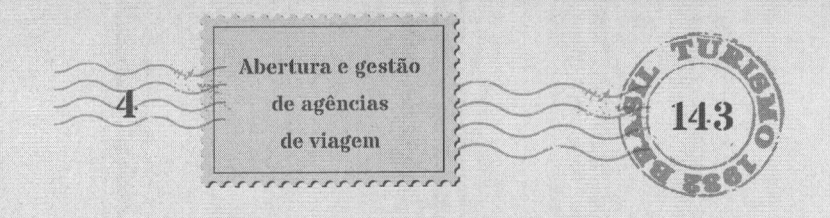

» **Fornecedores**: As companhias aéreas são as únicas que adotaram a redução ou a eliminação do comissionamento, e ainda não foram todas. O agente de viagens deve consultar previamente a política de cada uma, por meio do seu agente consolidador. Já as operadoras turísticas, os hotéis, as locadoras de veículos, as seguradoras, entre outros, têm política de comissionamento. A agência de viagem também pode trabalhar com uma tarifa net ou líquida (não comissionada), de modo a aplicar as suas próprias taxas de serviço.

Muitas agências de viagem têm dificuldade e/ou insegurança de cobrar integralmente as taxas de serviço, com receio do concorrente que "topa qualquer negócio" e do comportamento do próprio consumidor brasileiro, que, de maneira geral, nunca pagou essas taxas e, na verdade, nunca soube quanto a agência de viagem recebe na venda de um produto de viagem – o que é razoavelmente normal em muitos outros negócios. Ao pagarmos a mensalidade de uma escola, por exemplo, não sabemos qual é o valor proporcional ao seu lucro.

Desse modo, a dificuldade das agências de viagem que atuam no segmento de lazer em cobrar taxas de serviço está na exposição de sua receita para o cliente, enquanto, em contrapartida, o comissionamento já está embutido no valor do produto. Imagine a venda de um pacote turístico no valor de R$ 10 mil com comissão de 12%, equivalente a R$ 1,2 mil. Seria simples para a agência de viagem dizer para o cliente que o pacote custa R$ 8,8 mil e a taxa de serviço é de R$ 1,2 mil? Esta seria uma informação de muito impacto, que levaria a agência de viagem a ter de se justificar e convencer o cliente a comprar com ela e não por conta própria pela internet. Isso não seria desgastante para a agência de viagem e um pouco constrangedor para alguns clientes? Por isso, no mercado de lazer ainda se pratica o comissionamento com muitos fornecedores, principalmente operadoras turísticas. Além disso, algumas empresas cobram as taxas adicionalmente, pelo serviço de atendimento e organização da viagem, que às vezes leva mais tempo que a venda do produto em si.

Já no mercado corporativo, as agências de viagem especializadas utilizam o modelo de precificação *fee*, que é um sistema de remuneração por taxas de serviço baseado no volume e na complexidade dos serviços. As operações por meio de *fee* exigem que a agência repasse ao cliente (empresa) a comissão e as vantagens que recebe dos fornecedores ou negocie apenas tarifas não comissionadas. O valor do *fee* deve cobrir os custos diretos e indiretos envolvidos em suas operações, além da receita da agência de viagem envolvida. A agência de viagem, nesse caso, é remunerada pela venda do serviço (*fee* ou taxa de serviço), pela economia gerada internamente (gestão de custos), pela gestão financeira (aplicações e investimentos) e pela negociação com fornecedores (pela distribuição exclusiva de alguns produtos).

Na Figura 4.4 você confere os tipos de *fee* que podem ser definidos em contrato pela agência de viagem e pela empresa cliente.

Figura 4.4 – Tipos de contrato e formas de remuneração

Transaction Fee Taxa por transação	*Management Fee* Taxa de gerenciamento	*Flat Fee* Taxa fixa	*Success Fee* Taxa de sucesso
» Taxa por serviço utilizado	» Reembolso integral de todos os custos diretos e indiretos + percentual de lucro	» Taxa fixa mensal, independente do volume de compra	» Remuneração extra de incentivo

Fonte: Adaptado de Martins; Murad Junior, 2010.

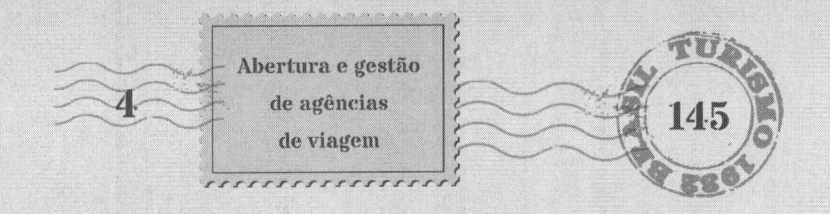

Esse modelo de remuneração permite um forte controle para a empresa dos seus gastos com viagens, a partir da distinção do custo dos produtos e do custo da taxa de serviço da agência. É um mercado bastante competitivo, de grandes agências de viagem especializadas com recursos e ferramentas tecnológicas e de grande representatividade na negociação com fornecedores. Para a agência, existe a grande vantagem de estabelecer contratos anuais e, assim, ter uma certa estabilidade com as conta-correntes (empresas) atendidas.

4.5 Responsabilidade ética e jurídica: direitos e deveres

O serviço de intermediação das agências de viagem pode ser considerado corretagem de negócios, disciplinado pelo art. 722 do novo Código Civil, de acordo com Mamede (2003). O corretor trabalha com dois clientes: um fornecedor numa ponta e o consumidor na outra. Ocorre a intermediação dos negócios oferecidos por terceiros, em que as partes não estão ligadas entre si por nenhum vínculo de dependência. As obrigações do corretor são:

» executar a mediação com a prudência que o negócio requer;
» prestar ao cliente todas as informações sobre o andamento do negócio;
» prestar esclarecimentos acerca da segurança ou do risco do negócio, das alterações de valores, entre outros.

Em relação ao direito brasileiro, o mesmo autor chama a atenção para a responsabilidade solidária, que torna o agente de viagens responsável, conjuntamente com a empresa prestadora de serviço, ou seja, ele pode ser chamado a indenizar o passageiro caso a empresa não preste o serviço contratado, preste apenas parte do serviço ou o faça de maneira inadequada e defeituosa. "O consumidor pode exigir o cumprimento do contrato, a devolução do que pagou ou a indenização pelos danos que teve de qualquer um dos fornecedores do serviço contratado; pode escolher se processará o agente de viagens, o operador, o hotel ou transportadora etc." (Mamede, 2003, p. 51).

Dessa forma, não adianta a agência de viagem se preocupar apenas com a qualidade do seu atendimento – ela deve prestar atenção, acima de tudo, na indicação e seleção dos fornecedores responsáveis pela execução da viagem. Por isso, toda compra em uma agência de viagem deve ser formalizada por meio de um contrato, em que se preveem direitos e deveres de ambas as partes.

Além do Código de Defesa do Consumidor, cabe ao empresário conhecer as legislações aplicáveis ao setor, como a Lei n. 11.771, de 17 de setembro de 2008, que dispõe sobre a Política Nacional de Turismo, definindo as atribuições do Governo Federal no planejamento, desenvolvimento e estímulo ao setor turístico.

É importante acompanhar o portal do Ministério do Turismo e ter conhecimento das políticas públicas vigentes, como o Plano Nacional de Turismo. É também relevante estar atento à Abav, que é a entidade que responde diretamente pelas agências de viagem. É ela que estabelece o código de ética para o agente de viagens, baseado na ética e na aptidão técnica de seus dirigentes, empregados e prepostos.

São consideradas **infrações éticas** das agências de viagem:

» aviltamento de preços;
» repasse de comissões a *freelancers* e consumidores;

- » oferta de vantagens predatórias em licitações;
- » oferta de condições de preço abaixo do preço de custo;
- » aliciamento de clientela;
- » pagamentos, a qualquer título, a funcionários de outras agências, sem conhecimento de seus dirigentes;
- » prestação de informações incorretas sobre concorrentes;

São consideradas **infrações técnicas** das agências de viagens:

- » seleção inadequada de fornecedores, empregados e prepostos;
- » desconhecimento dos fundamentos básicos da atividade;
- » prestação de informações incorretas aos consumidores.

No exercício da atividade de venda de serviços turísticos, as agências de viagens devem, em relação às congêneres:

- » conhecer a idoneidade financeira e a aptidão técnica das agências operadoras;
- » conhecer as características essenciais dos serviços que oferecem e vendem;
- » ajustar com as agências operadoras as condições comerciais para venda, as penalidades e os limites de responsabilidade recíproca;
- » solicitar seus serviços por escrito, corretamente, obtendo a anuência expressa dos consumidores quanto às condições para sua execução;
- » efetuar os pagamentos nos valores e prazos ajustados;
- » devolver ao consumidor o valor de serviços não prestados, nas condições ajustadas, sem prejuízo do direito de regresso;
- » encaminhar com presteza à agência operadora as reclamações contra a qualidade dos serviços prestados.

O código de ética foi elaborado em 1992 e está sendo atualizado e reformulado para ser unificado e utilizado por todas as entidades estaduais da Abav.

Síntese

Empreendedorismo e plano de negócios	O empresário com perfil empreendedor terá melhores condições de tornar um negócio bem-sucedido, a começar pelo plano de negócios, que envolve uma análise ampla e aprofundada de diversos indicadores do mercado e da empresa, para que sejam criadas estratégias inovadoras e coerentes com a realidade do setor.
Etapas para abertura de uma agência de viagem	Com o plano de negócios pronto, o empresário deve buscar todas as documentações necessárias para abertura de empresa, como: contrato social, alvará de funcionamento, CNPJ e Cadastur/Mtur. A legalização deve ser feita conforme o porte da agência de viagem; é possível, até mesmo, optar por Empreendedor Individual.
Despesas gerais: custos fixos e variáveis	Uma agência de viagem possui custos fixos, como salários, aluguel, contas de luz e telefone. Existem também custos variáveis, como impostos, taxas bancárias e comissões internas de vendas.
Fontes de receita: comissão x taxa de serviço	Toda empresa depende de lucro para sobreviver. As agências de viagem são remuneradas por uma comissão paga pelos fornecedores ou pela taxa de serviço cobrada diretamente do cliente. Cada agência de viagem define seu próprio modelo de remuneração.
Responsabilidade ética e jurídica: direitos e deveres	A lei brasileira estabelece a responsabilidade solidária para as agências de viagem, que respondem judicialmente em nome dos fornecedores que intermedeia. Cabe ao empresário conhecer as legislações vigentes, o Código de Defesa do Consumidor e o código de ética, para que a agência de viagem esteja ciente dos direitos e deveres da empresa e do cliente.

Para revisar o conteúdo apresentado e refletir sobre ele, responda às questões propostas.

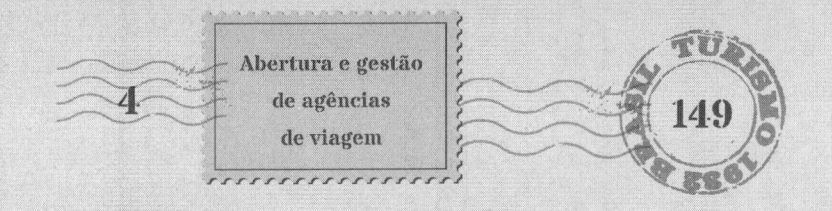

Questões para revisão

1. Entre em contato com o proprietário de uma agência de viagem na sua cidade e faça uma pequena entrevista, com base nas questões abaixo:
   a) Qual foi o motivo de abrir ou comprar esta empresa?
   b) Quais são as principais vantagens e desvantagens de ser proprietário de uma agência de viagem?
   c) Você se considera um empreendedor no seu negócio? Por quê?

   Analise as respostas e compare-as com o conteúdo estudado neste capítulo.

2. Um dos documentos obrigatórios para abertura de uma agência de turismo é o _____, um cadastro dos prestadores de serviços turísticos, que tem o objetivo de reunir todos aqueles que estejam legalmente constituídos e em operação no mercado.

   Assinale a alternativa que completa a frase acima:
   a) CNPJ.
   b) Cadastur.
   c) Alvará.
   d) Contrato social.

3. "A partir do dia 21 de maio de 2013, o comissionamento base (6%) dos bilhetes da Avianca Taca emitidos no Brasil, serão alterados para 0% (zero por cento). Tais medidas já foram formalizadas à ABAV Nacional, segundo comunicado da empresa. A empresa informa, também, que todas as emissões diretas assistidas, realizadas nas lojas no Brasil, terão uma taxa de serviço equivalente a US$ 30 e, para reemitir, a cobrança será equivalente a US$ 10 por transação." (Panrotas, 2014)

   Sobre a política de remuneração das agências de viagem, marque a resposta correta:
   a) A partir da eliminação do comissionamento, as agências de viagem não devem mais emitir passagens dessas companhias aéreas.

b) As agências de viagem que emitirem bilhetes da Avianca/Taca devem incluir uma taxa de serviço, e isso pode deixar o custo final mais alto do que a compra diretamente na companhia aérea.
c) Como não há mais o custo do repasse da comissão para agência de viagem, as companhias aéreas revertem esse valor em desconto para o passageiro.
d) As agências de viagem não são mais comissionadas porque não têm recursos tecnológicos próprios e suficientes para comercialização de passagens *on-line*.

4. O gráfico abaixo representa o perfil das agências de viagem brasileiras em relação à cobrança por serviços, segundo a pesquisa Proagência (2006), realizada pela Abav.

Situação da cobrança por serviços em agências de viagem

Cobrança por serviços

Está praticando cobrança para todos os serviços
14,6%

Está praticando cobrança para alguns serviços
25,3%

Nunca cobra pelos serviços (recebe apenas comissão dos fornecedores)
60,1%

Fonte: Adaptado de Proagência, 2006, p. 15.

Qual é a fase de distribuição das agências de viagem que cobram por todos os serviços?
a) Intermediação.
b) Desintermediação.
c) Reintermediação.
d) Precificação *fee*.

5. Ao planejar abrir uma agência de viagem, o empresário precisa elaborar um plano de negócios para conhecer melhor sobre o mercado e a concorrência, além de planejar e estimar as fontes de receitas e o controle de gastos da empresa. Comente quais são as formas de remuneração e principais despesas de uma agência de viagem.

Fique por dentro!

A pesquisa de Gomes e Magalhães (2013) investigou a relação entre turismo e ética na perspectiva do turista: "Da análise dos resultados, constatou-se que o conceito de ética para os entrevistados está vinculado ao agir adequadamente e ao respeito ao ser humano". Após a leitura do artigo na íntegra, faça um comparativo com o Código de Ética da Abav e identifique as questões relacionadas ao consumidor das agências de viagem.

GOMES, B. M. A.; MAGALHÃES, F. de S. Turismo e ética: o entendimento de turistas. **Caderno Virtual de Turismo**, Rio de Janeiro, v. 13, n. 1, p. 1-11, 2013.

Para saber mais

Sugerimos a leitura de alguns artigos que complementam e aprofundam alguns temas abordados neste capítulo:

ANJOS, F. A. dos et al. Contribuciones de la gestión del conocimiento a los servicios turísticos: Estudio en una agencia de viajes. **Estudios y Perspectivas en Turismo**, Ciudad Autónoma de Buenos Aires, v. 20, n. 3, jun. 2011.

Esse artigo analisa a importância e a contribuição da gestão do conhecimento para as empresas turísticas.

BRAGA, A. X. V.; BRAGA, D. G.; SOUZA, M. A. de. Desempenho e competitividade de empresas associadas em rede: um estudo em uma rede de agências de viagens e turismo do estado do Rio Grande do Sul – Brasil. **Revista Acadêmica Observatório de Inovação do Turismo**, Rio de Janeiro, v. 5, n. 2, 2010.

O estudo identifica o desempenho de algumas agências de viagem associadas em rede na perspectiva da competitividade.

COSTA, H. A.; NASCIMENTO, E. P. do. Motivações para empreender no turismo: um estudo sobre micro e pequenas empresas na Costa Norte (CE, MA, PI). **Turismo – Visão e Ação**, Balneário Camboriú (SC), v. 12, n. 3, p. 314-330, 2010.

As motivações para abertura de um negócio em turismo são analisadas nesse artigo científico, com destaque para a lucratividade como fator principal.

GOULART, D. F. et al. Profissional empreendedor: um pré requisito para o mercado turístico. **Turismo – Visão e Ação**, Balneário Camboriú (SC), v. 5, n. 3, p. 271-286, 2003.

Mediante as constantes mudanças na sociedade e no mercado, esse artigo aborda a relação do empreendedorismo com o perfil do profissional atuante em diversos setores do turismo.

MARANHÃO, C. R. O.; PAIVA JÚNIOR, F. G. P. Empreendendo no turismo: uma análise do comportamento empreendedor dos dirigentes das agências de viagens brasileiras ante a nova economia. **Revista Acadêmica Observatório de Inovação do Turismo**, Rio de Janeiro, v. 3, n. 2, 2008.

Com base no estudo de caso da empresa Recife Software & Technology Ltda., foi possível conhecer as soluções de tecnologia da informação e comunicação e associar ao conhecimento dos gestores de agências de viagem no tema.

SIQUEIRA, M. L. de. Extensão da responsabilidade civil do agente de turismo frente ao consumidor na legislação brasileira. **Turismo em Análise**, São Paulo, v. 6, n. 2, p. 82-95, 1995.

O artigo apresenta a legislação específica do setor e analisa a responsabilidade civil das agências de viagem com base no Código Civil e no Código de Defesa do Consumidor.

TAKIO, C. O. A prestação de serviços turísticos e o Código de Defesa do Consumidor: um estudo das reclamações de turistas ao Procon. **Turismo em Análise**, São Paulo, v. 7, n. 1, p. 93-106, 1996.

Com alguns exemplos práticos, o artigo ilustra algumas ocorrências no Procon de São Paulo envolvendo agências de turismo, fornecedores e consumidores e também busca formas de minimizá-las.

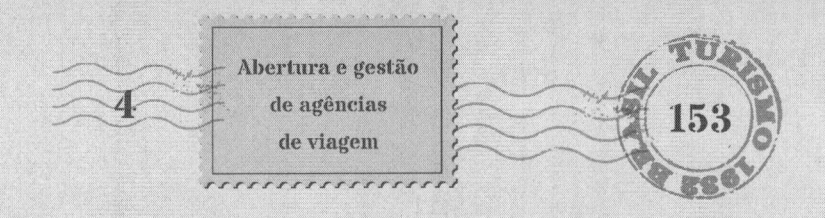

TEIXEIRA, R. M. O processo de criação de novos negócios em turismo: estudo de casos múltiplos em agências de viagens em Curitiba, Paraná. **Turismo em Análise**, São Paulo, v. 23, n. 2, p. 464-483, 2012.

O artigo apresenta alguns estudos de caso para analisar o processo de criação, desenvolvimento e consolidação de algumas agências de viagem selecionadas em Curitiba.

5. Estrutura organizacional e funcional de uma agência de viagem

Conteúdos do capítulo:

» Elementos básicos para organização de departamentos e funções em agências de viagem.

» Características e atribuições dos setores administrativo/financeiro e comercial.

» Fluxograma para ordenar atividades e integrar os departamentos da empresa.

» Tecnologia da informação e sistemas para gestão do negócio e dos clientes.

Após o estudo deste capítulo, você será capaz de:

1. compreender as funções e os departamentos necessários para o funcionamento de uma agência de viagem, adaptáveis às dimensões e às características de cada negócio;

2. verificar a importância de uma gestão estratégica no planejamento e na organização das atividades internas da empresa, facilitadas pela elaboração de fluxogramas que padronizam e otimizam processos;

3. perceber os benefícios da tecnologia para o gerenciamento de informações, por meio do uso de sistemas administrativos/financeiros especializados, que fornecem bancos de dados da agência de viagem e dos seus clientes.

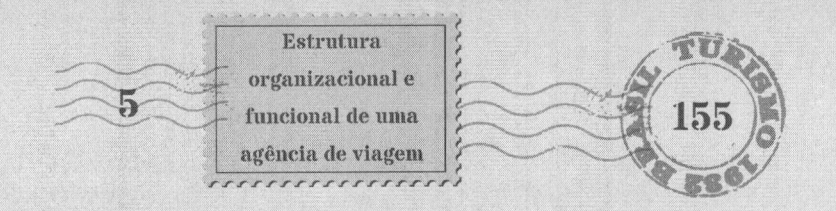

> **5** Estrutura organizacional e funcional de uma agência de viagem

Na concepção de uma empresa, é preciso planejar sua estrutura organizacional e funcional, que vai depender do foco e do perfil do negócio, do dimensionamento das instalações e da quantidade de funcionários. Segundo Petrocchi e Bona (2003, p. 29), a organização de uma agência de viagem precisa contemplar "sua estrutura funcional, a especialização tecnológica, os processos de trabalho e os padrões de comportamento da equipe de colaboradores". Braga (2008, p. 63) define uma estrutura organizacional como "o conjunto de ferramentas e ações de gestão que caracterizam a empresa com relação ao seu funcionamento". A seguir, veremos como estabelecer uma estrutura organizacional de acordo com o perfil de atuação de cada agência de viagem.

5.1 Estrutura organizacional: cargos e atribuições

Muitas agências de turismo pequenas e de administração familiar não fazem uma distinção de atribuições, e às vezes uma única pessoa, geralmente o proprietário, acumula diversas funções administrativas e de vendas ao mesmo tempo no seu dia a dia.

Mas será que dá certo fazer controle de caixa e responder a uma cotação de pacote ao mesmo tempo?

Toda empresa precisa de um organograma definido, independentemente do seu porte, para que cada profissional tenha suas atribuições e responsabilidades, dentro de uma hierarquia, de acordo com a distribuição de cargos e funções estabelecida, de forma racional e organizada. Portanto, um agente de viagens que atue em todas as atividades da empresa não terá tempo e dedicação suficientes para desempenhar todas as tarefas com qualidade e eficácia.

Os departamentos são criados para atender a funções específicas, com pessoas que tenham as competências adequadas para desempenhar as atividades vinculadas. A divisão de departamentos deve ser feita para organizar os serviços prestados conforme a necessidade de cada empresa. "A divisão do trabalho mais racional é aquela que considera todas as características operacionais e os recursos disponíveis na agência, propiciando à organização a possibilidade de alcançar a maior produtividade possível" (Petrocchi; Bona, 2003, p. 31).

Vamos considerar a Figura 5.1 como referência para estudar a estrutura organizacional e as principais funções de uma agência de viagem, que podem ser agrupadas ou exclusivas de cada departamento ou colaborador responsável, conforme o volume de trabalho, a dimensão e as características da empresa.

Figura 5.1 – Modelo básico de estrutura organizacional para agências de turismo

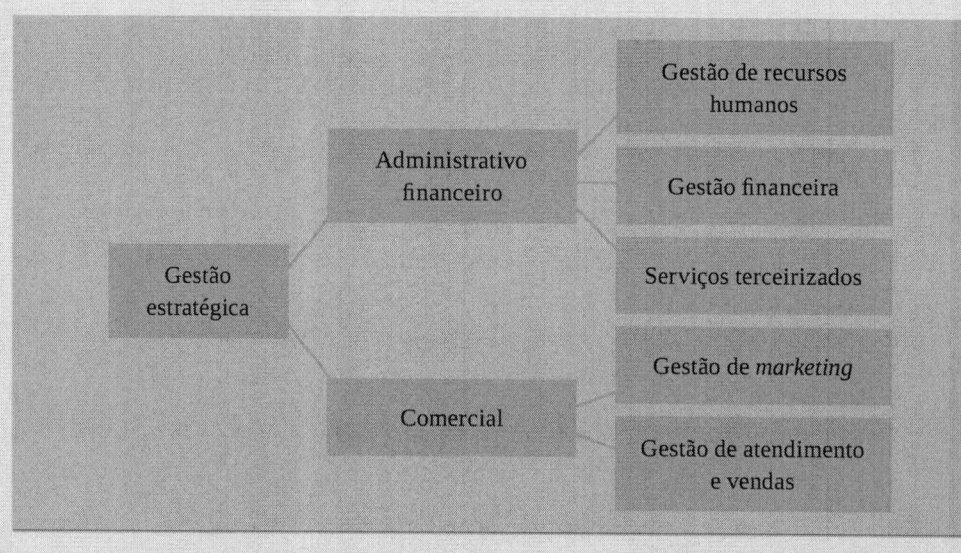

```
                                          ┌─ Gestão de recursos humanos
                     ┌── Administrativo ──┼─ Gestão financeira
                     │   financeiro       └─ Serviços terceirizados
    Gestão ──────────┤
    estratégica      │                    ┌─ Gestão de marketing
                     └── Comercial ───────┤
                                          └─ Gestão de atendimento e vendas
```

Fonte: Adaptado de Braga, 2008.

5 Estrutura organizacional e funcional de uma agência de viagem

A gestão estratégica cabe ao gestor geral da empresa e pode ser exercida pelos proprietários ou por um gerente responsável, com o papel de definir os cargos e as respectivas atribuições da equipe de trabalho. Vale ressaltar que a tomada de decisões depende de uma visão e conhecimento holísticos e integrados para atender às demandas internas e externas do negócio, já que o ambiente empresarial exige uma percepção profunda da realidade do mercado, para que se possa definir objetivos e metas para atingir os resultados almejados. Isso permite que uma agência busque formas de se diferenciar da concorrência, captar novos clientes, aumentar a produtividade, diminuir as despesas e ampliar as margens de lucro.

Como vemos no Gráfico 5.1, referente à pesquisa do Proagência (2006), que traz um panorama geral das agências de turismo no Brasil, os atributos mais importantes para o gerenciamento de uma agência de turismo são a existência de uma rede de contatos, a atitude de acompanhar o desempenho dos funcionários e a capacidade de resolver problemas.

Gráfico 5.1 – Importância de atributos para o gerenciamento de uma agência de viagem brasileira

Atributo	Muito importante	Importante	Pouco importante	Sem importância
Rede de contatos relacionamento/parcerias/interação	87,6%	12,5%		
Acompanhar o desempenho profissional de seus empregados	83,8%	15,1%	0,7%	0,4%
Ter capacidade para resolver problemas	82,3%	16,8%	0,6%	0,3%
Manter-se informado em relação às tendências do mercado	78,1%	22,9%	0,8%	0,4%
Desenvolver um processo de relacionamento contínuo com os clientes, fornecedores e comunidade local	74,2%	23%	1,9%	0,2%
Ter iniciativa para buscar informações e atualizar-se sobre o negócio	66,9%	31,9%	0,8%	0,4%
Planejar, coordenar e avaliar a obtenção de resultados	86,7%	32,2%	1,7%	0,4%
Ter domínio em finanças, controle e supervisionar a gestão desses assuntos	81,6%	35,9%	2,1%	0,5%
Utilizar ferramentas de tecnologia e sistemas	58,6%	38,5%	2,4%	0,5%
Atingir metas desafiadoras de vendas	57,8%	37,3%	4,2%	0,9%
Liderar pessoas e formar equipes	53,3%	40,5%	5,2%	0,8%
Acompanhar as atualizações na legislação geral e específica	48,2%	45,1%	5,9%	0,8%
Dominar línguas estrangeiras	31%	54,3%	13,9%	1,2%
Fortalecer o relacionamento público e privado	29,4%	52,9%	15,4%	2,3%

Fonte: Adaptado de Proagência, 2006, p. 20.

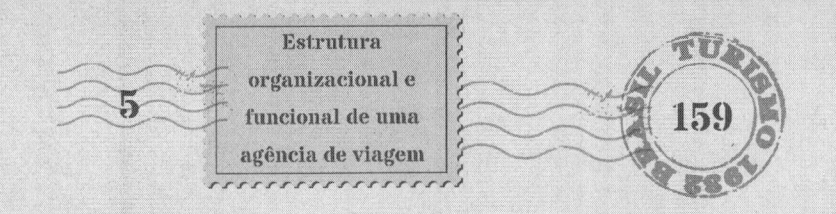

Além disso, a pesquisa do Proagência indica, em um novo dado, que as empresas que apontam maior faturamento tendem a atribuir importância aos seguintes objetivos:

» atingir metas desafiadoras de vendas;
» acompanhar as atualizações na legislação geral e específica;
» fortalecer os relacionamentos público e privado;
» liderar pessoas e formar equipes;
» manter-se informado em relação às tendências do mercado;
» ter domínio em finanças e controle, supervisionando a gestão desses assuntos;
» utilizar ferramentas de tecnologia e sistemas.

Vamos, a partir deste ponto, examinar as formas de criar uma organização funcional em uma agência de viagem, com o intuito de otimizar e rentabilizar o trabalho de cada colaborador. As atividades específicas a serem desempenhadas em cada setor serão abordadas no próximo capítulo.

De acordo com a Figura 5.1, uma agência de viagem pode se organizar em dois departamentos principais:

1. departamento administrativo/financeiro;
2. departamento comercial.

a) **Departamento administrativo/financeiro**

Geralmente é assumido por um dos sócios, pois é o coração da empresa, já que lida com todo o controle de receitas e despesas, elaboração do planejamento financeiro, política de vendas, entre outras atribuições em geral.

Como demanda tempo e concentração, o recomendável é ter uma pessoa capacitada para essa função e com dedicação exclusiva. O Gráfico 5.2 indica a importância de algumas estratégias para a administração da empresa, com destaque para o treinamento e a capacitação dos funcionários, visando à melhoria constante da qualidade dos serviços e do relacionamento com o cliente.

Gráfico 5.2 – Importância de estratégias de administração para as agências de viagem brasileiras

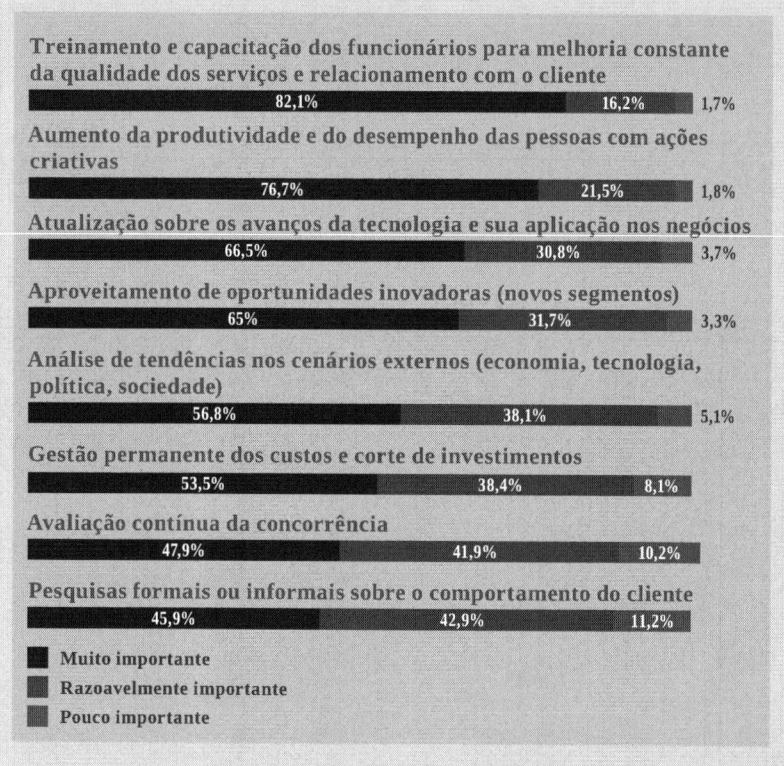

Estratégia	Muito importante	Razoavelmente importante	Pouco importante
Treinamento e capacitação dos funcionários para melhoria constante da qualidade dos serviços e relacionamento com o cliente	82,1%	16,2%	1,7%
Aumento da produtividade e do desempenho das pessoas com ações criativas	76,7%	21,5%	1,8%
Atualização sobre os avanços da tecnologia e sua aplicação nos negócios	66,5%	30,8%	3,7%
Aproveitamento de oportunidades inovadoras (novos segmentos)	65%	31,7%	3,3%
Análise de tendências nos cenários externos (economia, tecnologia, política, sociedade)	56,8%	38,1%	5,1%
Gestão permanente dos custos e corte de investimentos	53,5%	38,4%	8,1%
Avaliação contínua da concorrência	47,9%	41,9%	10,2%
Pesquisas formais ou informais sobre o comportamento do cliente	45,9%	42,9%	11,2%

Fonte: Adaptado de Proagência, 2006, p. 24.

Você pode observar que esses resultados indicam também que as agências de viagem não estão atentas ao comportamento do consumidor, apesar de essa ser uma tendência do mercado para a segmentação dos produtos e o atendimento personalizado. Conforme Candioto (2012, p. 39), "entender as mudanças do consumidor é imperativo para o bom desempenho e atendimento de um agente de viagens".

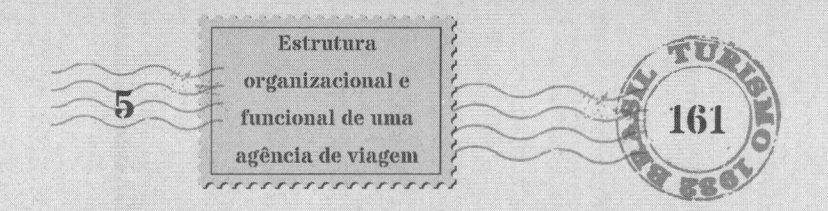

De acordo com Souto e Oliveira (2008), uma relação equilibrada entre funcionário, cliente e a satisfação deste é essencial para o bom desempenho de uma agência de viagem. Assim, uma gestão administrativa adequada pode interferir na imagem e na percepção da empresa pelos clientes. Essas autoras identificaram os fatores em comum dessa relação, que você verifica na Figura 5.2, a qual revela os encontros positivos entre funcionários e clientes satisfeitos.

Figura 5.2 – Relação entre satisfação dos funcionários e percepção dos clientes

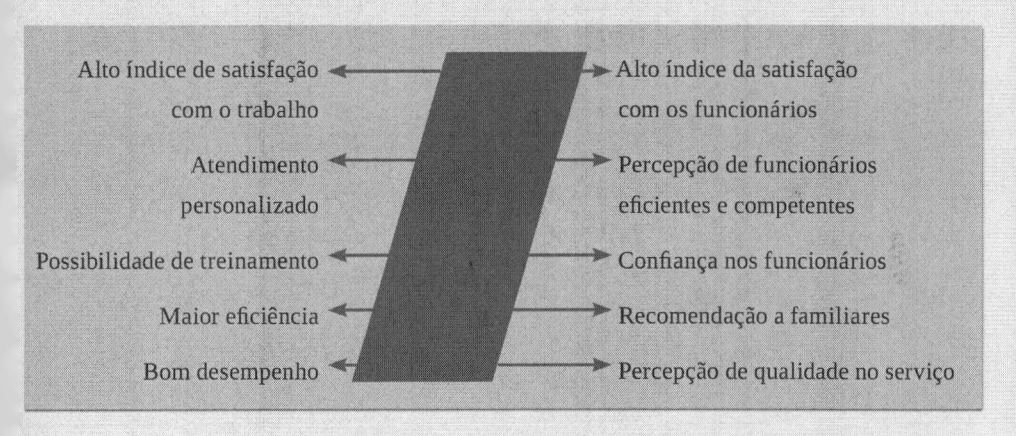

Funcionários	Clientes
Alto índice de satisfação com o trabalho	Alto índice da satisfação com os funcionários
Atendimento personalizado	Percepção de funcionários eficientes e competentes
Possibilidade de treinamento	Confiança nos funcionários
Maior eficiência	Recomendação a familiares
Bom desempenho	Percepção de qualidade no serviço

Fonte: Souto; Oliveira, 2008.

As autoras comentam que um fator essencial nessa relação é o contato pessoal entre clientes e funcionários, que, "além de dar suporte técnico e pessoal, necessários para a conclusão da venda turística, ainda transmitem credibilidade através de seu comportamento amigável e atendimento personalizado".

Vamos analisar agora algumas funções específicas do departamento administrativo/financeiro, a começar pela gestão de pessoas, que tem uma função essencial para a imagem da empresa e para a percepção dos consumidores.

» **Gestão de recursos humanos**

A maioria das agências de viagem, por serem empresas de pequeno e médio porte, não tem um departamento exclusivo para esse fim, ficando a cargo dos empresários e dirigentes o desenvolvimento de uma gestão e de uma política de recursos humanos. Essas e outras constatações podem ser identificadas no Gráfico 5.3.

Gráfico 5.3 – Recrutamento e seleção de pessoal nas agências de viagem brasileiras

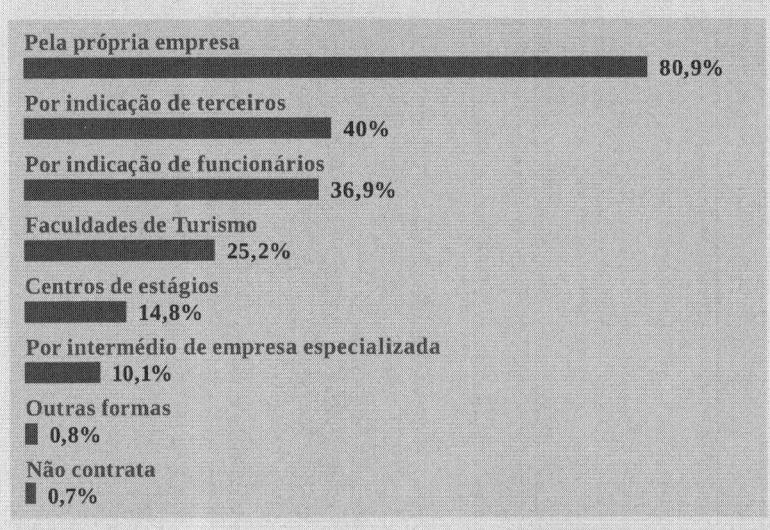

Forma	Percentual
Pela própria empresa	80,9%
Por indicação de terceiros	40%
Por indicação de funcionários	36,9%
Faculdades de Turismo	25,2%
Centros de estágios	14,8%
Por intermédio de empresa especializada	10,1%
Outras formas	0,8%
Não contrata	0,7%

Fonte: Adaptado de Proagência, 2006, p. 17.

Para o processo de seleção, o gestor pode fazer uma divulgação da vaga disponível para receber currículos e depois decidir com base em entrevistas pessoais. Em outros casos, a agência de viagem pode receber uma indicação de um profissional qualificado e com experiência na área desejada e fazer uma contratação imediata. Os dados anteriores mostram que, em mais de 75% dos casos, a indicação é a forma mais utilizada na contratação de pessoal.

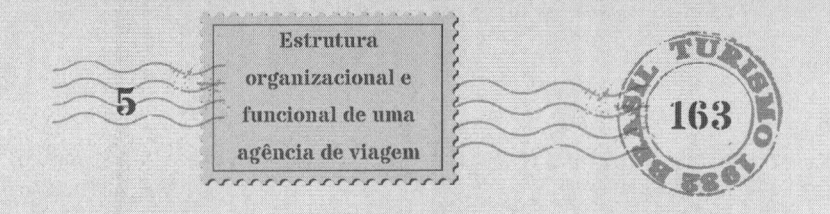

De acordo com a legislação, existe um período de experiência, para a empresa analisar e avaliar o desempenho profissional do funcionário, de modo a verificar se existe afinidade de ambas as partes, conforme o perfil e as características da pessoa e da empresa. Aliás, o acompanhamento e a avaliação de desempenho devem ser feitos com toda a equipe, para que existam parâmetros de produtividade e metas definidas, de acordo com as atribuições de cada função.

Nesse sentido, deve haver um sistema de recompensa por parte da empresa, para valorizar os profissionais que se destacam e se dedicam, pois precisam de incentivos para permanecer na empresa e ter estabilidade. De acordo com Souto e Oliveira (2007), as recompensas podem ser extrínsecas, como salários e bonificações, ou intrínsecas, como sentimentos e percepções pessoais – por exemplo, satisfação, prazer pelo trabalho e reconhecimento profissional.

Além disso, treinamentos devem ser oferecidos e planejados para um aperfeiçoamento profissional de toda a equipe, seja por meio de cursos especializados, seja pelo estímulo à participação de eventos voltados ao turismo. A maioria dos parceiros e dos fornecedores, principalmente as operadoras de turismo, convida os agentes de viagem para palestras e *workshops*, para que eles desenvolvam um conhecimento maior dos produtos mais comercializados e, principalmente, para que criem e estreitem esse relacionamento, que gera parcerias e bons negócios.

Souto e Oliveira (2007) efetuaram uma pesquisa com algumas agências de viagem em Recife com a finalidade de investigar a satisfação dos funcionários com as políticas e práticas de recursos humanos utilizadas. Eles observaram que a maioria está satisfeita, principalmente pela remuneração e pelos treinamentos oferecidos. Para os autores, os resultados da pesquisa mostram que "os funcionários buscam em seus empregos uma possibilidade de aprendizagem, além de tratamento justo e bom relacionamento com colegas e outras pessoas. Fatores estes que podem ser desenvolvidos através de uma boa gestão das práticas e políticas de recursos humanos".

» **Gestão financeira**

Toda empresa deve ter muita atenção e controle com as suas finanças, que incluem contas a pagar, contas a receber, extratos e movimentação bancária, fluxo de caixa (entradas e saídas), relatórios de receitas e despesas, conferência de faturas, controle de comissões a receber, pagamento de fornecedores, entre outros.

O faturamento é uma questão importante do departamento financeiro, pois a agência de viagem depende de sua situação idônea para efetuar o seu cadastro e obter crédito para faturamento com os fornecedores. Por exemplo, se uma agência de viagem não efetuar o pagamento de uma fatura de passagens aéreas para a agência consolidadora, ela perde a liberação para emissão de outras passagens, inviabilizando o atendimento a muitos clientes. Por outro lado, a agência de viagem também precisa ser cautelosa e criteriosa ao liberar crédito de compra para clientes (empresas), que também utilizam a fatura como forma de pagamento. Dependendo do valor, uma única fatura não paga pode comprometer a liquidez da agência de viagem, ou seja, a capacidade de honrar as contas a pagar. Em alguns casos, a inadimplência pode ocasionar até mesmo a falência da agência.

Essa organização e controle financeiros devem ser feitos de maneira profissional, com a utilização de sistemas especializados, para que o gestor acompanhe o desempenho e as limitações da sua empresa, tendo em vista que a agência de viagem, na condição de intermediadora, lida com um fluxo de caixa dinâmico e com valores elevados, já que recebe do cliente e retransmite o pagamento da quantia correspondente ao fornecedor, deduzido o comissionamento ou a taxa de serviço. Por conta disso, a agência de viagem é tributada apenas pelo valor correspondente à sua receita, e não pelo valor total do produto – nesse caso, cabe ao fornecedor pagar os impostos devidos.

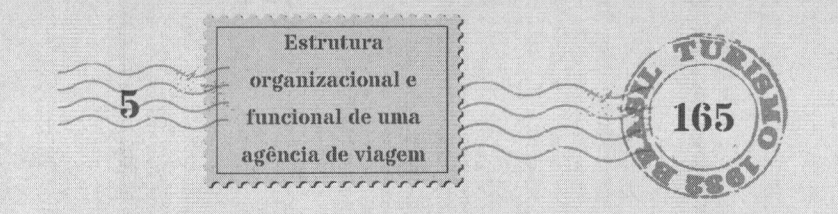

    A gestão fiscal e contábil deve ser realizada em conjunto com um escritório de contabilidade, que já estabelece todos os procedimentos necessários para administrar a tributação mensal e outras questões pertinentes da empresa. Cabe a esse departamento encaminhar para o contador todos os relatórios de vendas e de emissão de nota fiscal, conforme prazos estabelecidos, além do arquivamento de todos os processos de venda mensal, para eventuais auditorias ou contestações de fornecedores e clientes (por essa razão, um contrato ou uma autorização de débito assinados devem ser guardados por pelo menos cinco anos).

» **Serviços terceirizados**

    Além do escritório de contabilidade, como já comentamos, a agência de viagem terceiriza serviços que utiliza eventualmente e que não são prestados por seus próprios funcionários. Assim, pode ser necessária a contratação de uma assessoria jurídica para suporte sobre legislação, causas trabalhistas, Código de Defesa do Consumidor etc. Empresas de comunicação e publicidade também são constantemente procuradas para desenvolvimento de projetos de *design* gráfico, elaboração de *sites*, materiais e campanhas diversas de divulgação. Outros serviços normalmente requisitados são assistência técnica de equipamentos, segurança, limpeza, entrega de documentos (*motoboy*), entre outros.

Gráfico 5.4 – Grau de terceirização dos serviços nas agências de viagem brasileiras

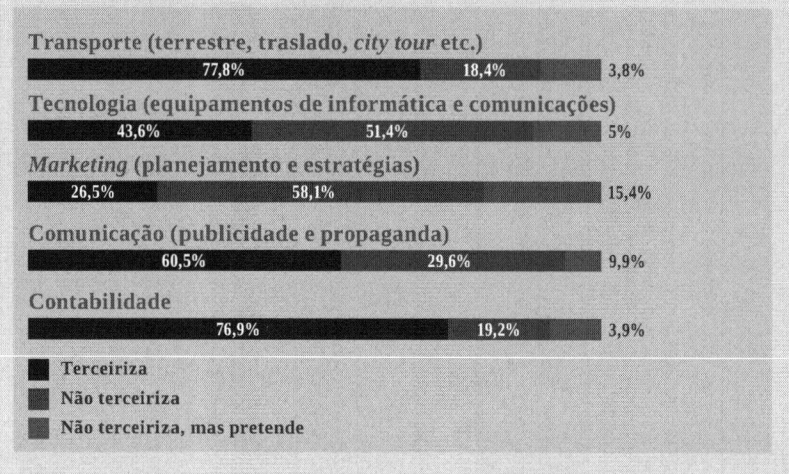

Serviço	Terceiriza	Não terceiriza	Não terceiriza, mas pretende
Transporte (terrestre, traslado, *city tour* etc.)	77,8%	18,4%	3,8%
Tecnologia (equipamentos de informática e comunicações)	43,6%	51,4%	5%
Marketing (planejamento e estratégias)	26,5%	58,1%	15,4%
Comunicação (publicidade e propaganda)	60,5%	29,6%	9,9%
Contabilidade	76,9%	19,2%	3,9%

Fonte: Adaptado de Proagência, 2006, p. 14.

Observe, no Gráfico 5.4, que os principais serviços terceirizados são os de transporte, utilizados para serviços eventuais de receptivo, já que a compra de um veículo é um investimento considerável, e por isso apenas as agências especializadas, com grande volume de serviço receptivo, têm frota de veículos própria. O serviço de um escritório de contabilidade é essencial para qualquer empresa que tenha uma gestão administrativo/financeira profissional e que esteja cadastrada regularmente nos órgãos competentes. Por outro lado, ainda é pouco comum contratar uma empresa para elaboração de um plano de *marketing*, pois na prática muitos gestores acabam fazendo ações isoladas e independentes, sem ter um planejamento estratégico que relacione os quatro elementos principais do *marketing*: produto, preço, praça e promoção.

b) **Departamento comercial**

Esse departamento é responsável pela operacionalização e comercialização de produtos e serviços, estando em contato direto com fornecedores e clientes. Uma agência de viagem de lazer generalista, por exemplo, não distingue os agentes de viagem por produto, pois isso exige uma qualificação mais abrangente, já que os clientes que a procuram estão sempre fazendo viagens para destinos diferentes. Por outro lado, em operadoras turísticas, é comum subdividir esse departamento por tipos de produto, como nacional, internacional, grupos e cruzeiros.

Para Marín (2004, p. 70), o foco principal do departamento comercial deve ser agregar valor para o cliente e, para isso, a agência precisa:

» oferecer as melhores condições a cada cliente;
» personalizar o atendimento a cada cliente;
» atender seus clientes todos os dias do ano, a qualquer hora;
» facilitar as tarefas administrativas de seu cliente;
» ajudar a conter as despesas de seu cliente;
» oferecer informações úteis para a tomada de decisões do cliente;
» gerenciar as negociações de seus clientes com fornecedores;
» oferecer maior autonomia aos clientes;
» realizar atividades promocionais.

Apresentamos, a seguir, algumas atribuições específicas desse setor para que se possa analisar e compreender esses elementos.

» **Gestão de *marketing***

A finalidade do *marketing* é buscar a satisfação do cliente, por meio da combinação de quatro fatores:

1. **Produto**: São elaborados e selecionados de acordo com o perfil de atuação da empresa e as demandas real e potencial, que podem ser

segmentadas de acordo com várias condições: econômica (popular × luxo), duração (curta × longa), distância do mercado consumidor (local × internacional), tipo de grupo (individual × grupo) e motivação da viagem (lazer, esportivo, gastronômico, eventos etc.) (Panosso Netto; Ansarah, 2009).

2. **Preço**: A formatação de preços depende da operadora de viagem que elabora os produtos turísticos. Assim, cabe à agência de viagem ter parcerias com fornecedores preferenciais para ter uma condição ou negociação exclusiva. A agência deve também administrar a variação de tarifas por conta da sazonalidade, buscar facilidades de pagamentos, possibilitar descontos por volume de compra, vantagens com programas de fidelidade etc. (Balanzá; Nadal, 2003).

3. **Promoção**: Está relacionada aos canais de comunicação utilizados para divulgação dos produtos e serviços da agência. Para escolha de um destino, segundo Kotler et al. (2006), existem quatro tipos de fontes de informações: fontes pessoais (indicação de família e amigos); fontes comerciais (propagandas, agências de turismo e internet); fontes públicas (meios de comunicação institucional); e fontes experimentais (conhecimento particular do destino). No geral, os consumidores obtêm a maior parte da informação sobre um produto das fontes comerciais que dominam o mercado. Contudo, as agências de viagem têm um papel significativo em interferir na decisão do cliente de viajar para determinado destino, utilizando uma variedade de ferramentas promocionais (Buhalis, 2000; Montanarin, 2002).

4. **Praça**: Representa os meios de distribuição do produto e as facilidades de atendimento ao cliente. Antigamente, as agências de turismo tinham praticamente exclusividade na comercialização de viagens, mas o cenário atual, influenciado pela tecnologia e pelo comércio eletrônico, abriu canais de venda direta e indireta (Candioto, 2012).

Diversas ações e estratégias podem ser desenvolvidas para atender os objetivos da empresa. Algumas campanhas promocionais podem exigir maiores investimentos, como propaganda em televisão, revistas e jornais, pois dependem de muitas inserções para ter resultado. Entretanto, muitas ideias e atitudes simples praticamente não têm custo, mas dependem mais da dedicação de tempo e do envolvimento do agente de viagens. A maioria das operadoras turísticas conta com um setor de *marketing/design* que seleciona alguns produtos (com o foco no destino, nos serviços ou nos preços especiais) e elabora materiais eletrônicos de divulgação para enviar ao *mailing* de agências de viagem. Elas podem utilizar gratuitamente esse material e retransmitir aos seus clientes com os seus próprios contatos. Por isso, muitas operadoras já criam esses conteúdos com linguagem voltada ao consumidor final.

Outro recurso bastante utilizado é o *marketing* eletrônico por meio das redes sociais, como Facebook®, Twitter© e Youtube© que têm em comum o compartilhamento de informações entre usuários. Ele permite um contato direto com clientes habituais e potenciais. É importante ressaltar que, por ser um canal aberto para expressão de ideias e opiniões, existe uma preocupação das empresas com a imagem e a reputação *on-line*. Existem empresas especializadas em monitoramento e gerenciamento de relacionamento por meio das redes sociais. Segundo Candioto (2012, p. 82), "construir esta reputação significa contribuir, enriquecer, compartilhar, auxiliar, o que não tem, direta ou necessariamente, nada a ver com vender". A mesma autora (2012, p. 81) cita um exemplo para ilustrar essa perspectiva:

> Segundo o relato de um experiente agente de viagem do interior do Estado de São Paulo, o *Facebook* lhe permite sugestionar as pessoas em relação aos destinos que sua agência pretende comercializar. Por meio da postagem de fotos

de relatos de suas viagens pessoais, o profissional compartilha a informação de maneira muito pessoal, com fotos suas e de sua família nos destinos turísticos, não demonstrando nenhum interesse comercial. A exposição contínua de suas fotos, de seus relatos e de suas experiências, acaba criando um natural interesse pelo destino, fazendo com que ao decidirem visitar o local, muitos dos seus contatos acabem lhe pedindo algum tipo de informação que, se bem trabalhada, tem muitas chances de se tornar uma venda.

Enquanto algumas agências de viagem optam por divulgar diversos conteúdos e novidades sobre turismo, outras usam o preço para chamar a atenção do usuário e apostam na amplitude desse canal de comunicação como facilitador do comércio eletrônico. Pela forte presença no mercado eletrônico, as agências virtuais costumam investir até mesmo nas publicidades pagas/patrocinadas.

Questão para reflexão

Os recursos das mídias sociais possibilitam também fortalecer o marketing de relacionamento, que é a estratégia mais utilizada pelas agências de viagem preocupadas em fidelizar seus clientes, com o intuito de manter uma relação duradoura e rentável. E como isso acontece?

Principalmente com a indicação e a recomendação dos próprios clientes que ficaram satisfeitos com a experiência de compra e a viagem. A pesquisa do Proagência, conforme mostra o Gráfico 5.5, confirma que o meio de comunicação mais eficiente para captar clientes é a indicação, o famoso "boca a boca".

Gráfico 5.5 – Meios de comunicação utilizados pelas agências de viagem brasileiras

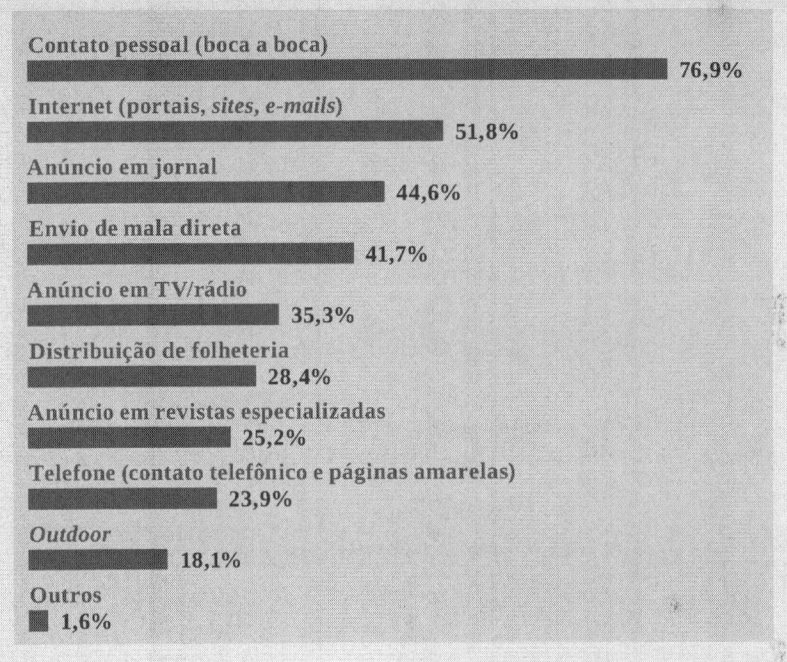

Meio	%
Contato pessoal (boca a boca)	76,9%
Internet (portais, *sites*, *e-mails*)	51,8%
Anúncio em jornal	44,6%
Envio de mala direta	41,7%
Anúncio em TV/rádio	35,3%
Distribuição de folheteria	28,4%
Anúncio em revistas especializadas	25,2%
Telefone (contato telefônico e páginas amarelas)	23,9%
Outdoor	18,1%
Outros	1,6%

Fonte: Adaptado de Proagência, 2006, p. 26.

Uma das vantagens da tecnologia é a substituição gradativa dos folhetos, catálogos e tarifários impressos pelo conteúdo digital. Os folhetos eletrônicos, por exemplo, têm a vantagem da precisão do conteúdo, tanto em relação aos preços quanto no que se refere à disponibilidade daquele produto em tempo real, acessível de qualquer lugar. Além disso, eles podem utilizar imagens e outros recursos multimídia para gerar uma maior variedade de materiais, que podem ser facilmente e rapidamente atualizados (O'Connor, 2001). Cooper (2001) complementa que os benefícios da tecnologia da informação são a possibilidade de oferecer produtos para uma demanda específica, a flexibilidade e a agilidade na atualização de materiais promocionais e a redução de custos pela diminuição da distribuição de material impresso.

Para compreendermos melhor como o cliente se vincula à empresa, podemos verificar, na Figura 5.3, os níveis de relacionamento de uma empresa com seus clientes, estabelecidos por Gordon (1998), de acordo com o grau de fidelidade e perfil de compra.

Figura 5.3 – Categoria de vínculo com os clientes

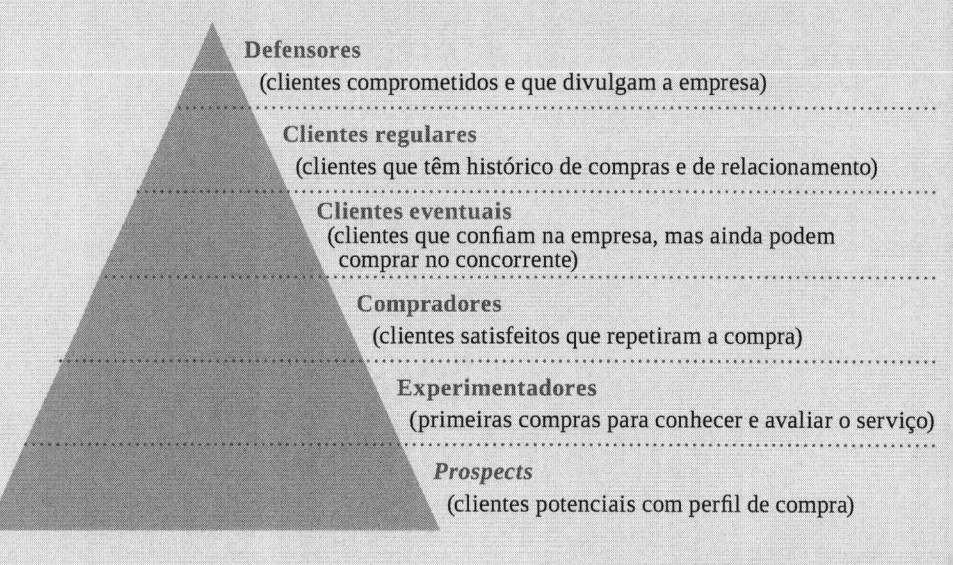

Defensores
(clientes comprometidos e que divulgam a empresa)

Clientes regulares
(clientes que têm histórico de compras e de relacionamento)

Clientes eventuais
(clientes que confiam na empresa, mas ainda podem comprar no concorrente)

Compradores
(clientes satisfeitos que repetiram a compra)

Experimentadores
(primeiras compras para conhecer e avaliar o serviço)

Prospects
(clientes potenciais com perfil de compra)

Fonte: Adaptado de Gordon, 1998.

O foco do *marketing* de relacionamento é a satisfação do cliente. Para tanto, é necessário ter produtos e um serviço de qualidade que superem as expectativas da clientela, de modo a obter reconhecimento, credibilidade e fidelidade, buscando-se consumidores *prospects* e transformando-os em clientes regulares e defensores.

Perussi (2008) destaca a importância de os clientes serem lembrados e recompensados por sua preferência. Com essa finalidade, podem ser sugeridos programas de fidelidade, benefícios e descontos exclusivos. O fundamental é buscar a personalização dos serviços, fazendo com que o cliente perceba efetivamente a customização e se sinta diferenciado e privilegiado em comprar sua viagem por uma agência específica.

» **Gestão de vendas e atendimento**

Já verificamos que existem agências de viagem com perfil generalista e outras especializadas em determinados produtos, serviços, destinos ou demandas. De maneira geral, no contato direto com o cliente, a customização e a qualidade são essenciais para que o cliente tenha uma experiência positiva antes mesmo de a viagem começar. Isso significa também agregar valor ao serviço, a partir da demonstração de conhecimento e habilidade na condução de uma venda. A Figura 5.4 exemplifica as etapas principais de um atendimento no setor de vendas, feito por um consultor ou agente de viagens. No capítulo a seguir, vamos tratar das características e do perfil de cada profissional.

Figura 5.4 – Processo de atendimento
e venda em uma agência de viagem

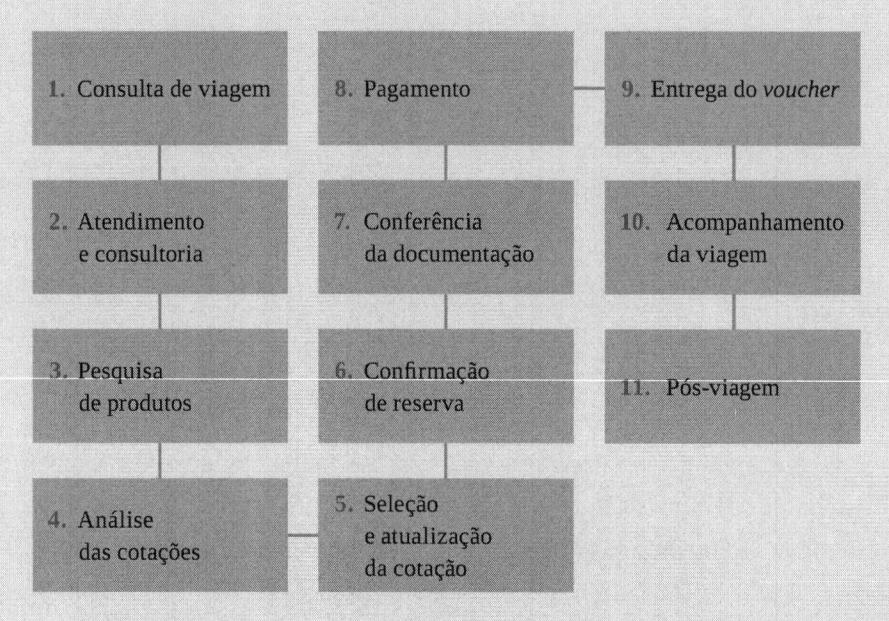

1. Consulta de viagem	8. Pagamento	9. Entrega do *voucher*
2. Atendimento e consultoria	7. Conferência da documentação	10. Acompanhamento da viagem
3. Pesquisa de produtos	6. Confirmação de reserva	11. Pós-viagem
4. Análise das cotações	5. Seleção e atualização da cotação	

A consulta é o início, quando o consumidor procura uma agência de viagem para solicitar um orçamento para a viagem do seu interesse. Esse contato pode ser motivado a partir de algum canal de divulgação da empresa ou por indicação de outros clientes. O interessado pode marcar um atendimento pessoal no escritório ou fazer a solicitação inicial por telefone ou *e-mail*.

O atendimento e a consultoria acontecem na interação do profissional com o cliente, com o objetivo de conhecer seu perfil e as motivações da viagem, a fim de direcionar os orçamentos na pesquisa de produtos. Quanto mais informações e detalhes forem obtidos, melhor será a proposta de viagem e mais chances de o cliente se interessar e efetivar a compra.

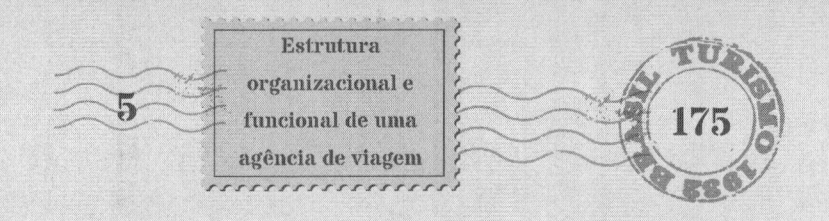

Na terceira etapa, o profissional analisa as informações levantadas no atendimento inicial e verifica o fornecedor e o produto mais adequados para elaborar o orçamento. A maioria dos fornecedores (operadoras de turismo, agências consolidadoras, entre outros) oferece acesso a sistemas *on-line* para consulta, independentemente dos produtos disponíveis, e uma referência de preços e informações complementares. Caso o profissional não tenha segurança ou habilidade para fazer as consultas por conta própria, ele pode solicitar o auxílio de um atendente para elaborar a cotação solicitada. O envio das cotações deve ser preferencialmente por *e-mail*, para que se tenha o registro das informações, feito de forma simples, organizada e sem o uso exagerado dos termos técnicos do turismo.

A análise das cotações é um momento para fazer os ajustes e conferir todos os detalhes para incrementar a viagem. A agência pode sugerir opcionais e auxiliar o cliente na elaboração do roteiro e na programação diária da viagem. A experiência do profissional e dos seus clientes serve como referência na escolha de destinos, na logística de transportes, na seleção de hotéis x localização etc. Esse conhecimento proporciona segurança, cordialidade e confiabilidade para o cliente na sua decisão de compra.

Como os preços dos pacotes e produtos turísticos não são tabelados, após a escolha da viagem, é necessário atualizá-los e conferir a disponibilidade de reserva. Após a aprovação do orçamento, é preciso pedir os dados pessoais para solicitação da reserva, principalmente o nome completo e a data de nascimento.

A confirmação de reserva inclui todos os serviços solicitados para conferência (datas, horários, endereços, categoria, regime de alimentação etc.). Normalmente, é possível efetuar modificações e cancelamentos, apesar de os valores estarem sujeitos a alterações sem aviso prévio, pois apenas o pagamento e a emissão das reservas garantem o preço indicado.

Em paralelo, o profissional deve reconfirmar com o cliente a documentação de viagem exigida no destino, como documento de embarque, vistos, vacinas e autorização para menor desacompanhado. O ideal é a agência de turismo elaborar um termo-padrão para o passageiro assinar, garantindo que está ciente e que recebeu todas as informações necessárias, pois, apesar de a agência de viagem fazer essas recomendações, o cliente é o responsável por providenciar a documentação exigida e apresentá-la no momento do embarque.

Após a confirmação da reserva pela agência de viagem, devem ser apresentadas as formas e o demonstrativo de pagamento para escolha do cliente. Essa formalização é importante para que o passageiro esteja ciente de todas as condições e restrições do fornecedor, principalmente em caso de alterações, cancelamento e reembolso após a confirmação de compra. Por isso, a maioria das operadoras turísticas exige a assinatura de um contrato, que contempla todos os direitos e deveres de ambas as partes. Para compras com cartão de crédito, também é preciso ter a assinatura do titular autorizando o débito, além de cópias do cartão e do documento de identidade para arquivo.

Dependendo do produto adquirido, o *voucher* (confirmação da viagem) é liberado imediatamente após a confirmação de pagamento, especialmente em processos automatizados que permitem o envio de documentos por *e-mail*, como passagens aéreas. Em alguns casos, como pacotes turísticos e cruzeiros, o *voucher* é disponibilizado conforme a proximidade do embarque. Antes da entrega para o cliente, é preciso que o profissional faça uma conferência criteriosa para corrigir qualquer eventual erro de reserva ou de impressão. Pode-se aproveitar a ocasião da entrega do *voucher* para repassar todos os detalhes da viagem, fazer um *checklist*, dar recomendações gerais e esclarecer todas as dúvidas do passageiro.

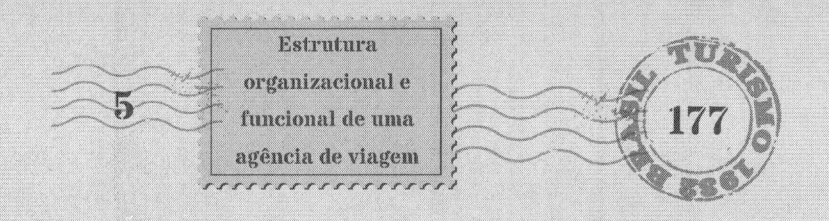

Muitas vezes, as viagens são confirmadas com certa antecedência, de modo que podem existir alterações de voos, que devem ser monitoradas pelo profissional. Esse controle também permite saber quando o cliente vai embarcar – recomenda-se entrar em contato com ele um pouco antes para desejar uma boa viagem e reforçar os contatos de plantão do fornecedor e da agência de viagem, caso ocorra qualquer imprevisto. Essa atitude tende a ser vista com bons olhos pela maioria dos clientes.

A última etapa é o pós-viagem e, para isso, o profissional precisa ter em mãos o agendamento e o controle dos dados, de modo a entrar em contato com o cliente logo após o seu retorno. Essa atitude simples permite ter um *feedback* dos serviços prestados pela agência de viagem, angariar referências atualizadas dos serviços utilizados e mostrar interesse pela opinião e percepção do cliente. Quando existirem reclamações e críticas, o profissional deve ser prestativo e acolhedor, sempre buscando a melhor solução (dentro do seu alcance, obviamente). Essas situações devem servir como aprendizado para o aprimoramento dos serviços. Elas também agregam mais conhecimento para o profissional e possibilitam, por meio da análise dos pontos fortes e dos pontos fracos observados, uma revisão de todo o atendimento.

Todas essas etapas podem ser adaptadas em um fluxograma, que ilustra a sequência operacional do desenvolvimento de um processo. Ele pode contemplar apenas tarefas ou ser mais complexo, com descrição do tempo necessário de execução, indicação do responsável, detalhamento da sequência etc. Esse modelo exige uma visão holística e integrada de todos os departamentos da empresa, além de uma análise dos procedimentos operacionais pela equipe, para que sejam padronizados e definidos os processos com base em uma experiência cotidiana, evitando a repetição de erros e otimizando as habilidades e competências da equipe.

Gestão de agências de viagem: orientações para você abrir e administrar o seu negócio

Raquel Pazini

5.2 Fluxograma: inter-relações de atividades

Após conhecermos as características de cada departamento, devemos olhar para a empresa de forma integrada, pois todos são dependentes uns dos outros para que coexistam qualidade, produtividade e resultados. Para isso, podemos destacar três fatores importantes, indicados na sequência.

1. **Informação**

A agência de viagem, na condição de intermediadora, lida com um fluxo muito grande de informações, tanto de fornecedores quanto de clientes. Para tanto, precisa buscar a melhor fonte de consulta dos produtos, que seja atualizada e completa o suficiente para que a empresa tenha independência na obtenção de informações, principalmente por meio de *sites* e sistemas. Na perspectiva do cliente, cabe ao agente de viagens explorar ao máximo o perfil e as motivações da viagem. Muitas vezes o cliente sabe apenas as datas das suas férias, mas precisa do auxílio de um profissional que o ajude a identificar a melhor opção para aquela viagem.

E nos bastidores de uma agência de viagem, como deve ser feita a organização das informações?

Questão para reflexão

Vamos imaginar uma situação cotidiana. Um casal procura uma agência de viagem para organizar a viagem de lua de mel. Após o primeiro contato, fica definido que o destino da viagem é Cancun/México. Para a reserva, é necessário apenas o nome completo dos passageiros, além dos dados da viagem, como datas de embarque, companhia aérea, classe, horário dos voos, hotel, regime de alimentação etc. A operadora de turismo vai confirmar o pacote conforme as informações repassadas pela agência de viagem. Quando o voucher estiver disponível, a agência de viagem precisará também conferir todos os dados, de acordo com a confirmação de reserva. Como evitar que haja impedimento no embarque, no dia da viagem, caso o casal esteja com os passaportes vencidos?

Se a agência de viagem adotar o procedimento simples de solicitar uma cópia da documentação utilizada para o embarque, esse problema é evitado. Por mais que a documentação seja de responsabilidade do passageiro, cabe à agência de viagem conferir se ela atende a todos os requisitos. Nessa situação, nada substitui o passaporte para viagens internacionais, e pode não haver tempo hábil para recuperar a viagem. Esse exemplo serve para mostrar que uma agência de viagem lida com muitos detalhes e por isso ela deve ter um controle rigoroso das informações de todos os processos. Além disso, a organização das informações demonstra profissionalismo e qualidade, o que cativa a confiança do cliente.

É imprescindível, também, ter um cadastro de clientes, que pode ser utilizado em comum pelos departamentos financeiro e comercial. Por meio de um sistema, é possível registrar dados pessoais, documentações, cartões de crédito e histórico de vendas. Qual seria a impressão de um cliente que precisasse informar seu nome completo e CPF todas as vezes que fosse comprar uma passagem aérea com a mesma agência de viagem?

Por isso, as agências que sabem utilizar bem a informação – inclusive para analisar relatórios de venda de funcionários, de fornecedores e comparativos mensais – terão uma grande vantagem qualitativa e quantitativa, bem como facilidade na gestão do negócio.

2. Comunicação

A comunicação interna entre os departamentos é muito importante, pois o financeiro depende do encaminhamento das informações de vendas processadas pelos funcionários. Vamos imaginar uma agência de viagem corporativa que emite em média 30 passagens aéreas por dia e que, por isso, tem de lidar com diversas remarcações de voos. Se não houver uma comunicação eficiente, tanto com o cliente (para receber as emissões de passagens) quanto com o departamento financeiro (para elaborar as faturas de cobrança), muitos transtornos e muito retrabalho podem vir a acontecer.

No dia a dia da empresa, os meios de comunicação devem ser previamente estabelecidos por meio de um fluxograma, para que cada atividade tenha um método que inclua todos os procedimentos necessários para a sua execução completa. Por exemplo, antes da emissão de uma passagem aérea, devem ser conferidos: nome completo do passageiro, conforme documento de embarque; dados do voo reservado (data, itinerário e horários); condição do passageiro (adulto, criança ou bebê); atualização da tarifa e taxas; e documentação obrigatória dentro da validade exigida. Recomenda-se que o cliente também confira os dados da reserva e autorize a emissão por escrito (*e-mail*). Atender pedidos por telefone pode levar a divergências na comunicação, e qualquer mal-entendido pode ocasionar um erro na emissão, o que pode comprometer a viagem.

3. Relacionamento interno

Empresas maiores têm a necessidade de um organograma formal para definir a hierarquia dos cargos de cada funcionário e as relações entre eles. A vantagem está na delimitação de funções e responsabilidades. No entanto, deve existir uma atenção ainda maior no relacionamento

5 Estrutura organizacional e funcional de uma agência de viagem

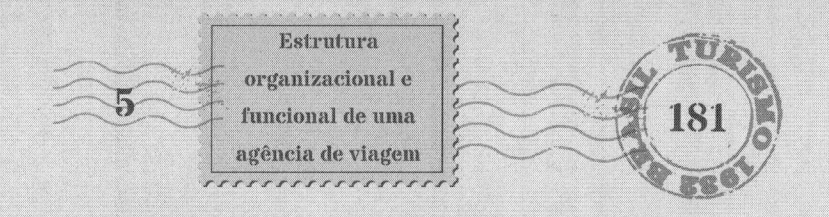

interpessoal. A maioria das agências de viagem não tem a necessidade de ter diretores, gerentes e supervisores, já que o proprietário assume sozinho esses papéis e acaba estando bastante acessível à sua equipe de trabalho. Entretanto, existem operadoras e agências de viagem corporativas de grande porte que possuem diversas franquias. Nesses casos, a organização empresarial é fundamental. Ela é geralmente definida pela matriz, que concentra todas as estratégias do negócio. É importante que o ambiente de trabalho seja saudável, acolhedor e cordial, em que prevaleçam o respeito e o comprometimento para o desenvolvimento de um bom trabalho em equipe. No departamento comercial, por exemplo, cada consultor de viagens costuma ter a sua carteira de clientes e ganhar um comissionamento pelas suas vendas. Mas o que acontece quando um agente de viagens entra em férias? Nesse período, se outro agente de viagens concluir uma venda em andamento, a lucratividade é compartilhada?

Esse exemplo mostra que devem existir parâmetros e condições claras no relacionamento interno da equipe. O bom senso, o respeito mútuo e a ética são elementos essenciais para resolver divergências e esclarecer questionamentos. Para isso, é muito importante que se façam reuniões frequentes de cada setor e reuniões gerais da empresa, nas quais sejam discutidas dificuldades ou pontos falhos, valorizados os bons resultados e explicitados os desafios de todos os membros da equipe. Reconhecer erros e acertos é essencial para o crescimento e para o amadurecimento profissional de todos os envolvidos. Além desses encontros formais, a empresa pode criar momentos de confraternização, em dias de aniversário ou em festas de final do ano, por exemplo. Isso possibilita a constituição de laços de amizade e o fortalecimento dos relacionamentos interpessoais, por permitir que cada um conheça as qualidades e também as limitações dos colegas.

De maneira geral, podemos perceber que a organização, o método e a padronização de processos e informações geram a eliminação de erros, a economia de tempo e a facilidade tanto na comunicação e relacionamento interno entre os departamentos quanto na intermediação entre os fornecedores e o cliente. O fluxograma cumpre esse papel, pois permite "registrar os passos ideais de um processo de modo que todos os funcionários cumpram as tarefas de forma padronizada para que se atinja a eficácia e, consequentemente, se viabilize um controle de qualidade" (Braga, 2008, p. 66).

Com base nesses critérios, sugere-se que o fluxograma de atividades da empresa seja elaborado e integrado entre as funções de linha (contato direto com o cliente) e as funções de apoio (contato indireto com o cliente). Segundo Petrocchi e Bona (2003, p. 31), "Órgão de linha, ou de atividade-fim, é aquele que se envolve diretamente com a prestação dos serviços ao cliente, sendo também conhecido como *front-office*. Órgão de apoio, ou de atividade-meio, é aquele que opera fora do alcance do cliente, sendo também conhecido como *back-office*".

Uma gestão de operação busca justamente identificar os métodos de trabalho mais adequados para cada departamento e também um canal de comunicação interna eficaz. Marín (2004) indica que, para conseguir uma boa integração entre todos os departamentos de uma agência de viagem, é necessário compartilhar informações por meio de um banco de dados centralizado, partindo-se de uma estruturação clara e organizada das informações entre os departamentos, que pode ser obtida por meio de um fluxograma bem elaborado.

A criação de uma estratégia operacional requer a padronização de alguns processos internos – cotações, confirmações de reserva, pagamentos,

5 Estrutura organizacional e funcional de uma agência de viagem

conferência de *vouchers*, relatórios financeiros, entre outros. Qualquer erro ou falha pode comprometer toda a viagem do cliente, então devem ser tomadas precauções para evitar quaisquer transtornos. Por isso, a formalização de informações importantes por escrito, como documentação para embarque e dados dos passageiros, deve fazer parte da rotina de todas as vendas. Ao gestor ou responsável de cada setor cabem o aprimoramento e a revisão de procedimentos, para garantir a qualidade dos serviços prestados.

Hoje, as empresas precisam buscar cada vez mais a inovação no atendimento e nos serviços prestados aos clientes. Gorni, Dreher e Machado (2009) efetuaram uma pesquisa sobre o tema com agências de viagem no município de Balneário Camboriú/SC e observaram que "a preocupação com a inovação é um desafio no cotidiano organizacional das agências de viagens estudadas, que buscam ofertar novos produtos e serviços para manter-se no mercado turístico, considerado competitivo". Tendo em vista o atual cenário de intensivo comércio eletrônico, o agente de viagens precisa ter ferramentas e recursos que agreguem valor ao processo de venda, para fazer mais e melhor do que o cliente faria por conta própria.

5.3 Ferramentas e sistemas operacionais

Marín (2004, p. 62) afirma que existem apenas duas formas para uma agência de viagem aumentar o seu lucro, as quais requerem estratégias pontuais:

1. **Aumentar as vendas**:
   › agregando maior valor à contratação de serviços relacionados com viagens;
   › diversificando os serviços oferecidos aos clientes;
   › atingindo novos mercados;
   › criando sinergias.
2. **Reduzir os custos**:
   › eliminando tempos improdutivos;
   › otimizando os processos internos;
   › eliminando erros operacionais e estratégicos;
   › criando sinergias.

Mas como fazer tudo isso numa agência de viagem?

Além de uma gestão estratégica voltada para as mudanças do mercado e para o perfil do consumidor, o essencial é o uso das tecnologias da informação e da comunicação para aperfeiçoar os processos de trabalho.

Já estudamos sobre o impacto do comércio eletrônico, seja em agências de turismo virtuais, seja em fornecedores que também utilizam a internet como um canal de venda e distribuição. Mas quais são os benefícios da tecnologia para as questões operacionais de uma agência de viagem tradicional?

Ter e saber usar as informações geradas nos processos de venda de uma agência de turismo é primordial para o bom desempenho do negócio, e tudo isso pode ser feito com o uso intensivo de sistemas. De acordo com Marín (2004, p. 92), "as agências mais profissionais adotam sistemas automatizados de controle no *back-office* para se certificarem de que as operações sejam realizadas conforme as normas, e que todas as incidências sejam registradas para análise, controle e aprendizado da gerência".

Existem empresas especializadas em oferecer soluções de tecnologia para o turismo, principalmente para a gestão administrativa e financeira das agências de viagem (*back-office*). Elas contam com uma extensa diversidade de opções de relatórios para análise e acompanhamento gerencial. Além disso, estão cada vez mais integradas ao setor de *front-office*, que permite ao agente de viagens consultar o cadastro e o histórico de viagens do cliente, entre outras funções relevantes. Como explica Marín (2004, p. 95), "As vantagens de centralizar as informações de uma organização em um único banco de dados são indiscutíveis: disponibilidade e acessibilidade de dados, racionalização de processos, atualização imediata de todos os usuários e capacidade de analisar informações em tempo real".

Pelizzer (2008) defende, também, que os sistemas administrativo-financeiros são instrumentos de gestão que reduzem custos, otimizam tempo e rentabilidade e possibilitam controles operacionais imediatos com filtros e relatórios específicos por produto, fornecedor, cliente, funcionário, departamento, período, entre outros.

O sistema Infotur, por exemplo, permite registrar as cotações efetuadas e controlar o *status* do atendimento (consulta, cotação, reserva, não vendido). Ele tem a vantagem de permitir o acompanhamento das tarefas por parte da gerência, que pode avaliar o desempenho do funcionário e ter todas as informações de maneira organizada e padronizada, conforme o fluxograma de trabalho estabelecido. Caso o funcionário precise se ausentar da empresa, outra pessoa tem condições de dar continuidade ao atendimento, sem perda de informações ou inconvenientes para o cliente.

O sistema também informa diariamente os passageiros aniversariantes e os que estão iniciando e finalizando viagens. A cada venda registrada pelo departamento financeiro, o sistema filtra os dados, que podem ser consultados pelo departamento de vendas para fazer um monitoramento das viagens dos clientes ou um controle de pós-venda. Esses são apenas alguns dos recursos que podem ser utilizados e ilustram como a tecnologia beneficia os procedimentos operacionais e a integração organizacional de uma agência, além de permitir que o gestor conheça o perfil e os interesses dos clientes, por meio da análise das cotações e das vendas no sistema, o que possibilita o direcionamento estratégico, a seleção de produtos e o *marketing* da empresa.

A agência de viagem pode adotar também um programa que gerencia o relacionamento com o cliente, chamado de *Customer Relationship Manager* (CRM), que é um banco de dados para facilitar e otimizar o "processo de comunicação com o cliente certo, fazendo a oferta certa, por meio do canal certo e na hora certa" (Pelizzer, 2008, p. 80).

> As agências possuem grandes vantagens em relação a outras atividades, pois a relação comercial com seus clientes está baseada principalmente na confiança depositada no agente de viagem, quando na organização de uma viagem. Nessa condição, o cliente expõe abertamente todas as suas vontades, necessidades, preferências, desejos, sonhos, disponibilidades sociais e financeiras, formando um completo banco de dados que futuramente pode ser gerido para transformar essa relação em algo durável e mais rentável. (Tomelin, 2012, p. 413)

Portanto, para um uso eficiente dos sistemas, deve existir uma padronização no cumprimento de determinadas atividades, de acordo com o fluxograma e o registro de dados e informações de clientes e vendas por toda a equipe. Dessa forma, os gestores podem fazer análises criteriosas que gerem conhecimento e otimizem todos os processos internos de uma agência de viagem.

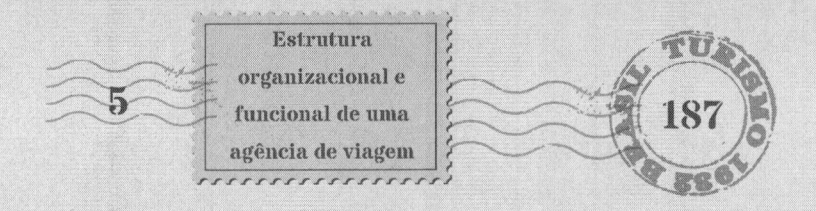

5 Estrutura organizacional e funcional de uma agência de viagem

Síntese

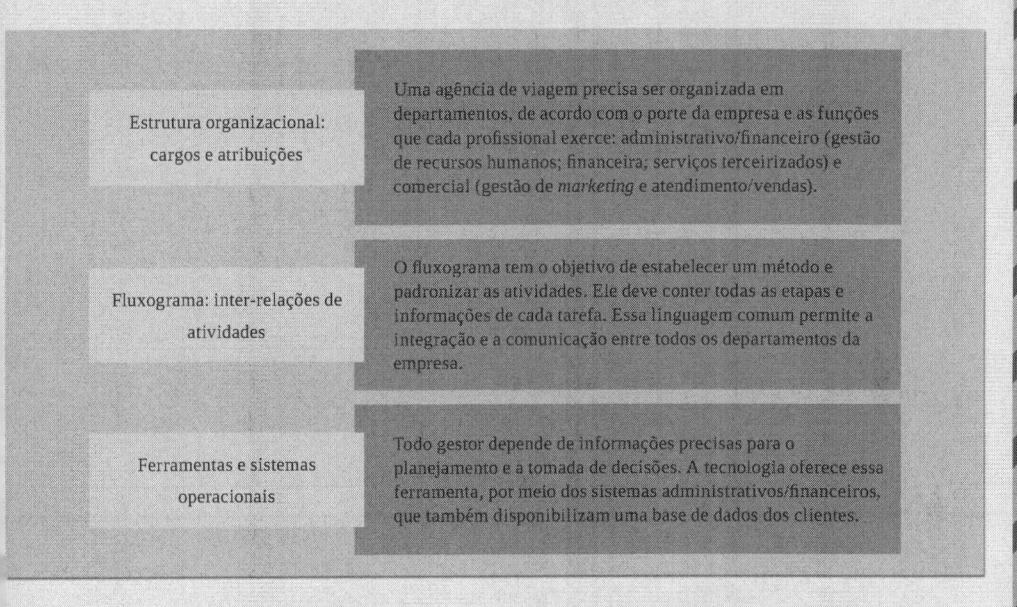

Estrutura organizacional: cargos e atribuições	Uma agência de viagem precisa ser organizada em departamentos, de acordo com o porte da empresa e as funções que cada profissional exerce: administrativo/financeiro (gestão de recursos humanos; financeira; serviços terceirizados) e comercial (gestão de *marketing* e atendimento/vendas).
Fluxograma: inter-relações de atividades	O fluxograma tem o objetivo de estabelecer um método e padronizar as atividades. Ele deve conter todas as etapas e informações de cada tarefa. Essa linguagem comum permite a integração e a comunicação entre todos os departamentos da empresa.
Ferramentas e sistemas operacionais	Todo gestor depende de informações precisas para o planejamento e a tomada de decisões. A tecnologia oferece essa ferramenta, por meio dos sistemas administrativos/financeiros, que também disponibilizam uma base de dados dos clientes.

Para revisar o conteúdo apresentado e refletir sobre ele, responda às questões propostas.

Questões para revisão

1. A estrutura organizacional e funcional de uma agência de turismo depende da criação de departamentos que atendam às necessidades da empresa, conforme a sua estrutura física e operacional para atendimento a clientes. Mas, independentemente do porte da empresa, é indispensável ter um setor ou pessoa responsável para desempenhar qual função? Marque a resposta correta:
    a) Gestão de pessoas.
    b) Gestão de *marketing*.
    c) Gestão financeira.
    d) Gestão operacional.

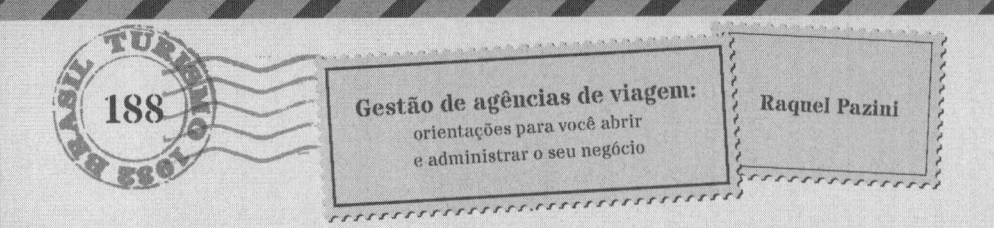

2. Para o bom funcionamento e a integração dos departamentos de uma empresa, é essencial haver informação, comunicação e relacionamento pessoal, de acordo com a política e a estratégia definida pelos gestores. A pesquisa do Proagência (2006) aponta os métodos e as técnicas gerenciais aplicados nas agências de viagem brasileiras.

Métodos e técnicas gerenciais utilizados por agências de viagem

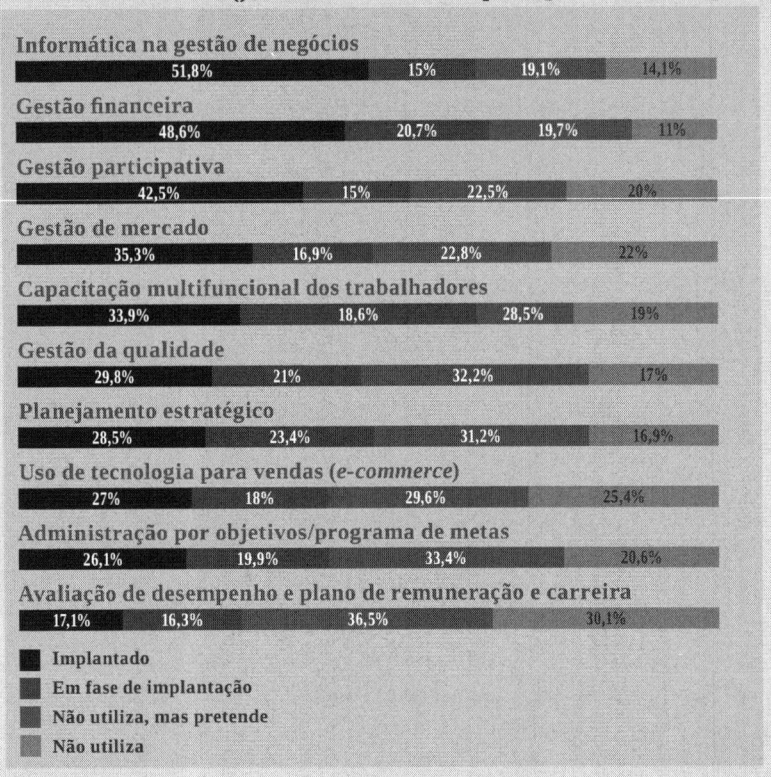

Método	Implantado	Em fase de implantação	Não utiliza, mas pretende	Não utiliza
Informática na gestão de negócios	51,8%	15%	19,1%	14,1%
Gestão financeira	48,6%	20,7%	19,7%	11%
Gestão participativa	42,5%	15%	22,5%	20%
Gestão de mercado	35,3%	16,9%	22,8%	22%
Capacitação multifuncional dos trabalhadores	33,9%	18,6%	28,5%	19%
Gestão da qualidade	29,8%	21%	32,2%	17%
Planejamento estratégico	28,5%	23,4%	31,2%	16,9%
Uso de tecnologia para vendas (*e-commerce*)	27%	18%	29,6%	25,4%
Administração por objetivos/programa de metas	26,1%	19,9%	33,4%	20,6%
Avaliação de desempenho e plano de remuneração e carreira	17,1%	16,3%	36,5%	30,1%

Fonte: Adaptado de Proagência, 2006, p. 22.

Considerando a análise do gráfico, avalie as informações a seguir.

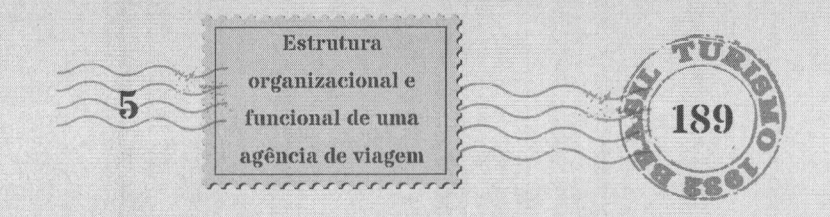

I) A informática na gestão de negócios é o recurso mais utilizado pelas agências de viagem, já que é indispensável o uso de sistemas administrativos para controle e acompanhamento de vendas, cadastro de clientes etc.
II) O planejamento estratégico para a maioria está em fase de implantação, pois depende da contratação de uma consultoria especializada ou de uma qualificação apropriada do gestor para definir objetivos e metas, a fim de atingir os resultados almejados.
III) A avaliação de desempenho e o plano de remuneração e carreira ainda não são utilizados por 36,5% das agências de viagem, mas existe interesse na adoção dessas técnicas, que estão voltadas para gestão de pessoas e serviços terceirizados.
IV) Apenas 11% das agências de turismo não têm gestão financeira de negócio, pois são de agências de viagem de pequeno porte que não dispõem de recursos para investimentos em sistemas especializados e por isso não fazem controles fiscais e contábeis.

É correto apenas o que se afirma em:
a) I.
b) I e II.
c) II e III.
d) I e IV.

3. Considere a seguinte situação: após receber por *e-mail* uma oferta de um pacote de viagem para Fortaleza, o cliente efetuou a compra pela primeira vez na agência de viagem; porém, ao chegar ao destino, para usufruir dos poucos dias de férias com a família, houve uma grande decepção ao verificar a infraestrutura precária do hotel e a localização ruim e distante da praia. Ao entrar em contato com a agência de viagem para reclamar e solicitar a troca de hotel, não foi atendido. No retorno, entrou com ação contra a empresa e obteve indenização por danos morais. Essa situação hipotética demonstra uma situação que pode acontecer no departamento comercial de uma agência de viagem. Com base nos processos de

atendimento e venda estudado neste capítulo, identifique as etapas em que existiram falhas e comente o procedimento correto.

4. (Enade, 2009 – Adaptado) Uma agência de viagens, com presença no mercado há mais de dez anos, apresentou expressiva redução em sua receita no último ano, o que compromete a viabilidade do negócio. Esse declínio motivou a contratação de um especialista em gestão turística. Após o diagnóstico, o gestor contratado identificou, principalmente:
   » ausência de objetivos corporativos e de metas de produtividade de curto, médio e longo prazos;
   » ações de *marketing* deficitárias;
   » baixa qualificação dos funcionários e inexistência de incentivos à qualificação.

   O gestor do turismo, buscando retomar o crescimento global e integrado dessa agência, deverá:
   a) criar estratégias de *marketing*, para motivar os funcionários.
   b) estabelecer política de qualificação, para captar novo quadro funcional.
   c) implementar planejamento estratégico que atue nas questões identificadas, projetando a empresa para o futuro.
   d) investir na modernização tecnológica e dispensar o gerente administrativo-financeiro.

5. Toda agência de viagem precisa ter uma estrutura organizacional bem definida conforme o foco e o perfil do negócio, o dimensionamento das instalações e a quantidade de funcionários. Para isso, são utilizados organogramas e fluxogramas. Explique a utilidade de cada um deles para o gestor de uma agência de viagem.

Fique por dentro!

Verificamos que a gestão de *marketing* deve abranger estratégias de produto, preço, praça e promoção. Pesquise duas ações de *marketing* diferentes feitas por agências de turismo de sua cidade ou região e, com base no conteúdo estudado, faça um comparativo.

Para saber mais

Sugerimos a seguir alguns artigos que complementam e aprofundam alguns temas abordados neste capítulo.

BENI, M. C. Política e planejamento estratégico no desenvolvimento sustentável do turismo. **Turismo em Análise**, São Paulo, v. 17, n. 1, p. 5-22, 2006.

Nesse artigo são discutidos diversos aspectos da ação do governo e o papel das empresas e da sociedade na atividade turística.

DANTAS, R. G.; GOSLING, M.; COELHO, M. de F. O processo de recuperação de serviços em agências de turismo através da abordagem do sistema sócio técnico. **Turismo e Sociedade**, Curitiba, v. 6, n. 2, p. 440-461, 2013.

A partir de um modelo teórico de recuperação de serviços foi feita uma aplicação no ambiente das agências de viagem, com destaque para o desempenho pessoal dos funcionários para um retorno positivo dos clientes.

GUERRA, A.; PÁJARO, E. F. Empresas turísticas en España: ¿socialmente responsables? **Cultur — Revista de Cultura e Turismo**, Ilhéus (BA), v. 5, n. 2, p. 43-60, 2011.

A política de responsabilidade social é o tema desse artigo, que analisa o desempenho das empresas turísticas da Espanha voltadas à sustentabilidade.

MEDAGLIA, J. Empresas turísticas e ferramentas de gestão de responsabilidade social empresarial: um estudo sobre as empresas associadas ao Instituto Ethos. **Caderno Virtual de Turismo**, Rio de Janeiro, v. 10, n. 1, p. 36-49, 2010.

O principal objetivo desse artigo é discutir a relação entre turismo e responsabilidade social empresarial em um cenário de transformações vividas pela sociedade, ao mesmo tempo rápidas e profundas, obrigando todos os seus membros a repensar suas atuações

6. Perfil de atuação profissional

Conteúdos do capítulo:

» Qualificação e meios de capacitação profissional para o agente de viagens.

» Características das principais funções existentes nas estruturas organizacionais das agências de viagem, com destaque para o perfil e para a atuação do consultor de viagens.

» Indicação das competências importantes aos profissionais atuantes nas agências de viagem.

» Conhecimentos básicos sobre o perfil e o comportamento do consumidor como condição para a prática do atendimento com qualidade.

Após o estudo deste capítulo, você será capaz de:

1. identificar os meios para formação e qualificação dos agentes de viagem, que devem ser constantes, de modo a acompanhar as tendências e as transformações do mercado;

2. reconhecer as competências e o perfil dos cargos existentes nas agências de viagem, para que o profissional ajuste suas habilidades à função adequada;

3. compreender as características do consumidor, para que a agência de viagem possa definir as estratégias de comercialização de produtos, segundo uma política de qualidade no atendimento voltada para a satisfação do cliente.

6 — Perfil de atuação profissional

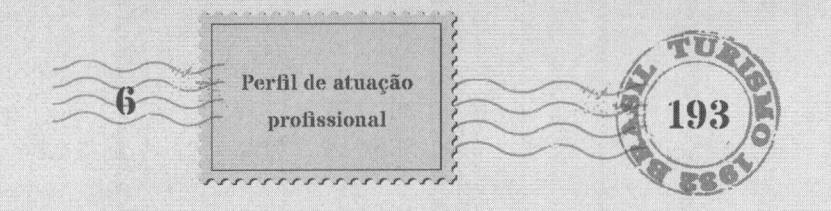

6.1 Formação e aprendizagem no agenciamento de viagens

O turismo é interdisciplinar, pois envolve diversas áreas do conhecimento e depende de profissionais com diferentes qualificações para a sua realização. Essa é, aliás, uma polêmica do processo de regulamentação, que questiona a exclusividade de atuação do turismólogo em relação aos profissionais que não têm formação técnica e superior específica. Por outro lado, a regulamentação cria parâmetros para o exercício da profissão, como registro em órgão federal competente, e a necessidade de reconhecimento do papel e da importância do profissional para a sociedade.

Apesar de a regulamentação da profissão do agente de viagens ainda estar em aberto, já existe como referência o Dia Nacional do Agente de Viagens, comemorado oficialmente em 22 de abril.

A seguir, você confere uma homenagem feita aos agentes de viagem na ocasião de seu dia, escrita por Antonio Azevedo, presidente da Associação Brasileira de Agências de Viagens (Abav). Com essa leitura, você pode ter uma noção ampliada da importância desse profissional.

Mensagem do presidente da Abav no Dia do Agente de Viagens

Não é por acaso que 22 de abril, Dia Nacional do Agente de Viagens, também é a data comemorativa do descobrimento do Brasil, pois somos responsáveis por descobrir as melhores oportunidades para os nossos clientes, que cada vez mais buscam apoio, assistência e serviços especializados de consultoria para realizarem as suas viagens, a lazer ou a negócios, com a melhor relação custo-benefício

Gestão de agências de viagem:
orientações para você abrir
e administrar o seu negócio

Raquel Pazini

A revolução tecnológica promovida pela democratização do acesso *online* facilita o acesso aos infindáveis e nem sempre confiáveis *links* disponíveis na internet. Mas isso faz aumentar ainda mais o valor e a importância de profissionais devidamente qualificados, que com seus conhecimentos e experiências viabilizam os sonhos de viagens das pessoas, zelando pelo bem estar e segurança das mesmas, pela qualidade dos seus roteiros, economizando recursos e um bem cada vez mais precioso: o tempo.

Reiteramos a sábia recomendação, que ilumina rumos, orienta rotas e busca a felicidade dos outros, ganhando renovada importância: consulte sempre seu agente de viagens Abav!

A todos os agentes de viagens do Brasil, que são a grande e indispensável rede de distribuição da cadeia produtiva do turismo, alimentando diretamente 52 setores da economia, os melhores votos de parabéns, pelo nosso dia e pelo vosso trabalho sempre dedicado.

Fonte: Bemfeito, 2012.

Neste capítulo, oferecemos algumas orientações para os interessados em seguir essa carreira e se tornar um profissional em viagens.

Primeiro de tudo: como começar?

Os cursos de graduação e os técnicos em Turismo fornecem toda a base de conhecimento das diversas áreas de atuação no mercado. Trentin e Silva (2010) fizeram um estudo sobre os motivos para a escolha do curso de Turismo.

Perfil de atuação profissional

Quadro 6.1 – Motivos para a escolha do curso de Turismo por categorias

Categorias	1. Natureza diversificada da área	2. Natureza do currículo	3. Habilidades e desejos pessoais	4. Características da instituição	5. Oportunidades e caráter social da profissão	6. Influência de pessoas
Motivos	Área diversificada	Possibilidade de aprendizagem de idiomas	Desejo de viajar	Qualidade do curso	Promoção de melhoria da comunidade	Admiração por profissionais da área
	Contato com ambientes diversificados	Identificação com as disciplinas	Habilidades para relacionar-se com pessoas	Curso oferecido por instituição pública	Caráter social da profissão	Influência de familiares
	Interação com pessoas	Estudo de conteúdos multidisciplinares	Facilidade de comunicação e expressão	Proximidade da residência com a instituição	Oportunidade de ascensão social	
	Oportunidades no serviço público					

Fonte: Trentin; Silva, 2010.

Conforme Trentin e Silva (2010, p. 204), além de fatores comuns a qualquer curso superior, como "conhecimento como moeda de troca para obtenção de prestígio, poder e autorrealização, os motivos mais importantes" para a escolha pelo turismo está relacionada "à natureza diversificada da área, característica esta que torna o curso de turismo atraente, em uma perspectiva multi e transdisciplinar, possibilitando assim a diversificação no mercado de trabalho".

> O mercado de trabalho vem se reconfigurando e colocando novas exigências para os profissionais da área de turismo. O mercado passa a exigir do profissional flexibilidade, atualização constante, domínio de novos conhecimentos, busca de criatividade e inovação, ou seja, competências empreendedoras para intervir na realidade da profissão. (Da Re, 2002)

Após essa base do que seja o turismo, é necessário escolher um setor para associar os conhecimentos teóricos à prática, que pode ser em: transportes; meios de hospedagem; agenciamento de viagens; lazer e recreação; alimentos e bebidas; planejamento turístico; eventos e docência/pesquisa. O agenciamento de viagens permite um amplo contato com os diversos setores no turismo, já que o papel essencial da intermediação entre fornecedores e clientes exige do profissional um entendimento das relações entre as partes e das responsabilidades de organizar viagens e satisfazer clientes.

Para combinar os conceitos aprendidos em sala de aula durante o curso, o estágio é muito importante, já que ele é o primeiro passo da carreira, a partir do qual se começa a adquirir experiência. Não basta apenas escolher atuar em uma agência de turismo, considerando-se que existem empresas especializadas em diferentes segmentos (lazer e corporativo) e com diferentes formas de atuação (operadoras de turismo e agências de viagem). O domínio da técnica é gradativo, e cabe ao gestor direcionar essas etapas e acompanhar o processo de aprendizagem até que o estagiário tenha capacidade e habilidades suficientes para assumir um processo de venda e atendimento sozinho, lidando, assim, com os desafios diários de qualquer agência de viagem.

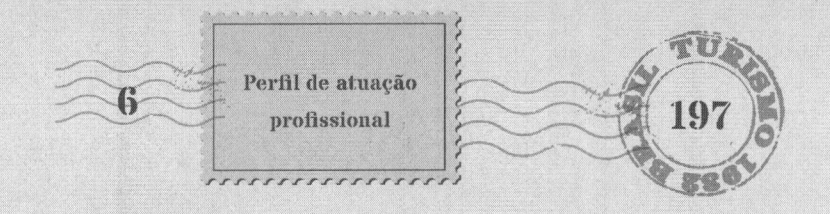

Questão para reflexão

Neste ínterim, surge a pergunta: como aprender o que é necessário de forma efetiva?

Com as tecnologias da informação e da comunicação, as possibilidades para adquirir conhecimento são amplas, tanto para o profissional de viagens quanto para o turista. A internet é um facilitador para o agente de viagens estar sempre atualizado sobre as novidades relativas aos produtos e serviços disponíveis no mercado. Existem diversos canais voltados exclusivamente aos profissionais da área, nos quais podemos ler notícias sobre os fatos recentes do turismo, que afetam direta e indiretamente a atuação das agências. Podemos citar, por exemplo: *Jornal PanRotas, Mercado & Eventos, BrasilTuris Jornal*.

Além disso, são realizados diversos eventos de capacitação, para troca de experiências e informações mais aprofundadas de um determinado produto ou destino. A Abav promove anualmente a Feira das Américas. Em relação à 41ª edição desse evento, realizada em São Paulo, vale destacar:

> em 58,2 mil m² de pavilhão estavam expostos 62 países e, nos três primeiros dias, mais de 38 mil visitantes prestigiaram as 2.613 marcas expositoras. Ao todo, 750 compradores convidados, 108 internacionais e 642 nacionais, compareceram para fazer negócios e contatos com o Brasil e o mundo. Mais da metade dos visitantes eram agentes de viagens, seguidos pelos demais membros do *trade*, operadoras, imprensa, agências de viagens corporativas, entidades/associações/órgãos oficiais

e organizadores de eventos. Os principais motivos da visitação eram conhecer e negociar novidades do mercado, *networking* e capacitação. Durante os cinco dias de feira 34% dos visitantes tinham o perfil de decisão final, 32% de planejamento, 12% de pesquisa e 12% de recomendações. (Abav, 2013b)

Fundado em 1986, o Instituto de Capacitação e Certificação da Abav (Iccabav) promove a qualificação de profissionais, com foco na valorização do capital humano, por meio de cursos de atualização, seminários e conferências, seja de forma presencial, seja a distância. O Iccabav também desenvolve pesquisas e estudos voltados à capacitação e à certificação dos agentes de viagens. Em 2013, a instituição ofereceu diversos cursos, entre os quais estavam: Customização de Produtos Turísticos; Planejamento Estratégico para Agências de Viagens; *Marketing* Digital e Mídias Sociais para Agências de Turismo; Turismo & Mercado – Driblando Crises, Vencendo a Competitividade!; 12 Cidades – 12 Estados – 1 País– Sedes da Copa do Mundo de 2014; Otimização de Custos em Agências de Viagens; Uso Eficaz do Tempo; Gestão Financeira para Agências de Viagens; Geografia Internacional; Posicionamento Digital das Agências de Viagens – Visibilidade e Governança Digital; Agente de Viagens, Tome uma Atitude! Como Executar as Melhores Práticas de Vendas em um Mundo Conectado – um Jeito Simples de Vender Mais; Elaboração de Roteiros com Experiências Turísticas; Conhecendo 10 Países e 5 Continentes – Abordagem Rápida e Prática de Geografia Turística.

É muito comum a promoção de viagens de familiarização, chamadas de *famtour*, nas quais os agentes de viagem são convidados a conhecer determinado destino e sua respectiva infraestrutura de produtos e serviços, para depois poder fazer uma recomendação mais detalhada para os seus clientes, com base em sua percepção e experiência própria. Mondo e Costa (2010) destacam o *famtour* como uma ação de promoção do fornecedor

6 Perfil de atuação profissional

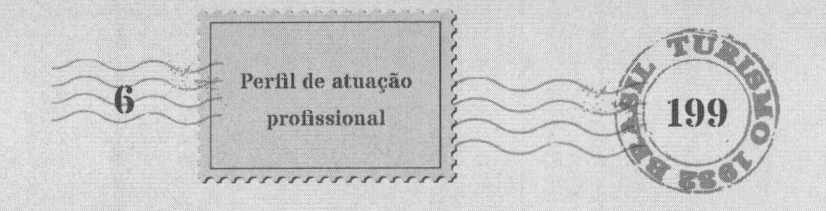

e também como uma ferramenta de relacionamento com os principais intermediários que comercializam o produto turístico.

A programação do *famtour* pode ser elaborada em parceria com o *Convention Visitors Bureau* interessado em promover o destino, que intermedeia e facilita as negociações de cortesias e condições especiais para as agências de viagem convidadas. As visitas feitas às atrações e aos estabelecimentos são técnicas e por isso exclusivas dos profissionais, que são selecionados com base em campanhas de vendas, volume e perfil de vendas, fidelidade na comercialização, entre outros aspectos. Montanarin (2002, p. 46) ressalta que,

> como nem todos os hotéis podem hospedar os agentes de viagens, muitos abrem suas portas para demonstrações, onde todos os detalhes do hotel, desde as vantagens de sua localização, passando pelo restaurante, áreas de lazer até os serviços diferenciados oferecidos aos hóspedes, poderão ser analisados pelos agentes visitantes.

Esse é o perfil do agente de viagens como turista profissional – ou seja, mesmo realizando uma viagem particular a lazer, ele é capaz de fazer uma observação mais criteriosa dos elementos positivos e negativos do lugar, agregando conhecimento e experiências na sua bagagem profissional. Por isso, esse profissional deve investir em viagens, pois esse investimento se torna um grande diferencial nos atendimentos, seja pelo aumento da confiabilidade e da credibilidade nas informações, seja pelas informações extras que ele será capaz de repassar aos clientes.

Entretanto, como não é possível viajar sempre e conhecer todos os países do mundo, o profissional deve buscar outras formas de obter a informação de que necessita, por meio do estudo de livros, guias e materiais especializados em destinos e viagens. Existem também muitos *blogs* especializados em turismo, como o do jornalista Ricardo Freire, chamado de *Viaje na Viagem*. Nesse *site*, é possível consultar dicas e informações práticas de diversos destinos: Brasil de A-Z; Américas de A-Z; Europa de A-Z; Caribe de A-Z; e hotéis em diversos locais do mundo. Na categoria *Viajosfera*, você pode conferir os *links* de diversos outros *blogs* de viagens, que são úteis tanto para o aprimoramento pessoal do agente de viagens quanto para a recomendação de leitura aos clientes. Contudo, ressaltamos aqui a advertência de Freire (2013): "pesquisar e planejar são essenciais ao sucesso de uma viagem – mas é preciso saber processar os resultados para não sofrer uma overdose de informação. Apure suas escolhas: separe o realmente imperdível do meramente complementar. E deixe tempo livre na agenda", para evitar que você (ou seu cliente) se torne um "turista 30 horas", com excesso de atividades e compromissos no destino.

Existe ainda outra fonte de conhecimento que deve ser aproveitada ao máximo: o cliente. A avaliação pós-viagem é uma ótima oportunidade para saber a opinião de seus clientes sobre os lugares visitados e sobre os serviços e atendimentos dos fornecedores utilizados, de modo a ter sempre uma referência atualizada para recomendações futuras.

6.2 Cargos e funções em uma agência de viagem

No capítulo anterior, verificamos os principais departamentos e suas respectivas funções na estrutura de uma agência de viagem. Mas quais são os perfis profissionais adequados a cada setor? Nesta seção, vamos conhecer as mais importantes atribuições e responsabilidades das funções principais, com base nos estudos desenvolvidos pelo Proagência (2007).

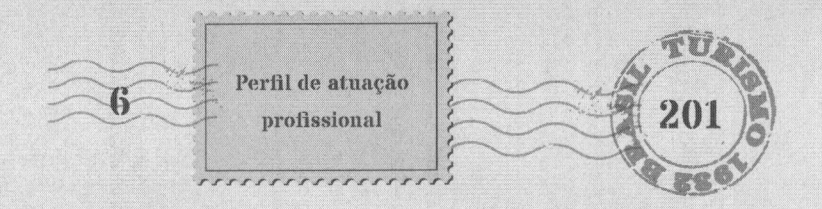

» **Diretor/Gerente**
  › Gerir empresas de prestação de serviços de agenciamento e operações turísticas: definição da estrutura organizacional da empresa; procedimentos administrativos e operacionais para a equipe; políticas de qualidade e comercialização com fornecedores e clientes; planejamento financeiro; controle de despesas e receitas.
  › Elaborar o plano estratégico da empresa: acompanhar a dinâmica e as tendências do mercado turístico; selecionar a segmentação de público desejada; analisar os pontos fortes e fracos da empresa, assim como oportunidades de negócios; analisar a concorrência; selecionar os produtos e serviços preferenciais para comercialização, entre outras atribuições.
  › Gerenciar pessoas: seleção e contratação de funcionários; liderança e tomada de decisões; avaliação e acompanhamento da equipe; políticas de incentivo e remuneração; conhecimentos básicos de legislação trabalhista e previdenciária.

» **Assistente administrativo/financeiro**
  › Operar o caixa: efetuar operações bancárias; pagamento de fornecedores; recebimento e conferência de pagamento dos clientes; controle de entradas e saídas em espécie do caixa.
  › Operar serviços administrativos e financeiros: conferência e pagamento de faturas dos fornecedores; cobrança e controle de comissões; emissão de faturas para clientes; emissão de notas fiscais; monitoramento de taxas, impostos e outras despesas financeiras; emissão e análise de relatórios de vendas; manutenção e atualização de cadastro dos clientes. Esses procedimentos são normalmente feitos com a utilização de sistemas específicos para essa função.

Algumas agências com maior estrutura precisam também de um assistente de *marketing*, para tratar especificamente dos recursos e materiais de divulgação, em *sites*, portais, redes sociais etc.

» **Promotor de viagens**
> Promover produtos e serviços turísticos: relacionamento com os clientes da empresa; visitas para suporte e apoio de dúvidas; divulgação de campanhas de vendas; atualizações de produtos; promoção de eventos sociais e encontros de capacitação; monitoramento da qualidade dos serviços prestados.

Nas agências corporativas existe o cargo de executivo de contas corporativas, que executa funções similares, adaptadas ao estilo do negócio das empresas.

» **Agente de viagens**
> Vender produtos e serviços turísticos: assessoria ao cliente, com informações de destinos; negociação de preços e condições especiais com fornecedores; elaboração de cotações de viagem; captação de vendas; atenção com a satisfação dos clientes, do atendimento ao pós-viagem.

Conforme o ramo de atuação da empresa, o agente de viagens pode ser especializado em:

> Operador de emissivo: atua em operadoras de turismo na elaboração de roteiros e pacotes turísticos. Suas atribuições são: seleção dos destinos para comercialização; negociação de preços e margens de lucro com companhias aéreas, hotéis e receptivo; definição das formas de pagamento; programações de atrações e logística para viagens regulares e grupos.

> Operador de receptivo: trabalha em agências de turismo receptivo que atendem os turistas no destino da viagem, com elaboração e

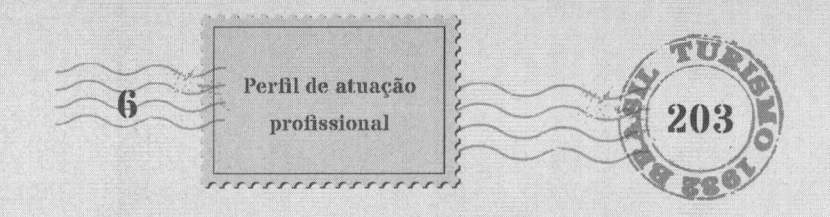

comercialização de roteiros, programas e pacotes para visitação dos atrativos turísticos da cidade e da região.
> Emissor de agência consolidadora: é responsável pelo atendimento de cotação, reserva e emissão de passagens aéreas a outros agentes de viagem.
> Atendente: apoia e operacionaliza a comercialização de produtos turísticos.

Observamos que o agente de viagens, de maneira geral, presta o atendimento direto ao cliente e por isso é um dos grandes responsáveis pelo bom desempenho de vendas de uma empresa.

Mas será que essa função é exercida da mesma maneira ao longo da história, desde as empresas de Thomas Cook? As transformações no mercado, a partir das novas tecnologias da informação e da comunicação, interferiram nas práticas desse profissional? E qual é o seu posicionamento diante das mudanças nos canais de distribuição do turismo?

Na próxima seção, vamos analisar o novo perfil de atuação do agente de viagens.

6.2.1 Perfil do consultor de viagens

O cenário de transformações no mercado turístico, resultado da evolução das tecnologias e do comércio eletrônico, motivou o surgimento de um novo perfil de atuação para o tradicional agente de viagens, chamado a partir de então de *consultor de viagens*. "Com a globalização, o conhecimento passou a ser valorizado. Os profissionais passaram a dar consultoria, conselhos referentes ao assunto em que são especializados" (Montanarin, 2002, p. 49). Menezes e Staxhyn (2011) destacam que o consultor é o profissional que oferece conhecimento especializado com informações confiáveis.

Afinal, emitir uma passagem aérea e fazer uma reserva em um hotel já são práticas que o consumidor pode fazer sozinho na internet. Assim, a função do consultor de viagens é agregar valor, elucidando a utilidade e as vantagens de uma agência na organização de uma viagem, mesmo no mercado atual, tão competitivo. De acordo com Montanarin (2002, p. 50),

> profissionais que se tornaram especializados em determinados nichos passaram a adotar o termo consultoria, alguns fizeram apenas a alteração em seus cartões de visitas, trocando o termo "agente de viagens" por "consultor de viagens", sem realmente saber o que o uso deste título acarreta. Por outro lado, outros estão se preparando, estudando, buscando conhecimento para oferecer seus serviços na consultoria de viagens aos seus passageiros.

Para convencionar a nomenclatura nesta obra, podemos considerar que todo profissional que atue na função de comercialização em uma agência de viagem pode ser chamado de *agente de viagens*, enquanto o consultor representa um perfil mais qualificado desse mesmo profissional, que atende aos requisitos anteriormente comentados. Menezes e Staxhyn (2011) afirmam que "um agente de viagens vende um produto, já o consultor além de vender, oferece alternativas e conselhos ao seu cliente mostrando-lhe qual o melhor destino e qual a melhor maneira de realizar a viagem".

> O consultor de viagens diferencia-se de seu "antecessor" – o agente de viagens – na sua maneira de atuar e nas ferramentas de que dispõe para sua atuação. O consultor de viagens não é procurado apenas para informar um horário de voo, tarifa de hotel ou atração turística. Estas informações já foram obtidas com antecedência pelo passageiro. Ao procurar um consultor de viagens, o cliente necessita de informações adicionais, informações que constam nas "entrelinhas", em relatos de experiências pessoais, e de segurança para sanar as dúvidas a respeito de um local a ser visitado. (Montanarin, 2002, p. 66)

Perfil de atuação profissional

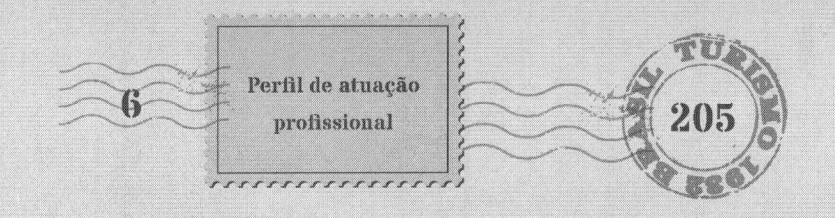

A consultoria tem a função de diferenciar o serviço prestado por uma agência de viagem em relação à compra independente e direta com o fornecedor. Vamos conhecer agora as principais vantagens oferecidas por um consultor de viagens. Tomelin (2001) resume bem esse perfil – o consultor deve ter três habilidades fundamentais: conhecimento técnico e operacional, relacionamento e comunicação interpessoal e capacidade de consultoria, ou seja, conteúdo e experiências práticas.

» **Conhecimento do destino**
O consultor de viagens orienta sobre os destinos de interesse do cliente, com base, principalmente, em suas próprias experiências, ou seja, ele informa detalhes, dá dicas e compartilha experiências boas e ruins. A maioria dos clientes valoriza esse tipo de conhecimento, porque ele transmite mais segurança na escolha da viagem, sobretudo no momento de elaborar um roteiro, quando é necessário definir cidades, período de permanência, atrações para visitar e outros tantos detalhes.

» **Influência na decisão do cliente**
Além de conhecer diversos países, o consultor de viagens precisa, acima de tudo, conhecer as preferências e as expectativas do seu cliente. A personalização e o relacionamento são fundamentais para que ele compreenda qual destino de viagem é ideal para cada cliente – às vezes o cliente nem imagina que alguns lugares existem.

» **Seleção de fornecedores adequada ao perfil do cliente**
O consultor tem um conhecimento avançado dos fornecedores com os quais mantém parceria, por critérios de qualidade, credibilidade e confiança. Essas referências permitem que ele faça recomendações seguras ao cliente, como a indicação de um hotel de acordo com as características desejadas (categoria e localização), a diferenciação

dos serviços de companhias aéreas e a recomendação de operadoras turísticas especializadas para determinados roteiros.

» **Experiência no agenciamento de viagem**

As condições explicitadas anteriormente dificilmente são exercidas por um agente de viagens no início da carreira, já que o aprendizado exige tempo, seja para viajar, seja para fazer contatos profissionais, seja para saber como atender e satisfazer cada tipo de cliente. Segundo Marín (2004, p. 36), "há muitos profissionais que não estão em condições de ser verdadeiros consultores de viagens, pois viajam pouco, não conhecem direito os destinos que vendem e não se identificam com o estilo de vida de seus clientes".

Os erros e os acertos fazem parte do processo. Ademais, adaptar-se às mudanças do mercado é necessário, e ter prazer de trabalhar com o que gosta é essencial, pois, ao escolher uma área de atuação, a experiência também corresponde ao período de tempo dedicado a ela.

É importante ressaltar que uma agência de turismo pode ter vários consultores de viagens, especializados em diferentes produtos e destinos, pois nenhum profissional consegue ser especialista em tudo.

6.2.2 Competências do profissional: conhecimentos, habilidades e atitudes

Para Da Re (2002), o profissional de turismo deve ter aprimorado, em sua formação, "competências que gerem atributos de raciocínio e expressão lógicos, de comunicação oral, escrita, simbólica, interpessoal e grupal, de autonomia, de iniciativa, de criatividade, de cooperação, de solução de problemas e tomada de decisões".

Figura 6.1 – **Competências = CHA**

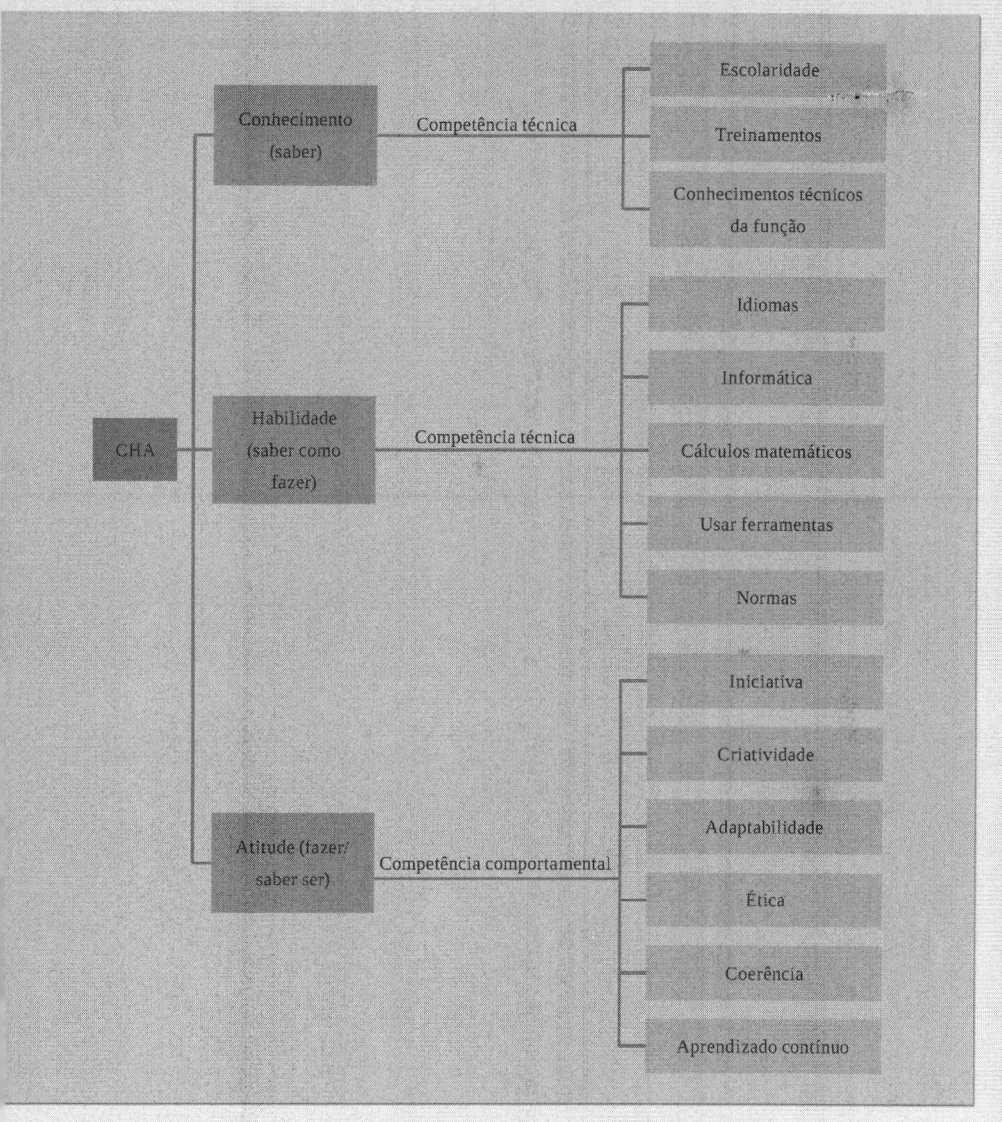

- **CHA**
  - **Conhecimento (saber)** — Competência técnica
    - Escolaridade
    - Treinamentos
    - Conhecimentos técnicos da função
  - **Habilidade (saber como fazer)** — Competência técnica
    - Idiomas
    - Informática
    - Cálculos matemáticos
    - Usar ferramentas
    - Normas
  - **Atitude (fazer/saber ser)** — Competência comportamental
    - Iniciativa
    - Criatividade
    - Adaptabilidade
    - Ética
    - Coerência
    - Aprendizado contínuo

Fonte: Adaptado de Ferreira, 2011.

Na Figura 6.1, verificamos que as competências são formadas pelo conjunto de conhecimentos, habilidades e atitudes do profissional. "Tais dimensões são interdependentes na medida em que, para a exposição de uma habilidade, se presume que o indivíduo conheça princípios e técnicas específicos" (Brandão; Guimarães, 2001). Goleman (1995), segundo Da Re (2002), complementa o perfil do profissional competente com as aptidões concernentes à inteligência emocional, formada por alguns domínios principais:

» Conhecer as próprias emoções: autoconsciência (reconhecer um sentimento quando ele ocorre).
» Lidar com emoções: autocontrole emocional (lidar com os sentimentos para que sejam apropriados).
» Motivar-se: capacidade de agir e fazer o melhor para si e para os outros.
» Reconhecer emoções nos outros: empatia.
» Lidar com relacionamentos: a arte de se relacionar (lidar com os sentimentos dos outros).

Tendo esse quadro em vista, percebemos que o profissional deve se ajustar a alguns parâmetros para demonstrar um comportamento e atuação condizentes com a função e o ambiente de trabalho. Contudo, cada um tem uma personalidade única ao lidar com questões objetivas e subjetivas, o que deve (em termos ideais) permitir uma sinergia das qualidades individuais para o melhor resultado em grupo.

Questão para reflexão

Quais são as competências recomendadas para o agente de viagens?

6 Perfil de atuação profissional

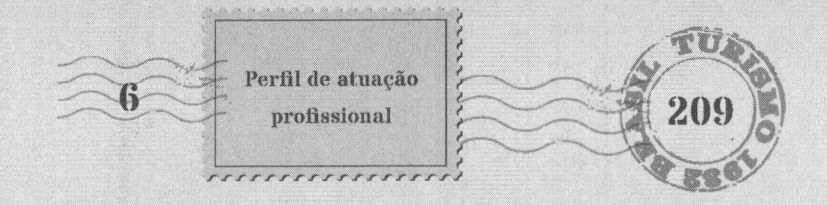

O estudo do Proagência (2007) relaciona as competências com a "capacidade de enfrentar problemas e situações profissionais ou vitais de forma a produzir um resultado". Para sistematizar e organizar esse conteúdo, foi desenvolvida a **árvore das competências**, em relação às ocupações profissionais comentadas anteriormente. O objetivo é oficializar a estrutura ocupacional do segmento de agenciamento de viagens, auxiliando os programas de capacitação empresarial e profissional por meio de um modelo de educação por competência. Vamos conferir os resultados desse estudo no Quadro 6.2.

Quadro 6.2 – Competências e funções profissionais nas agências de viagem

Competências gerais básicas (B) (comuns ao setor de serviços em geral)	» Manter boa apresentação pessoal » Permanecer eficaz em ambiente de mudança » Comunicar-se bem » Criar e inovar » Manter comportamento profissional adequado » Agir com ética e respeito à cidadania
Competências transversais gerais (TG) (válidas para todas as ocupações do segmento de agenciamento de viagens)	» Atender o cliente » Trabalhar em equipe » Gerar documentos e relatórios » Dominar tecnologia de informação e comunicação » Manter-se informado » Implementar política de qualidade
Competências transversais (T) (adequadas a duas ou mais ocupações do segmento)	» Reservar e vender produtos e serviços turísticos » Operar sistemas de reservas » Operacionalizar produtos turísticos » Manter rede de parceiros e fornecedores » Promover a sustentabilidade dos destinos

(continua)

(Quadro 6.2 – conclusão)

Competências transversais (T) (adequadas a duas ou mais ocupações do segmento)	» Comunicar-se em outros idiomas » Promover produtos e serviços turísticos » Operar o caixa » Operar serviços financeiros e administrativos » Assessorar na organização e realização de eventos
Competências específicas (E) (relativas a determinada função na agência de viagem)	» Gerir empresas de prestação de serviços de agenciamento e operações turísticas » Elaborar o plano estratégico da empresa » Gerenciar pessoas » Distribuir a oferta turística » Negociar a oferta turística » Divulgar serviços e produtos de turismo » Prestar consultoria de viagens ao cliente » Elaborar roteiros de viagens » Operar serviços de turismo receptivo » Vender produtos e serviços turísticos consolidados

Fonte: Elaborado com base em Proagência, 2007.

"O perfil profissional de cada ocupação é constituído pelo conjunto das competências gerais, transversais e específicas que são necessárias para o bom exercício profissional" (Proagência, 2007, p. 7). O estudo coloca também que "O enfrentamento da crescente competição em um ambiente de mudanças aceleradas exige um trabalhador mais autônomo, responsável, polivalente, pensante, criativo. Um profissional capaz de enfrentar demandas novas e inusitadas em seu trabalho cotidiano" (p. 3).

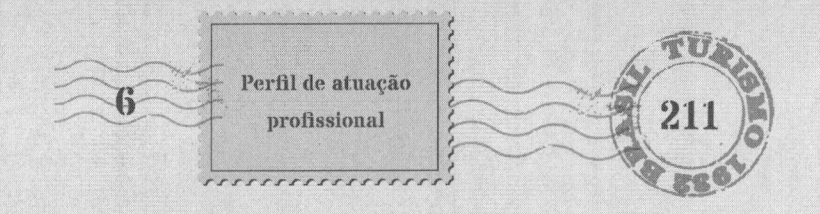

6.3 Características do consumidor e qualidade de atendimento

O ritmo de vida acelerado gera um imediatismo nas relações comerciais, também em virtude da concorrência e de todas as possibilidades de compra para o consumidor, que busca o melhor custo-benefício possível. Isso torna o cliente menos fidelizável, pois ele tem a liberdade de comprar uma viagem de forma integral ou parcial na agência de viagem. Com o ritmo de trabalho e estudo cada vez mais intenso, o tempo livre é muito valorizado e ainda mais bem aproveitado em uma viagem. Por isso, viagens são um investimento no tempo de lazer que envolvem muitas expectativas e devem, portanto, ser usufruídas sem preocupações e inconvenientes (Candioto, 2012).

O novo consumidor tem um perfil interativo, ou seja, ele está sempre conectado em *e-mail*, redes sociais e na internet de modo geral. Ele também é hiperativo, tem um grau menor de atenção, buscando sempre soluções e praticidades que otimizem o uso do tempo. Além disso, o consumidor tende a ser um usuário multicanal, por usar diversos recursos e ferramentas para contato e compra com as empresas (Salvado; Ferreira; Costa, 2012). Isso o torna cada vez mais experiente e exigente nas suas escolhas e, assim, é cada vez mais difícil agradar esse cliente globalizado que se utiliza da tecnologia para planejar e comprar viagens (Buhalis;

Law, 2008). A combinação da globalização e das novas tecnologias em nível mundial estimula a "consumir muito mais e mais rapidamente, como se fosse tudo ao mesmo tempo e agora" (Candioto, 2012, p. 38).

De acordo com esse cenário, podemos destacar algumas características relevantes desse consumidor:

» **Infidelidade**: Está relacionada à liberdade de escolha do cliente, que pode comprar uma viagem de forma integral ou parcial. A competitividade nos canais de distribuição não é mais uma novidade, e por isso a agência de viagem precisa lidar com a falta de exclusividade dos clientes. Ele pode, por exemplo, comprar uma passagem aérea nacional no *site* da companhia aérea por conta própria, mas sempre utilizar os serviços de uma agência de viagem na organização de suas viagens internacionais.

» **Experiência e informações de viagem**: Em muitos casos, alguns turistas sabem mais do que o agente de viagens, mas ainda assim é possível atender a esses clientes de perfil mais exigente. Por quê? Muitos consideram a pesquisa de destinos, os preparativos e a elaboração de roteiros como um *hobby*; porém, valorizam o suporte técnico de uma agência de viagem e todo respaldo e segurança durante a viagem. A internet ainda tem algumas limitações para a personalização de viagens, enquanto as agências permitem inúmeras possibilidades.

» **Características específicas**: O *marketing* estabelece algumas segmentações, com base nas características em comum de alguns consumidores e também nas tendências de mercado. Isso permite adequar os produtos e os serviços para atender famílias, terceira idade, jovens, casais, entre outros.

Devemos levar em conta a forte influência dos cenários econômico, político e social, que favorecem a realização de viagens para uma nova classe de consumo no Brasil. A combinação da globalização com as novas tecnologias em nível mundial também estimula a "consumir muito mais e mais rapidamente, como se fosse tudo ao mesmo tempo e agora" (Candioto, 2012, p. 38).

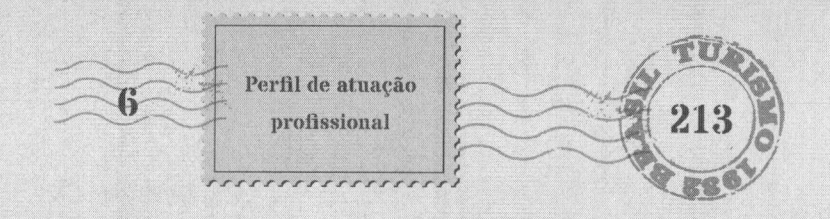

A pesquisa Trip Barometer (2013), realizada pelo TripAdvisor® e pela StrategyOne, sobre comportamentos e hábitos de viagens dos consumidores, demonstra que o planejamento de viagens é dominado, no Brasil, por recursos *on-line*. A ordem de influência começa com os *websites* de *reviews* de viagem e depois segue com agências virtuais, *sites* de operadoras de turismo, amigos e família, mídia social, agências de viagens físicas e, por último, revistas e folhetos informativos. Durante a viagem, a maioria dos turistas está sempre conectada, por meio de dispositivos móveis, publicando atualizações nas redes sociais e buscando atividades locais na *web*.

A experiência profissional ajuda a perceber com flexibilidade as necessidades de cada cliente. No entanto, quando ele chega pela primeira vez à agência de viagem, será sempre um ponto de interrogação.

Questão para reflexão

O que podemos nos questionar é: como identificar qual é o perfil dos turistas que ainda não conhecemos?

Em 2009, foi realizada uma ampla pesquisa pelo Ministério do Turismo sobre os hábitos de consumo do turismo do brasileiro, com clientes atuais (que viajaram nos últimos dois anos no Brasil) e clientes potenciais (que pretendem viajar nos próximos dois anos). No Quadro 6.3, você confere os dados mais importantes dos turistas potenciais identificados pelos pesquisadores, o que pode auxiliar na definição de estratégias para captação desse público.

Quadro 6.3 – Hábitos de consumo dos clientes potenciais no Brasil

Mercado emissor	1º Recife 2º São Paulo (capital) 3º Salvador
Percepções sobre o turismo no Brasil	1º Descanso/Tranquilidade 2º Diversão/Entretenimento 3º Beleza natural/lugares bonitos
Roteiros preferidos	1º Praia 2º Campo 3º Cidades históricas
Fonte de informações sobre viagens	1º Parentes e amigos 2º Internet 3º Televisão
Com quem viajam habitualmente	1º Cônjuge e filhos 2º Cônjuge 3º Sozinho
Quando costumam viajar	1º Nas férias 2º Feriados/Finais de semana prolongados/Recessos 3º Finais de semana normais
Antecedência na compra da viagem	1º De 16 a 30 dias 2º Mais de 91 dias 3º Até 7 dias
Duração das viagens	1º De 4 a 7 dias 2º De 7 a 15 dias 3º De 11 a 15 dias
Hospedagem	1º Hotel 2º Casa de amigos/familiares 3º Pousada
Transporte	1º Ônibus/*vans* 2º Automóvel 3º Avião

Fonte: Elaborado com base em Brasil, 2009.

6 Perfil de atuação profissional

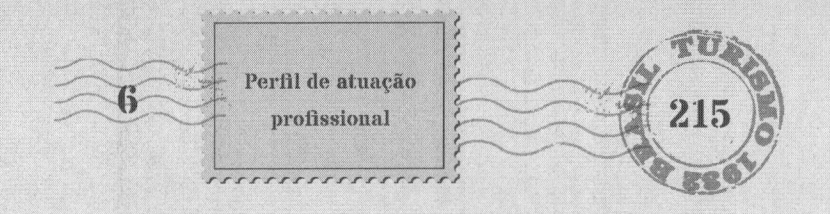

Para Andrade (2001), a maximização da utilidade de compra de um produto turístico é determinada não só pela sua especificidade, mas também pela motivação ou pelas características de viagens mais preponderantes para determinados grupos de turistas. Assim, "entender o comportamento do consumidor é fundamental em um país com produtos turísticos tão diversificados, e condição primária tanto para a eficiência de políticas públicas no setor, quanto para o sucesso de empreendimentos privados".

Nesse sentido, podemos verificar a importância do foco do negócio da agência de viagem, para que ela conheça o mercado e o seu público-alvo e seja uma referência de qualidade para os clientes que deseja atingir.

A qualidade é um fator essencial para qualquer produto ou serviço. No agenciamento de viagem, a noção de qualidade é complexa, porque são inúmeros os responsáveis envolvidos na formatação de uma viagem.

Questão para reflexão

Devemos sempre nos fazer a seguinte pergunta: como buscar qualidade no atendimento ao cliente?

Esse conceito pode ser compreendido por meio da análise de três elementos: expectativa, percepção e satisfação, como ilustra a Figura 6.2.

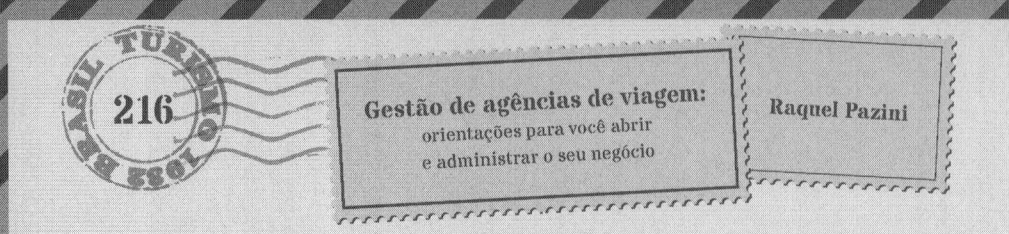

Figura 6.2 – Relação de qualidade

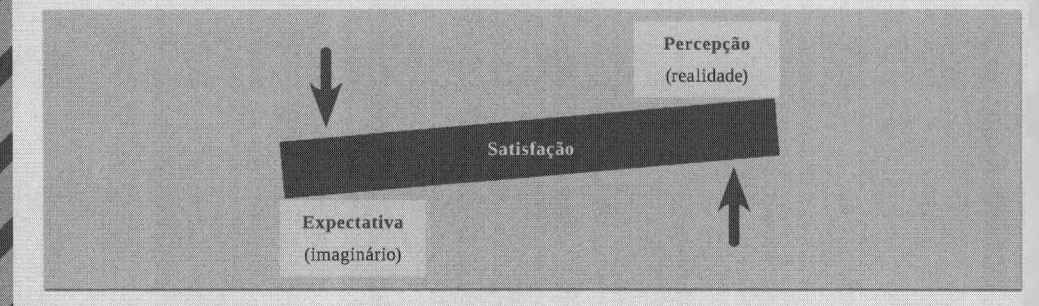

```
                          Percepção
                          (realidade)
    ↓
           Satisfação
                              ↑
  Expectativa
  (imaginário)
```

Ao agente de viagens cabe oferecer produtos e um serviço de qualidade, mas é o cliente quem faz a avaliação final, ficando satisfeito ou não com a viagem. O resultado final vai depender do equilíbrio e da equivalência entre a expectativa e a percepção real do que foi adquirido. O agente de viagens pode influenciar na conformação da expectativa do cliente, para que seja o mais próxima possível da realidade que será percebida na viagem. Dessa maneira, se a viagem atender exatamente os desejos e necessidades do cliente – e ainda o surpreender com algo positivo –, além de ele ficar satisfeito, todas as suas expectativas poderão ser superadas.

De acordo com Oliveira e Ikeda (2002), "os consumidores possuem percepções diferentes em relação aos serviços oferecidos pelas empresas. Um atributo que é considerado muito importante para determinado cliente, talvez não seja tão relevante para outro". Por isso, as empresas precisam de mecanismos para acompanhamento e controle de qualidade, que permitam uma análise interna (pontos fortes e fracos da empresa) e externa (ameaças e oportunidades do mercado).

Segundo Petrocchi e Bona (2003, p. 167), "o maior desafio do agente de viagens não é o processo formal de venda, mas possuir a sensibilidade para compreender a expectativa, as necessidades ou os desejos do cliente e assessorá-lo, a fim de que a viagem tenha, afinal, todas as condições

6 — Perfil de atuação profissional

esperadas". Portanto, este deve ser o foco da agência de viagens: superar expectativas. Para isso, o primeiro passo é conhecer os interesses do público-alvo.

Figura 6.3 – Elementos de interesse do cliente

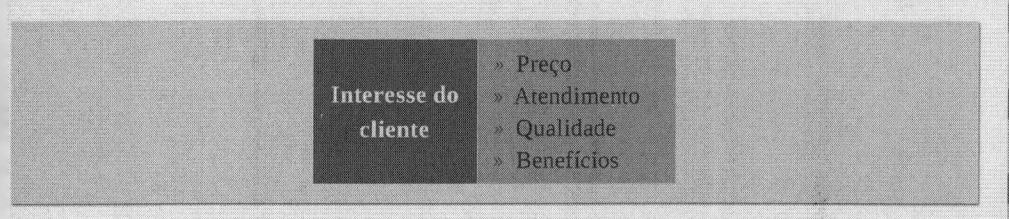

Interesse do cliente	» Preço » Atendimento » Qualidade » Benefícios

Vamos esmiuçar os elementos de interesse do cliente, conforme ilustrados na Figura 6.3. Eles podem ser priorizados ou combinados de acordo com o perfil de cada pessoa no momento do atendimento, que é "o processo mercadológico em que atividades humanas são empreendidas com o objetivo de satisfazer os clientes" (Giacomini Filho, 1997).

a) **Preço**: O orçamento disponível sempre influencia na escolha do destino e da composição da viagem. Por uma boa condição de preço, muitos clientes mudam até datas e roteiros. Normalmente, os clientes costumam fazer muitas pesquisas de preço, então o agente deve ter atenção para que o seu orçamento seja competitivo, pois, se ficar mais barato comprar na internet ou em outra agência de viagem, é bem provável que eles optem por esses meios.

b) **Atendimento**: Os clientes habituais de uma agência de viagem, que valorizam e reconhecem o relacionamento duradouro de confiança com o agente, prezam pelo atendimento. Eles apreciam o tratamento personalizado e a assistência profissional na organização de suas viagens. Ao longo desta seção, vamos ver algumas dicas de atendimento de acordo com o perfil de cada cliente.

c) **Qualidade**: Como existem vários padrões de qualidade, vamos aqui relacionar as categorias dos produtos turísticos segundo esse critério. As companhias aéreas oferecem passagens aéreas nas classes econômica, executiva e primeira; os hotéis são classificados em turísticos, superior, luxo ou conforme a indicação de estrelas; as operadoras podem ter excursões com padrão turístico ou superior/luxo, entre outros. Um cliente pode ter um interesse maior ou menor no nível de qualidade de cada item, buscando boas referências, lugares que conferem *status*, entre outros atrativos.

d) **Benefícios**: Referem-se às vantagens do cliente em adquirir a sua viagem em uma agência de viagem específica. Espera-se que os benefícios surpreendam o cliente. Eles podem ser um brinde, um desconto, um *up-grade* cortesia ou até mesmo certas atitudes, como atendimento particular em casa ou no escritório, apresentação visual e organização dos *vouchers*. Cada agência de viagem deve buscar o seu diferencial para criar uma imagem positiva.

De maneira geral, as agências de viagem devem buscar sempre equilibrar esses interesses, ou seja, oferecer um bom atendimento, com preço compatível com a categoria de produto comercializada e benefícios únicos e perceptíveis ao cliente. O valor resultante está relacionado ao que "o cliente está disposto a pagar ou [ao] que ele perceba que está incluído no produto ou serviço, gerando receita para a empresa" (Tomelin, 2012, p. 406).

Para isso, precisamos levar em conta alguns fatores:

» controle das expectativas do cliente;
» informação e conhecimento;
» atenção;
» disponibilidade;

6 Perfil de atuação profissional

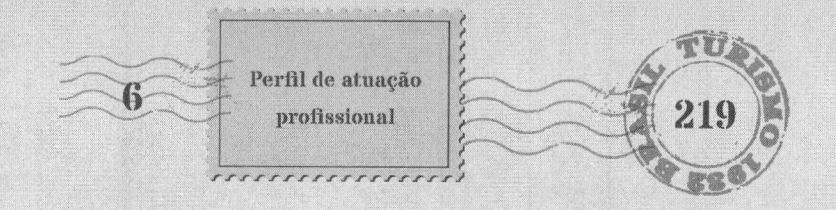

- » cortesia e simpatia;
- » cordialidade e acolhimento;
- » comprometimento;
- » trabalho no tempo necessário;
- » preço compatível e competitivo;
- » serviço adequado à categoria;
- » mobilidade da agência de viagem na seleção de fornecedores.

Segundo Candioto (2012, p. 40), "quando procura um agente de viagem, o cliente está em busca de informações que possam complementar tudo aquilo que ele já sabe ou ouviu dizer sobre um destino, sobre um hotel etc. Ele quer facilidade, segurança, preço e algo que o convença de que fará a escolha certa".

Giacomini Filho (1997) comenta que os principais motivos que levam as empresas a perderem seus clientes são: indiferença do pessoal de atendimento, reclamações não atendidas e maiores vantagens em outras organizações. Por isso, quando o cliente fica satisfeito com o atendimento recebido e tem uma ótima experiência em sua viagem, a tendência é que ele procure sempre a mesma agência ou agente para as futuras viagens, além de recomendar o serviço para amigos e parentes. Portanto, manter esse relacionamento é a chave do sucesso para as agências de turismo atualmente.

Seguem algumas recomendações para alcançar esse propósito:

- » identificação e cadastro dos clientes;
- » conveniência, acesso fácil e imediato;
- » contato e comunicação adequados;
- » *status* especial para clientes conhecidos;
- » reconhecimento da história existente entre o cliente e a agência de viagem;

- » soluções rápidas e eficazes caso surjam problemas;
- » compreensão e entendimento das necessidades do cliente;
- » diálogo profissional e amigável.

O comportamento do consumidor é muito estudado no *marketing*, justamente para que a empresa possa conhecer melhor o seu cliente e ter as ferramentas e estratégias mais adequadas para buscar a sua satisfação e posterior fidelização. Assim, a linha de atuação ideal busca produzir, a partir do interesse do cliente, a seguinte cadeia de comportamentos, em cada contato com a empresa:

Interesse → Atenção → Desejo → Convencimento → Ação de compra → Encantamento

Podemos utilizar esses parâmetros para melhorar o processo de comercialização, mas sempre sensíveis ao fato de que cada turista tem uma personalidade, valores e percepção de qualidade diferentes e particulares.

Quadro 6.4 – **Dicas de atendimento para cada tipo de cliente**

Tipos de clientes	Características	Como tratá-lo
Calado/ silencioso/tímido	» Não gosta de falar e não demonstra o que pensa » Não se impressiona com a vantagem do produto » Não responde aos argumentos de vendas » Tem medo de tomar decisões, busca conselhos	» Seja breve e sensato » Não o pressione » Transmita-lhe confiança » Estimule diálogo com perguntas que exijam respostas » Aconselhe-o

(continua)

Perfil de atuação profissional

(Quadro 6.4 – continuação)

Tipos de clientes	Características	Como tratá-lo
Desconfiado/ curioso/indeciso	» É firme » Faz muitas perguntas » Quer saber tudo e os porquês de tudo » Gosta de debater e raciocinar » É desconfiado » Suspeita de tudo	» Incentive-o, dê-lhe confiança » Faça afirmações que você possa provar » Demonstre segurança através de dados reais » Seja firme e seguro ao expor seus argumentos
Sabido/ inteligente	» Sabe o que diz » Não gosta de argumentos falsos » Tem muita confiança em si » É bem informado » Não é facilmente influenciável	» Deixe-o à vontade » Seja firme » Apresente fatos e não opiniões » Use a razão, o bom senso, o juízo, o critério e a lógica » Não esconda informações mesmo que elas não sejam boas » Compartilhe o seu conhecimento ao invés de impô-lo
Briguento/ irritado	» Discute por qualquer coisa » Costuma ofender e ameaçar » Faz muitas críticas » Pouco tolerante	» Evite discussões e atritos » Saiba ouvi-lo » Mantenha-se calmo e cortês » Procure criar um clima amistoso » Seja paciente » Direcione para o bom senso

(Quadro 6.4 – conclusão)

Tipos de clientes	Características	Como tratá-lo
Raciocínio lento	» Quer sempre os mínimos detalhes » É meticuloso e ordenado » Demonstra dificuldade em associar elementos	» Use associações de ideias claras e sucintas » Explique pausadamente » Seja atencioso e paciente » Acompanhe o ritmo do cliente
Bem humorado	» Facilmente desvia o assunto » É muito simpático » Aprecia uma conversa agradável	» Conduza o diálogo e mantenha a sua atenção » Use exemplos » Seja simpático e bem humorado » Explore as suas ideias

Fonte: Hollanda, 2003, p. 39.

Segundo Oliveira e Ikeda (2002), "o caminho para a satisfação do cliente exige essencialmente a prestação de serviços superiores e pode envolver o incremento da oferta por meio da incorporação de serviços diferenciados e adaptações em serviços". Deve-se agir, também, de acordo com as necessidades e desejos dos clientes atuais e potenciais da agência de viagem, sob pena de perdê-los ou de comprometer a imagem da empresa no mercado.

> A implantação da gestão pela qualidade é um processo educacional que extravasa as fronteiras das organizações, em que o primeiro passo é desenvolver meios e métodos para conquistar e conservar o cliente. Assim, a agência de viagens deve se preocupar com a formação completa do seu atendente, não somente com a sua formação operacional. Assim, a empresa estará indo ao encontro dos preceitos da qualidade. (Dantas, 2008, p. 82)

Dessa forma, observamos que uma agência de viagem depende de profissionais qualificados e competentes em suas respectivas funções, atualizados quanto às tendências e transformações do mercado e quanto ao comportamento do consumidor, com vistas a oferecer um produto e um serviço de qualidade, que gerem satisfação para o cliente.

Síntese

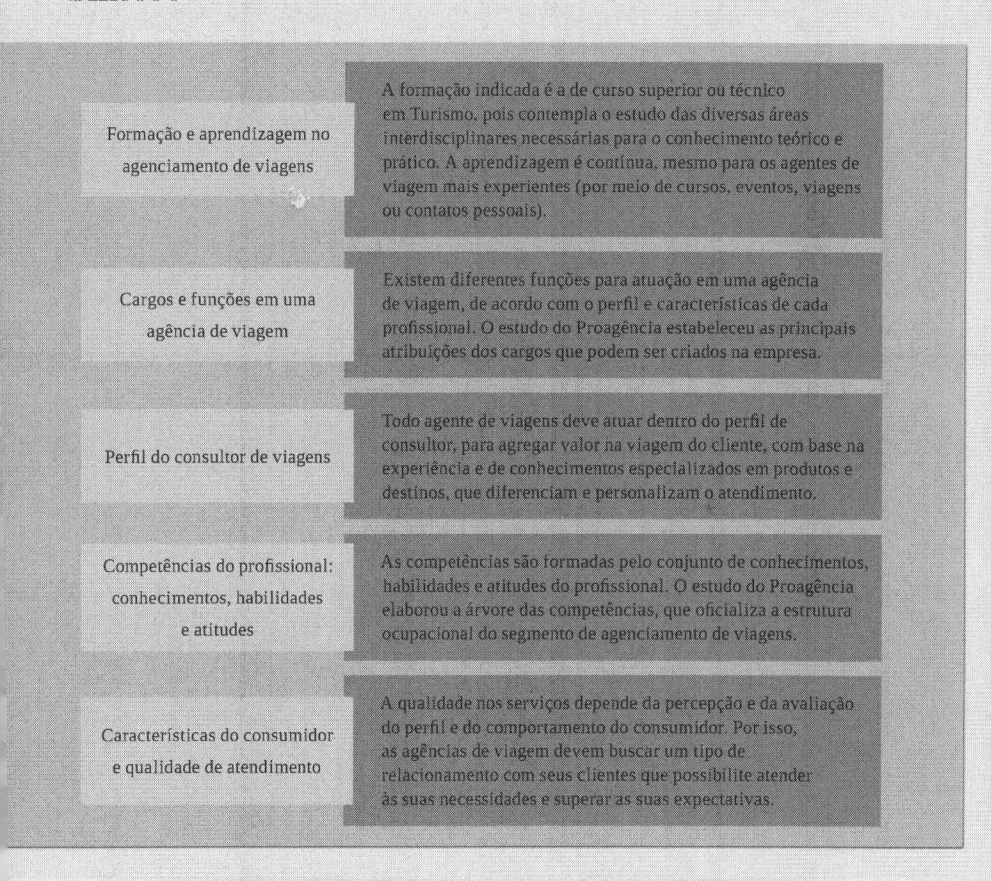

Formação e aprendizagem no agenciamento de viagens	A formação indicada é a de curso superior ou técnico em Turismo, pois contempla o estudo das diversas áreas interdisciplinares necessárias para o conhecimento teórico e prático. A aprendizagem é contínua, mesmo para os agentes de viagem mais experientes (por meio de cursos, eventos, viagens ou contatos pessoais).
Cargos e funções em uma agência de viagem	Existem diferentes funções para atuação em uma agência de viagem, de acordo com o perfil e características de cada profissional. O estudo do Proagência estabeleceu as principais atribuições dos cargos que podem ser criados na empresa.
Perfil do consultor de viagens	Todo agente de viagens deve atuar dentro do perfil de consultor, para agregar valor na viagem do cliente, com base na experiência e de conhecimentos especializados em produtos e destinos, que diferenciam e personalizam o atendimento.
Competências do profissional: conhecimentos, habilidades e atitudes	As competências são formadas pelo conjunto de conhecimentos, habilidades e atitudes do profissional. O estudo do Proagência elaborou a árvore das competências, que oficializa a estrutura ocupacional do segmento de agenciamento de viagens.
Características do consumidor e qualidade de atendimento	A qualidade nos serviços depende da percepção e da avaliação do perfil e do comportamento do consumidor. Por isso, as agências de viagem devem buscar um tipo de relacionamento com seus clientes que possibilite atender às suas necessidades e superar as suas expectativas.

Para revisar o conteúdo apresentado e refletir sobre ele, responda às questões propostas.

Questões para revisão

1. Qual é a relação entre o cenário da reintermediação nas agências de turismo e o perfil do consultor de viagens?

2. Ao estudar a segmentação de mercado, encontra-se a necessidade de considerar as transformações socioculturais que a demanda turística vem sofrendo neste momento histórico (definido por alguns autores como pós-moderno). Segundo Barretto (2005, p. 85), as principais características da demanda atual "são a velocidade, a mudança, a virtualidade, a fragmentação e a incerteza".

    Diante da citação da autora, é correto afirmar que a atual demanda turística:
    a) dispõe de férias fragmentadas, realizadas por turistas mais informados, exigentes e sensibilizados quanto ao meio ambiente, cuja renda apresenta cada vez mais uma parcela destinada ao lazer.
    b) dispõe de férias anualmente, realizadas por turistas mais informados, exigentes e sensibilizados quanto ao meio ambiente, cuja renda apresenta cada vez mais uma parcela destinada ao lazer.
    c) dispõe de férias fragmentadas, realizadas por turistas mais informados, exigentes e despreocupados quanto ao meio ambiente, cuja renda apresenta cada vez mais uma parcela destinada ao lazer.
    d) dispõe de férias anualmente, realizadas por turistas mais informados, exigentes e sensibilizados quanto ao meio ambiente, cuja renda destinada ao lazer é cada vez menor.

3. (Enade, 2012 – Adaptado) Os negócios turísticos estão enfrentando condições de mercado cada vez mais competitivas. Várias empresas turísticas estão competindo pelos mesmos grupos de clientes, gerando a necessidade de se formatar, promover e comercializar produtos e serviços turísticos adaptados a determinadas demandas, cada vez mais exigentes.

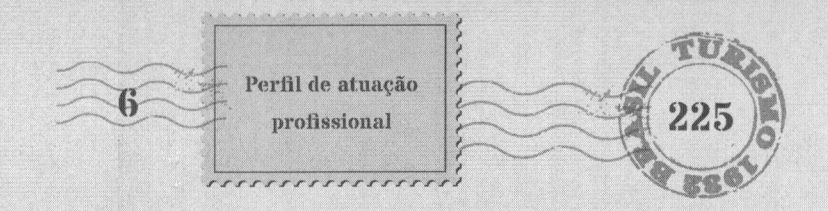

É fundamental considerar as características e o potencial de consumo de cada segmento para se realizar uma adequada segmentação de mercado.

MIDDLETON, V. Marketing de turismo: teoria e prática.
Rio de Janeiro: Campus, 2002 (adaptado).

Considerando esse cenário e a eficiência da estratégia de segmentação de mercado, é fundamental:

I) mapear as atitudes mentais e os traços psicológicos dos indivíduos.
II) avaliar as necessidades dos clientes e os benefícios buscados junto a um determinado produto ou serviço.
III) compreender os desejos e as motivações de determinados grupos de clientes.
IV) analisar os objetivos pelos quais os clientes consomem produtos e serviços de determinada empresa e os da concorrência.
V) verificar os tipos de comportamento ou características do uso de produtos e serviços por parte dos clientes.

É correto o que se afirma em:
a) II e III, apenas.
b) III, IV e V, apenas.
c) I, II, IV e V, apenas.
d) I, II, III, IV e V.

4. Qual conceito estabelece uma relação entre expectativa e percepção para atingir a satisfação em serviços?
   a) *Marketing*.
   b) Experiência.
   c) Competências.
   d) Qualidade.

5. A profissão de agente de viagens exige um amplo conhecimento e bagagem cultural, para atender e organizar viagens para diversos países e diferentes cidades no mundo inteiro. Como esse profissional pode se manter atualizado e buscar aprendizado?

Fique por dentro!

Pesquise um curso superior de graduação em Turismo na sua cidade ou em outro local de sua escolha e analise quais disciplinas da grade curricular estão relacionadas com a formação do agente de viagens ou são relevantes para essa formação. Justifique sua resposta com base nas competências sugeridas pelo Proagência (2007).

Para saber mais

Sugerimos a leitura de algumas obras que complementam e aprofundam alguns temas abordados neste capítulo.

BENI, M. C. Qualidade do produto e dos serviços – fator decisivo no mercado de turismo. **Turismo em Análise**, São Paulo, v. 2, n. 2, p. 7-13, 1991.

Esse artigo analisa diversos fatores que interferem na decisão de compra de um consumidor por um produto turístico.

COSTA, F. J. da. Formação em turismo na perspectiva do estudante: valor percebido no curso, percepção de prestígio e identificação com a profissão. **Turismo – Visão e Ação**, Balneário Camboriú (SC), v. 11, n. 1, p. 3-22, 2009.

A intenção dessa pesquisa é mostrar como estudantes dos cursos de graduação em Turismo avaliam o curso e a profissão e, assim, possibilitar que as instituições direcionem a formação para atender a motivação e as expectativas dos alunos.

SCHEIN, M. et al. O comportamento da compra de serviços de turismo na terceira idade. **Turismo – Visão e Ação**, Balneário Camboriú (SC), v. 11, n. 3, p. 341-357, 2009.

Nessa publicação os atributos importantes para consumo de viagens no Brasil pelo público de terceira idade foram identificados e mensurados.

SILVA, M. E. M. da. Qualidade como alavanca para o desenvolvimento do turismo. **Caderno Virtual de Turismo**, Rio de Janeiro, v. 5, n. 1, p. 46-53, 2005.

O artigo evidencia a importância da qualidade relacionada ao planejamento e desenvolvimento sustentável da atividade turística.

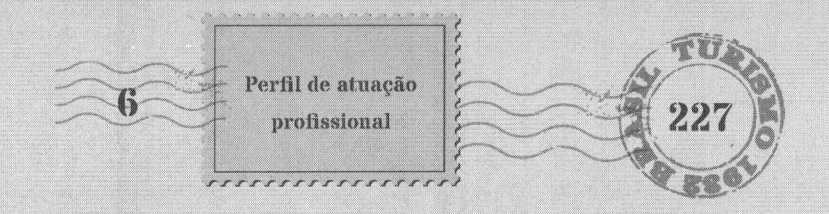

SILVA, P. R. da et al. Uma análise da produção científica nos periódicos de turismo sobre o tema comportamento do consumidor em turismo. **Turismo – Visão e Ação**, Balneário Camboriú (SC), v. 14, n. 1, p. 47-66, 2012.

Esse levantamento das publicações científicas relevantes no Brasil sobre a temática do comportamento do consumidor traz os principais conceitos e métodos de pesquisa utilizados.

TOMAZZONI, E. L. Educação profissional em turismo: cria-se mercado pela formação? **Turismo em Análise**, São Paulo, v. 18, n. 2, p. 197-219, 2007.

O turismo costuma ser relacionado ao seu potencial de geração de empregos, e por isso esse artigo analisa a complexa relação entre formação profissional e a transformação do mercado de trabalho.

Para concluir...

Nesta obra, os questionamentos e o conteúdo de cada capítulo trazem orientações para a gestão de uma agência de viagem e permitem refletir sobre a realidade e as perspectivas desse tipo de negócio. Com essas informações, cada profissional tem a oportunidade de empreender nesse mercado, que sempre tem espaço para criatividade e inovação.

Observamos, no Capítulo 1, que o agenciamento de viagens teve início com a comercialização de viagens organizadas, que ofereciam facilidades e comodidade ao turista. Thomas Cook foi o pioneiro e o grande responsável pelo crescimento das agências de viagem, e o seu legado pode ser notado até os dias de hoje. Mas é certo também que a evolução das agências de viagem esteve sempre associada ao contexto e ao desenvolvimento específicos do turismo no Brasil e em cada país do mundo.

No Capítulo 2, expusemos nomenclaturas e conceitos, de modo a distinguir o papel e a função das operadoras de turismo e das agências de viagem. O plano de negócios de uma empresa depende da escolha de produtos que melhor atendam ao perfil do público-alvo que se deseja alcançar, e por isso o conhecimento das segmentações de mercado facilita a escolha do ramo de atuação de uma agência de viagem.

O Capítulo 3 tratou das relações de mercado das agências de turismo no contexto dos avanços tecnológicos, a partir do qual se ampliaram as possibilidades de canais de distribuição para as empresas turísticas. Muitas passaram a ser multicanais, ou seja, o consumidor passou a escolher a forma mais conveniente para adquirir a sua viagem – em agências de turismo virtuais, agências de turismo tradicionais, *sites* próprios de empresas, entre outros. Nesse cenário, nota-se a coexistência de mercados *on-line* e *off-line*, ambos na busca de atender a um público com características heterogêneas, com diferentes comportamentos e hábitos de consumo.

Exatamente por essas qualidades, a tendência de mercado é a estratégia de multicanais, para que o consumidor possa "clicar" (internet e aplicativos móveis), "ligar" (suporte e atendimento) e/ou "entrar" (agências físicas).

Grandes agências de turismo, como CVC® e Hotel Urbano S.A., têm estrutura e recursos para investir em diferentes canais de distribuição, em busca da expansão de seus negócios e de produtos que tenham um preço sempre mais competitivo para atrair cada vez mais clientes. Por outro lado, agências de turismo menores também podem valer-se da estratégia de multicanais, como por meio da criação de um *site* ou de interação nas redes sociais, além de parcerias com operadoras e outras empresas que disponibilizam ferramentas para uso das tecnologias da informação e da comunicação – dispositivos que criam novas formas de trabalho e oportunidades de negócios.

Após essa abordagem conceitual, seguida de um panorama do mercado, tratamos especificamente, no Capítulo 4, das etapas para a abertura de uma agência de viagem, partindo de princípios do empreendedorismo. Para o gestor, é fundamental ter conhecimento, paixão e energia, pois fazer um negócio dar certo demanda tempo, dedicação e muito esforço. Não adianta apenas ter uma boa ideia; é necessário conhecer e estudar o mercado, prever as despesas gerais e estimar as receitas para atingir o objetivo de qualquer empresa: o lucro.

Cabe ao gestor definir as estruturas organizacional e funcional, apresentadas no Capítulo 5, de uma agência de viagem. Ela deve se ajustar às dimensões e ao perfil da empresa, à quantidade de funcionários, aos canais de atendimento ao cliente, entre outras demandas. Independentemente dos departamentos e dos cargos estipulados, a comunicação e a inter-relação das atividades são essenciais para o bom desempenho operacional. Também aqui observamos os impactos do avanço das tecnologias, que se reflete na indispensável utilização dos sistemas de uso gerencial e operacional. Os sistemas são um diferencial diante de uma demanda já conectada, que tem acesso a qualquer informação, seja sobre destinos, seja sobre valores, e que, portanto, pode programar uma viagem de forma independente.

No Capítulo 6, destacamos a atuação profissional dentro das agências de viagem, reconhecidas tradicionalmente na figura do agente de viagens. A despeito disso, a figura-chave do processo de reinvenção das agências é o consultor de viagens, que pode integrar as possibilidades e as ferramentas da tecnologia e da internet com as vantagens da interação pessoal direta com o consumidor em uma agência de viagens física. Esse profissional pode criar um valor agregado, ao tentar descobrir as necessidades ocultas dos clientes, aumentando a confiança destes na empresa e construindo um relacionamento duradouro durante o processo de consultoria, desde que haja qualidade no atendimento e nos produtos comercializados.

Esse é o contexto da reintermediação, que implica a valorização do conhecimento e da experiência que somente um profissional profundamente especializado em viagens pode oferecer. Aquelas agências de viagem que se acomodarem e não buscarem esse diferencial, que se origina de uma qualificação necessária para satisfazer os consumidores mais exigentes, infelizmente perderão espaço no mercado.

A intenção desta obra foi mostrar a teoria do agenciamento de uma forma aplicada, para que você pudesse associar cada conceito à prática de um gestor em agência de viagem. Para a continuidade dos estudos, sugerimos explorar as questões operacionais do agenciamento de viagens, que tratam de terminologias e das características e formas de comercialização de passagens aéreas, meios de hospedagem, cruzeiros marítimos, passes de trem, locação de veículos, pacotes turísticos, entre outros. O domínio das características dos produtos, além da adequada seleção de fornecedores, afora outros elementos estudados durante a obra, são fatores indispensáveis para o sucesso de uma agência de viagem.

Referências

ABAV – Associação Brasileira de Agências de Viagens. **1953-2003**: 50 anos de história, lutas e vitórias. Publicado em comemoração aos 50 anos da associação. Coordenação e edição: Luiz Sales. São Paulo, 2003.

_____. **Ações já realizadas pelo Proagência II**. Disponível em: <http://www.abav.com.br/texto.aspx?id_area=25&id=42>. Acesso em: 6 jan. 2014a.

_____. **Empreendedor Individual**. Disponível em: <http://www.portalabav.com.br/arquivos/FolhetoEI.pdf>. Acesso em: 22 set. 2013a.

_____. **Missão**. Disponível em: <www.abav.com.br/texto.aspx?id=1&id_area=1>. Acesso em: 6 jan. 2014b.

_____. **Números comprovam o sucesso da ABAV 2013**. Disponível em: <http://www.abavexpo.com.br/noticias/numeros-comprovam-o-sucesso-da-abav-2013/>. Acesso em: 7 nov. 2013b.

ABAV-ES – Associação Brasileira de Agências de Viagens do Espírito Santo. Resolução n. 10, de 22 de janeiro de 2007. **Diário do Espírito Santo**, Vitória, 11 jul. 2007. Disponível em: <http://www.interpoint.tur.br/small.pdf>. Acesso em: 30 abr. 2014.

ABAV-RIO – Associação Brasileira de Agências de Viagens do Rio de Janeiro. **Lideranças se reúnem para defender interesses das agências de viagem**. Disponível em: <http://www.abavrio.com.br/artigosenoticias/359_set07.htm>. Acesso em: 22 jun. 2013

ABRACORP – Associação Brasileira de Agências de Viagens Corporativas. Disponível em: <http://www.abracorp.org.br>. Acesso em: 7 jan. 2014.

ABRAHÃO, C. M. de S.; CHEMIN, M. Viagens: itinerários de sensibilidade e razão. **Turismo e Sociedade**, Curitiba, v. 2, n. 2, p. 110-127, 2010.

AGAXTUR. **Nossa história**. Disponível em: <http://agaxtur.com.br/viagens/a-agaxtur>. Acesso em: 14 jun. 2013.

AMADEUS. **Use a internet para expandir seu negócio de turismo**. Disponível em: <http://amadeus1a.com.br/use-a-internet-para-expandir-seu-negocio-de-turismo>. Acesso em: 29 jun. 2013.

ANDRADE, A. L. **Patriani convida agências a virar franquias CVC**, 12 set. 2013a. Disponível em: <http://www.panrotas.com.br/noticia-turismo/operadoras/patriani-convida-agencias-a-virar-franquias-cvc_92169.html>. Acesso em: 8 jan. 2014.

_____. **Gol inicia venda de bilhetes via Facebook®**. Disponível em: <http://www.panrotas.com.br/noticia-turismo/aviacao/gol-inicia-venda-de-bilhetes-via-Facebook® _86258.html>. Acesso em: 12 mar. 2013b.

_____. **VP da CVC explica política multicanais**. Disponível em: <http://www.panrotas.com.br/canais/redacao/plantao/portal_reader_noticia.asp?cod_not=79746>. Acesso em: 23 jul. 2013c.

ANDRADE, J. R. de L. Comportamento do consumidor e escolha do produto turístico. **Turismo em Análise**, São Paulo, v. 12, n. 1, p. 7-19, 2001.

ANSARAH, M. G. R. **Turismo**: segmentação de mercado. São Paulo: Futura, 1999.

ASTORINO, C. Mercados emergentes para o agenciamento. In: BRAGA, D. C. (Org.). **Agências de viagens e turismo**: práticas de mercado. Rio de Janeiro: Elsevier, 2008.

BALANZÁ, I.; NADAL, M. **Marketing e comercialização de produtos turísticos**. São Paulo: Pioneira Thomson Learning, 2003.

BARRETTO, M. **Manual de iniciação ao estudo do turismo**. 14. ed. Campinas: Papirus, 2005.

BEMFEITO, F. Presidente da Abav envia mensagem pelo dia do agente. **Jornal Panrotas**, 24 abr. 2012. Disponível em: <http://www.panrotas.com.br/noticia-turismo/agencias-de-viagens/presidente-da-abav-envia-mensagem-pelo-dia-do-agente_77576.html>. Acesso em: 4 nov. 2013.

BENNER. Disponível em: <http://www.benner.com.br/novosite/web/default.asp>. Acesso em: 18 set. 2013

BENNETT, J. D. **Sobre Thomas Cook**. Disponível em: <http://www.leicester.gov.uk/your-council-services/lc/growth-and-history/blueplaques/blueplaquespeople/thomascook/traveltothemillions>. Acesso em: 14 jun. 2013.

BIZ, A. A.; CERETTA, F. Modelo de gerenciamento do fluxo de informação dos portais turísticos governamentais: uma abordagem teórica. **Turismo – Visão e Ação**, Balneário Camboriú (SC), v. 10, n. 3, p. 399-414, 2008.

BLOG TATIANA CORDEIRO. Disponível em: <http://cordeirotaty.blogspot.com.br/2012/09/um-pouco-de-thomas-cook-o-pai-do.html>. Acesso em: 26 jan. 2014.

BOLETIM DE DESEMPENHO ECONÔMICO DO TURISMO. **Relatórios setoriais**. Agências de viagem. Rio de Janeiro: Ministério do Turismo/Fundação Getúlio Vargas, ano X, n. 38, abr. 2013. Disponível em: < http://www.dadosefatos.turismo.gov.br/export/sites/default/dadosefatos/conjuntura_economica/boletim_desempenho_turismo/download_boletim_desempenho_economico_turismo/BDET_-_38.pdf>. Acesso em: 30 abr. 2014.

BOWIE, D.; BUTTLE, F. **Hospitality Marketing**: Principles and Practice. 2. ed. Oxford/England: Elsevier, 2001.

BRAGA, D. C. **Agências de viagens e turismo**: práticas de mercado. Rio de Janeiro: Elsevier, 2008.

BRANDÃO, H. P.; GUIMARÃES, T. de A. Gestão de competências e gestão de desempenho: tecnologias distintas ou instrumentos de um mesmo construto? **Revista de Administração de Empresas**, v. 41, n. 1, p. 8-15, 2001.

BRASIL. Decreto n. 5.406, de 30 de março de 2005. **Diário Oficial da União**, Brasília, DF, 31 mar. 2005. Disponível em: < http://www.planalto.gov.br/ccivil_03/_Ato2004-2006/2005/Decreto/D5406.htm>. Acesso em: 6 abr. 2014.

_____. Lei n. 11.771, de 17 de setembro de 2008. **Diário Oficial da União**, Poder Legislativo, Brasília, DF, 17 set. 2008. Disponível em: <http://www.planalto.gov.br/ccivil_03/_ato2007-2010/2008/lei/l11771.htm>. Acesso em: 30 abr. 2014.

BRASIL. Ministério da Fazenda. Receita Federal. **Simples Nacional**. Disponível em: <http://www8.receita.fazenda.gov.br/simplesnacional/Default.aspx>. Acesso em: 4 jul. 2013.

BRASIL. Ministério do Turismo. **Anuário Estatístico de Turismo** – 2013. 2013a. Disponível em: <http://www.dadosefatos.turismo.gov.br/export/sites/default/dadosefatos/anuario/downloads_anuario/Anuxrio_Estatistico_de_Turismo_-_2013_-_Ano_base_2012_Versxo_Set2013.pdf>. Acesso em: 30 abr. 2014.

_____. **Hábitos de consumo do turismo do brasileiro 2009**. jul. 2009. Disponível em: <http://www.turismo.gov.br/turismo/o_ministerio/publicacoes/cadernos_publicacoes/02pesquisa_habitos.html>. Acesso em: 5 abr. 2014.

_____. **Legislação**. Disponível em: < http://www.turismo.gov.br/turismo/legislacao/>. Acesso em: 30 abr. 2014.

BRASIL. Ministério do Turismo. **Marcos conceituais**. Disponível em: <http://www.turismo.gov.br/export/sites/default/turismo/o_ministerio/publicacoes/downloads_publicacoes/Marcos_Conceituais.pdf>. Acesso em: 12 set. 2013b.

BRASIL. Ministério do Turismo. **Missão**. Disponível em: <http://www.turismo.gov.br/turismo/o_ministerio/missao/>. Acesso em: 14 set. 2013c.

BRASIL, V. S. Canais de distribuição no turismo: uma análise das variáveis determinantes do uso de canais interpessoais e da Internet na compra de passagens aéreas. **Turismo em Análise**, São Paulo, v. 19, n. 1, p. 43-63, 2008.

_____. O impacto dos canais de distribuição no comportamento de compra no turismo: uma análise das relações entre satisfação, valor e lealdade na aquisição de passagens aéreas através de canais interpessoais e canais baseados em tecnologia. **Turismo – Visão e Ação**, Balneário Camboriú (SC), v. 8, n. 3, p. 361-378, 2006.

BRAZTOA – Associação Brasileira das Operadoras de Turismo. **Anuário Braztoa 2013**. Disponível em: <http://www.braztoa.com.br/anuario/anuario_2013/index.html#/1/>. Acesso em: 15 set. 2013b.

_____. **Histórico**. Disponível em: <http://www.braztoa.com.br/home/index2.php?url=historico>. Acesso em: 15 jun. 2013a.

BUHALIS, D. Marketing the Competitive Destination of the Future. **Tourism Management**, Estados Unidos, v. 21, n. 1, p. 97-116, Feb. 2000.

_____. Strategic Use of Information Technologies in the Tourism Industry. **Tourism Management**, v. 19, n. 5, p. 409-421, 1998.

BUHALIS, D. Tourism Distribution Channels: Practices and Processes. In: BUHALIS, D.; LAWS, E. **Tourism Distribution Channels**: Practices, Issues and Transformations. Cornwall, UK: Thomson, 2001.

BUHALIS, D.; LAW, R. Progress in Information Technology and Tourism Management: 20 Years on and 10 Years After the Internet – The State of eTourism Research. **Tourism Management**, v. 29, n. 4, p. 609-623, 2008.

BUHALIS, D.; LICATA, M. C. The Future eTourism Intermediaries. **Tourism Management**, v. 23, n. 3, p. 207-220, 2002.

BUHALIS, D.; O'CONNOR, P. Information Communication Technology Revolutionizing Tourism. **Tourism Recreation Research**, v. 30, p. 7-16, 2005.

CACHO, A. do N. B.; AZEVEDO, F. F. de. O turismo no contexto da sociedade informacional. **Revista Brasileira de Pesquisa em Turismo**, v. 4, n. 2, p. 31-48, ago. 2010.

CANDIDO, K. Decolar.com é acusada de propaganda enganosa. **Isto é Dinheiro**, 16 abr. 2013. Disponível em: <http://www.istoedinheiro.com.br/noticias/116923_decolarcom+e+acusada+de+propaganda+enganosa>. Acesso em: 30 abr. 2013.

CANDIOTO, M. F. **Agências de turismo no Brasil**: embarque imediato pelo portão dos desafios. Rio de Janeiro: Campus-Elsevier, 2012.

CANGOOROO. **Comissão inteligente, tarifa NET e desconto financeiro são os novos recursos para aumentar competitividade dos clientes do Cangooroo**. Disponível em: <http://www.cangooroo.net/index.php/en/press-2/154-comissao-inteligente-tarifa-net-e-desconto-financeiro-sao-os-novos-recursos-para-aumentar-competitivi ade-dos-clientes-do-cangooroo>. Acesso em: 23 jul. 2013.

CARROLL, B.; SIGUAW, J. The Evolution of Electronic Distribution: Effects on Hotels and Intermediaries. **The Cornell Hotel and Restaurant Administration Quarterly**, v. 44, n. 4, p. 38-50, 2003.

CARTOON STOCK. Disponível em: <http://www.cartoonstock.com>. Acesso em: 26 jan. 2014.

COOPER, C. et al. **Turismo, princípios e práticas**. 2. ed. Porto Alegre: Bookman, 2001.

_____. **Turismo, princípios e práticas**. 3. ed. Porto Alegre: Bookman, 2007.

CUNHA, L. **Introdução ao turismo**. Lisboa: Verbo, 2001.

CVC. **Nossa história**. Disponível em: <http://www.cvc.com.br/institucional/nossa-historia.aspx>. Acesso em: 15 jun. 2013

DALE, C. The Competitive Networks of Tourism e-Mediaries: New Strategies, New Advantages. **Journal of Vacation Marketing**, v. 9, n. 2, p. 109-118, 2003.

DANTAS, J. C de S. **Qualidade do atendimento nas agências de viagens**: uma questão de gestão estratégica. 2. ed. São Paulo: Roca, 2008.

DARE, C. B. Z. Gestão de competências empreendedoras: construção e desenvolvimento em cursos de Turismo. **Turismo em Análise**, São Paulo, v. 13, n. 2, p. 7-16, 2002.

DOLABELA, F. **O segredo de Luísa**: uma ideia, uma paixão e um plano de negócios. Rio de Janeiro: Sextante, 2008.

FERREIRA, F. **O chá para o profissional de sucesso**. 8 ago. 2011. Disponível em: <http://www.vendersolucoes.com.br/artigo/O-CHA-para-o-profissional-de-sucesso>. Acesso em: 5 nov. 2013.

FLECHA, A. C.; COSTA, J. I. P. da. O impacto das novas tecnologias nos canais de distribuição turística um estudo de caso em agência de viagens. **Caderno Virtual de Turismo**, Rio de Janeiro, v. 4, n. 4, p. 44-56, 2004.

FLORES, L. C. da S.; CAVALCANTE, L. de S.; RAYE, R. L. Marketing turístico: estudo sobre o uso da tecnologia da informação e comunicação nas agências de viagens e turismo de Balneário Camboriú (SC, Brasil). **Revista Brasileira de Pesquisa em Turismo**, São Paulo, v. 6, n. 3, p. 62-79, 2012.

FREIRE, R. **Viaje na Viagem**. Disponível em: <http://www.viajenaviagem.com>. Acesso em: 5 nov. 2013.

_____. **Viaje na viagem**: autoajuda para turistas. São Paulo: Arx, 1998.

GIACOMINI FILHO, G. G. Empresa turística voltada ao atendimento. **Turismo em Análise**, São Paulo, v. 8, n. 2, p. 44-58, 1997.

GOLEMAN, D. **Inteligência emocional**: a teoria revolucionária que redefine o que é ser inteligente. Rio de Janeiro: Objetiva, 1995.

GOMES, B. M. A. Redes organizacionais e canais de distribuição no turismo. **Turismo e Sociedade**, Curitiba, v. 3, n. 1, p. 37-50, 2010.

GORDON, I. **Marketing de relacionamento**: estratégias, técnicas e tecnologias para conquistar clientes e mantê-los para sempre. 3. ed. São Paulo: Futura, 1998.

GORNI, P. M.; DREHER, M. T.; MACHADO, D. D. P. N. Inovação em serviços turísticos: a percepção desse processo em agências de viagens. **Revista Acadêmica Observatório de Inovação do Turismo**, Rio de Janeiro, v. 4, n. 1, 2009.

GRANADOS, N. F.; KAUFFMAN, R. J.; KING, B. How Has Electronic Travel Distribution Been Transformed? A Test of the Theory of Newly Vulnerable Markets. **Journal of Management Information Systems**, v. 25, n. 2, p. 73-96, 2008.

GRANADOS, N.; GUPTA, A.; KAUFFMAN, R. J. Online and Offline Demand and Price Elasticities: Evidence From the Air Travel Industry. **Information Systems Research**, v. 23, n. 1, p. 164-181, 2012.

HAMILTON, J. **Thomas Cook**: The Holiday-Maker. London: Sutton Publishing Limited, 2005.

HOLLANDA, J. **Turismo**: operação e agenciamento. Rio de Janeiro: Ed. Senac Nacional, 2003.

HOWIE, L.; CAMPBELL, P. Risk, Dread and the Crisis of Counter-Terrorism Security. **Revista Rosa dos Ventos**, Caxias do Sul (RS), v. 5, n. 1, p. 155-169, 2013.

HUANG, L.; CHEN, K. H.; WU, Y. W. What Kind of Marketing Distribution Mix Can Maximize Revenues: The Wholesaler Travel Agencies' Perspective? **Tourism Management**, v. 30, n. 5, p. 733-739, 2009.

INTERNATIONAL ACCENTS TRAVEL. **Travel Agent Myth Buster**. Disponível em: <http://www.ia-travel.com/11/travel-agent-myth-buster>. Acesso em: 26 jan. 2014.

KOO, B.; MANTIN, B.; O'CONNOR, P. Online Distribution of Airline Tickets: Should Airlines Adopt a Single or a Multi-Channel Approach? **Tourism Management**, v. 32, n. 1, p. 69-74, 2011.

KOPS. Empresa de contabilidade. **Serviços**. Disponível em: <http://kopscontabilidade.com.br/home.serv.php>. Acesso em: 3 jul. 2013.

KORSTANJE, M. E. Discutindo a segurança turística: novos tempos, novos enfoques. **Caderno Virtual de Turismo**, Rio de Janeiro, v. 12, n. 2, p. 167-184, 2012.

KOTLER, P. et al. **Marketing de lugares**: como conquistar crescimento de longo prazo na América Latina e no Caribe. São Paulo: Prentice Hall, 2006.

LAUDON, K. C.; TRAVER, C. G. **E-commerce**. Boston: Pearson/Addison Wesley, 2007.

LAW, R.; LEUNG, K.; WONG, R. J. The Impact of the Internet on Travel Agencies. **International Journal of Contemporary Hospitality Management**, v. 16, n. 2, p. 100-107, 2004.

LEICESTER CITY COUNCIL. Disponível em: <www.leicester.gov.uk>. Acesso em: 26 jan. 2014.

LICKORISH, L. J.; JENKINS, C. L. **Introdução ao turismo**. Rio de Janeiro: Campus, 2000.

LOHMANN, G. A tecnologia e os canais de distribuição em turismo. In: BRAGA, D. C. (Org.). **Agências de viagens e turismo**: práticas de mercado. Rio de Janeiro: Elsevier, 2008.

LOHMANN, G. Análise da literatura em turismo sobre canais de distribuição. **Revista Acadêmica Observatório de Inovação do Turismo**, Rio de Janeiro, v. 1, n. 2, 2006.

MACHADO, L. P.; ALMEIDA, A. **Turismo**: inovação e novas tecnologias. Porto: Sociedade Portuguesa de Inovação, 2010.

MAGALHÃES, L. H. Discussão crítica acerca do turismo numa perspectiva materialista histórica. **Caderno Virtual de Turismo**, Rio de Janeiro, v. 8, n. 2, p. 95-104, 2008.

MAMEDE, G. **Agências, viagens e excursões**: regras jurídicas, problemas e soluções. Barueri: Manole, 2003.

MARÍN, A. **Tecnologia da informação nas agências de viagens**: em busca da produtividade e do valor agregado. São Paulo: Aleph, 2004.

MARTINS, V. G.; MURAD JUNIOR, E. **Viagens corporativas**: saiba tudo sobre gestão, estratégias e desafios deste promissor segmento. São Paulo: Aleph, 2010.

MENEZES, V. de O.; STAXHYN, A. P. S. Consultor de viagens: o profissional do novo mercado turístico. **Turismo e Sociedade**, Curitiba, v. 4, n. 2, p. 381-397, 2011.

MERCADO E EVENTOS. **Entidades lançam novo quadro referencial para serviços de agências de viagens**. 24 set. 2007. Disponível em: <http://www.mercadoeeventos.com.br/site/noticias/view/24396>. Acesso em: 22 jun. 2013.

MEURER, R. O comportamento da receita de viagens internacionais do Brasil: uma explicação macroeconômica. **Turismo em Análise**, São Paulo, v. 17, p. 75-90, 2006.

MONDO, T. S.; COSTA, J. I. P. da. Marketing de experiência para intermediários: possibilidades e limitações do fam-tour na hotelaria. **Revista Hospitalidade**, São Paulo, v. 7, n. 2, p. 90-110, 2010.

MONTANARIN, D. C. **Consultor de viagens**: novo profissional da era do conhecimento. Curitiba: D.C. Montanarin, 2002.

MOREIRA, D. 4 lições da CVC para ter um negócio de sucesso. **Exame.com**, 6 out. 2011. Disponível em: <http://exame.abril.com.br/pme/noticias/4-licoes-da-cvc-para-ter-um-negocio-de-sucesso?page=2>. Acesso em: 15 jun. 2013.

NEVES, O. F.; TAVARES, J. M. O processo de desintermediação dos serviços turísticos: uma análise em um segmento de classe média com alta escolaridade. **Revista Acadêmica Observatório de Inovação do Turismo**, Rio de Janeiro, v. 6, n. 1, 2011.

NOVAK, J.; SCHWABE, G. Designing for Reintermediation in the Brick-and-Mortar World: Towards the Travel Agency of the Future. **Electronic Markets**, v. 19, n. 1, p. 15-29, 2009.

O'CONNOR, P. **Distribuição da informação eletrônica em turismo e hotelaria**. Porto Alegre: Bookman, 2001.

OLIVEIRA, B.; CAMPOMAR, M. C.; LUIS, C. Posicionamento estratégico em turismo: o caso Sabre Brasil. **Turismo em Análise**, São Paulo, v. 19, n. 1, p. 64-84, 2008.

OLIVEIRA, T. V. de; IKEDA, A. A. Agências de turismo: oferta de serviços e satisfação do cliente. **Turismo em Análise**, São Paulo, v. 13, n. 2, p. 35-47, 2002.

OMT – Organização Mundial de Turismo. **Introdução ao turismo**. São Paulo: Roca, 2001.

PALHARES, G. L. **Transportes turísticos**. 2. ed. São Paulo: Aleph, 2002.

PANORAMA DO TURISMO. Disponível em: <http://panoramadoturismo.com.br/schultz-apresenta-sua-atuacao-diversificada-durante-24o-festuris>. Acesso em: 23 abr. 2014.

PANOSSO NETTO, A.; ANSARAH, M. G. dos R. (Ed.). **Segmentação do mercado turístico:** estudos, produtos e perspectivas. Barueri: Manole, 2009.

PANROTAS. **Avianca Taca zera comissão dos agentes de viagens**. Disponível em: <http://www.panrotas.com.br/noticia-turismo/aviacao/avianca-taca-zera-comissao-dos-agentes-de-viagens_87640.html?pesquisa=1>. Acesso em: 18 jul. 2013.

PANROTAS. **Viaja Mais Melhor Idade tem 218 novas ofertas**, 12 set. 2013. Disponível em: <http://www.panrotas.com.br/noticia-turismo/mercado/viaja-mais-melhor-idade-tem-218-novas-ofertas_92157.html?pesquisa=1>. Acesso em: 26 jan. 2014.

PARRAS, R.; CLARO, J. A. C. dos S. Análise preliminar da internet como canal de distribuição de serviços turísticos. **Patrimônio: Lazer e Turismo**, Santos (SP), v. 5, n. 3, 2008.

PAULUS, G. **Depoimentos sobre a Abav 2013**. Disponível em: <http://www.pressclub.com.br/includeIframe/pk_noticia.asp?id=1545&idn=15151&wpk=%20ABAV%202013>. Acesso em: 7 mar. 2014.

PEARCE, D. G. Channel Design for Effective Tourism Distribution Strategies. **Journal of Travel & Tourism Marketing**, v. 26, n. 5-6, p. 507-521, 2009.

PEARCE, D. G.; TANIGUCHI, M. Channel Performance in Multichannel Tourism Distribution Systems. **Journal of Travel Research**, v. 46, n. 3, p. 256-267, 2008.

PELIZZER, H. A. Sistema de gerenciamento administrativo-financeiro. In: BRAGA, D. C. (Org.). **Agências de viagens e turismo**: práticas de mercado. Rio de Janeiro: Elsevier, 2008.

PERUSSI, R. F. Ações de marketing e comercialização. In: BRAGA, D. C. (Org.). **Agências de viagens e turismo**: práticas de mercado. Rio de Janeiro: Elsevier, 2008.

PETROCCHI, M.; BONA, A. **Agências de turismo**: planejamento e gestão. São Paulo: Futura, 2003.

PORTAL DO EMPREENDEDOR. Disponível em: <http://www.portaldoempreendedor.gov.br/>. Acesso em: 22 set. 2013.

PROAGÊNCIA – Programa de Desenvolvimento Setorial em Agenciamento e Operações Turísticas I. **Agências de viagens no Brasil**: pesquisa setorial. Salvador: Abav/Sebrae, 2006.

PROAGÊNCIA – Programa de desenvolvimento Setorial em Agenciamento e Operações Turísticas. **Agências de viagens no Brasil**: competências e funções profissionais nas agências de viagens. Rio de Janeiro, Abav/Sebrae, 2007.

QUEENSBERRY. Viagens Especiais e Incentivos. **Cases**. Disponível em: <http://www.queensberryincentivos.com.br/Cases>. Acesso em: 26 jan. 2014.

REJOWSKI, M. Agência de viagem. In: ANSARAH, M. G. dos R. (Org.). **Turismo**: como aprender, como ensinar. São Paulo: Senac, 2001. v. 2.

REJOWSKI, M.; PERUSSI, R. F. Trajetória das agências de turismo: apontamentos no mundo e no Brasil. In: BRAGA, D. C. (Org.). **Agências de viagens e turismo**: práticas de mercado. Rio de Janeiro: Elsevier, 2008.

SABRE TRAVEL NETWORK. **Você deseja ir de Nova York para Londres?**: Dê 3 segundos ao Sabre. Disponível em: <http://quicknews.sabretravelnetwork.com/images.lad/Infographic-Air-PT.pdf>. Acesso em: 23 abr. 2014.

SALVADO, J.; FERREIRA, A.; COSTA, C. Travel Agencies: From Online Channel Conflictto Multi-Channel Harmony. **Revista Turismo & Desenvolvimento**, Aveiro, n. 17/18, p. 957-974, 2012.

SANTOS, C. de B. O lugar do não turismo: consumo e autenticidade em pseudopacotes de viagem. **Itinerarium**, Rio de Janeiro, v. 2, 2009.

SANTOS, C. M. dos; MURAD JR., E. W. Sistemas de reserva e e-commerce. In: BRAGA, D. C. (Org.). **Agências de viagens e turismo**: práticas de mercado. Rio de Janeiro: Elsevier, 2008.

SCHULTZ, A. **Líderes defendem espaço para venda intermediada.** Comentário postado em 12 abr. 2013. Disponível em: <http://www.panrotas.com.br/noticia-turismo/agencias-de-viagens/lideres-defendem-espaco-para-venda-intermediada_87140.html?pesquisa=1>. Acesso em: 29 jun. 2013.

SEBRAE – Serviço Brasileiro de Apoio às Micro e Pequenas Empresas. **Quero melhorar a minha empresa.** Disponível em: <http://www.sebrae.com.br/momento/quero-melhorar-minha-empresa>. Acesso em: 22 set. 2013.

_____. **Perfil de um empreendedor.** Disponível em: <http://www.pa.sebrae.com.br/sessoes/pse/dsn/dsn_perfil.asp>. Acesso em: 26 jan. 2014.

SEBRAE-SP. **Termo de referência para atuação em turismo receptivo.** 12. ed. São Paulo: Sebrae-SP, 2001.

SECCO, A. Não vou fugir. **Veja**, São Paulo, ed. 1725, 7 nov. 2001. Disponível em: <http://veja.abril.com.br/071101/p_119.html>. Acesso em: 14 jun. 2013.

SERODIO, G. No turismo on-line, tendência é venda de pacote e abrir loja física. **Jornal Valor Econômico**, 29 jan. 2013.

SIMÃO, J. Soletur, o calote no turismo. **Isto é Dinheiro**, São Paulo, ed. 218, 19 out. 2001. Disponível em: <http://www.istoedinheiro.com.br/noticias/15535_SOLETUR+O+CALOTE+NO+TURISMO>. Acesso em: 14 jun. 2013.

SOUTO, C. de M. R.; OLIVEIRA, L. M. B. de. Análise da satisfação dos funcionários com as políticas e práticas de recursos humanos utilizadas pelas agências de viagem e turismo da cidade de Recife – PE, Brasil. **Turismo em Análise**, São Paulo, v. 18, n. 1, p. 109-124, 2007.

SOUTO, C. de M. R.; OLIVEIRA, L. M. B. de. Ter funcionários satisfeitos é ter clientes satisfeitos: realidade ou indícios? Um estudo em agências de viagens. **Turismo – Visão e Ação**, Balneário Camboriú (SC), v. 10, n. 1, p. 75-93, 2008.

STRUCCHI, N. O agente não vive da bolsa de valores, e sim de trabalho e comissão. **Mercado & Eventos**, 15 mar. 2013. Disponível em: <http://www.mercadoeeventos.com.br/site/noticias/view/93681/o-agente-nao-vive-da-bolsa-de-valores-e-sim-de-trabalho-e-comissao>. Acesso em: 30 abr. 2013.

TECNOLOGIA DA INFORMAÇÃO. **Plano de negócios**: como empreender com sucesso. Disponível em: <http://www.blogti.microcampsp.com.br/plano-de-negocios-como-empreender-com-sucesso>. Acesso em 26 jan. 2014.

THOMAS COOK. **Thomas Cook Group**. Disponível em: <http://www.thomascookgroup.com>. Acesso em: 26 jan. 2014.

_____. **Thomas Cook History**. Disponível em: <http://www.thomascook.com/thomas-cook-history>. Acesso em: 2 set. 2013.

TOMELIN, C. A. Gerenciamento da cadeia de suprimentos e relacionamento nas agências de viagens. In: BENI, M. C. (Org.). **Turismo**: planejamento estratégico e capacidade de gestão – desenvolvimento regional, rede de produção e clusters. Barueri, SP: Manole, 2012.

_____. **Mercado de agências de viagem e turismo**: como competir diante das novas tecnologias. São Paulo: Aleph, 2001.

TOWNER, J. What is Tourism's History? **Tourism Management**, v. 16, n. 5, p. 339-343, 1995.

TRAVELPORT. **Folder institucional**: a ferramenta móvel de gerenciamento de itinerário para viajantes, Travel port View Trip Mobile. Travelport, 2012.

TRENTIN, F.; SILVA, E. M. de C. e. Motivos para escolha do curso de Turismo. **Turismo – Visão e Ação**, Balneário Camboriú (SC), v. 12, n. 2, p. 204-215, 2010.

TRIGO, L. G. G. **A sociedade pós-industrial e o profissional em turismo**. 7. ed. Campinas: Papirus, 1998. (Coleção Turismo).

TRIPADVISOR. **Sobre o TripAdvisor®**. Disponível em: <http://www.TripAdvisor.com.br/PressCenter-c6-About_Us.html>. Acesso em: 29 jun. 2013.

TRIPBAROMETER. **A maior pesquisa do mundo sobre viajantes e hotéis**. Disponível em: <http://www.TripAdvisortripbarometer.com/Brazil>. Acesso em: 27 jul. 2013.

UP TO START. Soluções de consultoria para franchisings e franchisados. Disponível em: <http://uptostart.com/pt/blog/page/6>. Acesso em: 26 jan. 2014.

Bibliografia comentada

BRAGA, D. C. **Agências de viagens e turismo**: práticas de mercado. Rio de Janeiro: Elsevier, 2008

CANDIOTO, M. F. **Agências de turismo no Brasil**: embarque imediato pelo portão dos desafios. Rio de Janeiro: Campus: Elsevier, 2012.

Nessas obras, são abordados os aspectos técnicos e operacionais das atividades exercidas pelas agências de turismo. Recomendamos essa leitura para que você possa obter informações sobre comercialização de produtos e serviços turísticos.

PANOSSO NETTO, A.; ANSARAH, M. G. dos R. (Ed.). **Segmentação do mercado turístico**: estudos, produtos e perspectivas. Barueri: Manole, 2009.

Nessa obra, os autores apresentam diversas possibilidades de segmentos para especializar a oferta na demanda potencial (por critérios de idade, econômicos, meios de transporte, duração de permanência, distância do mercado consumidor, tipo de grupo, sentido do fluxo turístico, condição geográfica, aspecto cultural e motivação da viagem), bem como produtos que podem ser criados e comercializados no turismo paisagístico, arqueológico, sertanejo, comunitário, étnico, gastronômico, náutico, hedonista, espacial e até virtual. Sugerimos a leitura desse livro para que você possa conhecer as características de variadas segmentações turísticas que podem auxiliar na estratégia de negócios de uma empresa.

PETROCCHI, M.; BONA, A. **Agências de turismo**: planejamento e gestão. São Paulo: Futura, 2003.

Nessa obra, os autores apresentam estudos de casos simulados e exemplos práticos de projetos de viabilidade econômica em agências de turismo. Vale a pena ler esse livro para aprofundar o conteúdo exposto no Capítulo 4, "Abertura e gestão de agências de viagem", e verificar todas as etapas para a gestão e o planejamento estratégico de uma empresa.

Respostas

Capítulo 1

Questões para revisão

1. a
   As outras alternativas fazem referência a situações que independem de um agente de viagens.
2. c
   A alternativa III está incorreta porque desde a criação do cupom hotel, por Thomas Cook, já existia um comprovante de reserva e pagamento antecipado.
3. Thomas Cook também é conhecido como o *pai do turismo* justamente pela criação dos pacotes turísticos, que ampliaram o acesso às viagens, por meio da negociação de preços e da padronização dos serviços. Ao longo da história, outras agências acompanharam a evolução dos meios de transporte, criando opções de roteiros de acordo com a logística de deslocamento necessária. Os trens, os navios, os ônibus e os aviões tiveram papel fundamental no crescimento das viagens. Hoje, todos podem ser utilizados, conforme a preferência do turista. No início de suas operações no turismo, o transporte aéreo era elitizado. Atualmente, existem companhias aéreas que oferecem tarifas promocionais que tornam o custo da viagem mais acessível a diversas classes sociais, favorecendo o turismo de massa.
4. As excursões rodoviárias, motivadas pelas condições logísticas das estradas, foram o primeiro modelo de viagem organizado por operadoras turísticas, como a Soletur e a CVC®, que tiveram amplo

sucesso e adesão do público brasileiro. As viagens aéreas passaram a ser mais utilizadas a partir da década de 1980, com a popularização dos pacotes.

5. b

A alternativa *a* está incorreta pois já existiam cerca de 100 agências de turismo no Brasil nessa época, além de já ter sido criada a Abav para representar o setor. Na alternativa *c*, o responsável por essa disposição foi o Decreto n. 84.934, de 21 de julho de 1980, do Governo Federal. Em relação à opção *d*, a desvalorização cambial influencia qualquer agência de turismo que comercialize produtos internacionais cotados em moeda estrangeira.

Capítulo 2

Questões para revisão

1. d

Na primeira frase falsa, o correto seria: "as agências de turismo podem ser classificadas em agências de viagem e operadoras turísticas". A segunda frase é falsa porque as agências de viagem têm a função apenas de distribuição, enquanto as operadoras turísticas têm o papel de produção.

2. a

A alternativa II está errada porque uma operadora de turismo especializada tem limitação de público e não pode atender a dois mercados distintos, como lazer e corporativo. A frase III está incorreta porque são as agências de turismo especializadas que fazem a seleção de produtos e segmentações de mercado específicas, enquanto as generalistas ficam abertas às solicitações dos clientes e à escolha do produto/fornecedor que tenha o perfil mais adequado para a viagem solicitada. Na alternativa IV, o que diferencia uma agência de viagem e uma operadora turística é a produção ou distribuição de produtos e serviços receptivos, em âmbito local, nacional ou internacional.

3. c

O perfil de atuação faz referência aos meios de comercialização e contato com o cliente, que podem ser uma agência de turismo com estrutura física (tradicional) ou com atendimento apenas virtual; o fluxo de viagens pode ser emissivo ou receptivo, de acordo com a área de atuação da agência de turismo; as principais segmentações de mercado são lazer e corporativo; e a escala geográfica pode ser internacional, nacional ou local.

4. O cliente tem a vantagem de ser atendido por um profissional com experiência em viagem, que pode dar boas indicações de destinos conforme as motivações e perfil da viagem desejada, além de selecionar empresas de qualidade e boas referências na elaboração da viagem, seja para um pacote turístico, seja para uma reserva de hotel. Dessa forma, o cliente não está sozinho nas suas escolhas e tem o apoio e suporte da agência em todos os momentos da viagem.

5. As agências que atuam no mercado de lazer oferecem pacotes turísticos e outros produtos para destinos que atendem diversas motivações de viagem, como sol e praia, cultura, ecoturismo e esportes. Esse público deseja aproveitar o período de férias e dias livres para viajar com a família, amigos ou sozinho. Por outro lado, no turismo corporativo, o público viaja por motivos profissionais, para realizar negócios e participar de eventos, representando a empresa que é responsável por todos os custos da viagem. Os produtos mais utilizados são passagens aéreas, reservas de hospedagem e locação de carro, conforme a política de viagem de cada empresa.

Capítulo 3

Questões para revisão

1. d

   Nesta questão, observamos o impacto da tecnologia, principalmente da internet, nas relações entre fornecedores, agências de turismo e consumidores. A informação de amplo alcance torna o consumidor mais exigente. Os recursos para a promoção e a divulgação dos produtos têm o objetivo de captar e fidelizar clientes. O contato pessoal será sempre um diferencial valorizado pelo *marketing* de relacionamento. A comercialização acontece em um novo mercado, com maior competitividade, pelos diversos canais de venda e distribuição existentes.

2. d

   A alternativa está incorreta porque, de acordo com o modelo tradicional dos canais de distribuição ou cadeia produtiva do turismo, as operadoras de turismo são responsáveis pela produção dos pacotes turísticos, a partir das negociações feitas com fornecedores. O cliente da operadora de turismo é a agência de viagem, que faz a distribuição e a comercialização dos seus produtos para o turista.

3. a

   A alternativa *b* está incorreta porque essa não é uma prática feita por todos os fornecedores, sendo mais comum por companhias aéreas e hotéis. Na alternativa *c*, os fornecedores não dependem mais das agências de turismo para comercialização de seus produtos, sendo uma escolha do cliente. Na alternativa *d*, as agências de turismo virtuais também são agências de viagem com estrutura física e funcionários, porém não fazem atendimentos presenciais ao público.

4. Resposta pessoal. A agência de turismo que utiliza o comércio eletrônico para venda *on-line* cria mais uma facilidade para o cliente. Por outro lado, grandes *site*s, como Booking.com™, estão abertos a parcerias com agências de viagem, para que elas próprias efetuem as reservas dos seus clientes em seus *sites* e recebam uma comissão. Então o Booking.com™, em vez de concorrente, pode ser parceiro e fornecedor. Além disso, existem grandes vantagens do uso das redes sociais para relacionamento e contato com clientes. Quanto à questão operacional, o correio eletrônico e os sistemas de gestão financeira são muito úteis para o controle e a organização do fluxo de informações relacionadas a cotações e vendas realizadas.
5. A primeira fase é a intermediação, quando a agência tem uma grande exclusividade na comercialização e distribuição dos produtos de seus fornecedores e recebe uma comissão por esse serviço. A segunda fase é a desintermediação, em que, por meio das novas ferramentas de tecnologia de informação e comunicação, como a internet, os fornecedores passam a buscar o consumidor direto sem a necessidade de uma agência de viagem. Na terceira fase, a da reintermediação, as agências de viagem se revalorizam e passam a cobrar taxas de serviço, pois muitos fornecedores já não pagam mais comissão. Mediante diversos canais de compra para o cliente, a agência se coloca como uma alternativa segura para a organização de viagens com qualidade e profissionalismo.

Capítulo 4

Questões para revisão

1. Resposta baseada na pesquisa de campo. Como exemplo, eu, autora, responderei às questões considerando a agência de viagem Agatur.

a. Fui convidada a ser sócia da empresa pela minha dedicação e perfil de liderança no desempenho das atividades. Aceitei o desafio e a responsabilidade de ser sócia-gerente, principalmente por me identificar e gostar muito do agenciamento de viagens.
b. As vantagens estão na autonomia de tomar decisões e nas possibilidades de criar ações e estratégias para o crescimento da empresa, que refletem na lucratividade. As desvantagens estão no risco do negócio e nas condições externas do mercado.
c. Sim, pois o projeto inicial da empresa era apenas um laboratório experimental de viagens para o curso de Turismo da Universidade Positivo. Após dez anos, a Agatur já é uma agência de viagem consolidada no mercado de lazer e negócios.

Analisando essas informações e comparando-as com o perfil de um empreendedor estudado durante o capítulo, observamos que existem conhecimento, paixão e energia no desempenho da função, a qual também requer correr riscos calculados, aproveitar oportunidades e ter iniciativa, persistência e comprometimento.

2. b

O Cadastrur, do Ministério do Turismo, é o único cadastro exclusivo para empresas turísticas. O CNPJ é o cadastro nacional de pessoa jurídica, necessário para qualquer empresa, independentemente do ramo de atuação. O alvará de funcionamento é um documento que autoriza o exercício da atividade no endereço determinado. O contrato social é o registro legal da empresa, independentemente do ramo de atuação.

3. b

A alternativa *a* está incorreta porque as agências de turismo devem ter disponíveis todas as companhias aéreas para atender ao cliente. Quando não houver comissão, deve-se cobrar uma taxa de serviço. A alternativa *c* está incorreta porque as companhias aéreas não se comprometeram em reduzir as tarifas ou ceder descontos. Muitas fazem essa escolha para aumentar a receita. A alternativa *d* descreve um motivo equivocado para a eliminação do comissionamento, que na verdade decorreu das mudanças nos canais de distribuição, influenciadas pelo contato direto com o consumidor por meio do comércio eletrônico.

4. c

    Na intermediação, as agências de turismo nunca cobram pelos serviços; na desintermediação, as agências de turismo cobram parcialmente pelos serviços; a precificação *fee* é um modelo de remuneração por taxas, utilizado por agências de turismo corporativas.

5. As agências são remuneradas pela venda de produtos e serviços turísticos, seja por recebimento de comissão do fornecedor, seja por cobrança de taxa de serviço do cliente. O valor ou percentual dessa taxa de serviço é definido conforme os parâmetros de cada empresa, que pode basear-se em tabelas referenciais ou no valor da hora-atendimento de cada profissional. Por outro lado, existem as despesas fixas, como aluguel, condomínio, luz, água, telefone, salários e encargos sociais e serviços gerais, que precisam ser pagas todos os meses, independentemente de a agência ter lucro. As despesas variáveis são proporcionais ao volume de vendas (distribuição dos lucros e comissão de vendas, por exemplo), e também custos extras não frequentes, como publicidade e propaganda.

Capítulo 5

Questões para revisão

1. c

    O plano de *marketing* pode ser desenvolvido pelo gestor administrativo da empresa, assim como a gestão de recursos humanos. A gestão operacional é feita pelo responsável do departamento comercial. Dentre as alternativas, a gestão financeira é a única função obrigatória e indispensável para qualquer empresa. Uma agência pode não ter estratégias de *marketing*, setor de recursos humanos ou um fluxograma de atividades e ainda continuar existindo, mas nenhuma pode deixar de controlar suas receitas e despesas.

2. b

    A frase III está incorreta porque este é um método que só pode ser aplicado para os funcionários contratados da empresa. A frase IV está incorreta porque qualquer empresa, independentemente do seu porte, deve fazer controle de notas fiscais e de impostos a pagar, seja de forma manual, seja de forma informatizada.

3. Na etapa 2 de atendimento e consultoria, o profissional não identificou as necessidades e motivações do cliente e por isso não fez uma pesquisa e uma sugestão de produto adequada (etapa 3), que atendesse à expectativa de categoria de hotel e localização próxima à praia. Na etapa 10 de acompanhamento da viagem, não houve suporte para resolver o problema do cliente ou reverter a situação para surpreendê-lo com uma solução satisfatória e, por fim, ter a chance de reconquistar e fidelizar o cliente.

4. c

    A alternativa *a* está errada porque as estratégias de *marketing* estão voltadas para o público consumidor. A alternativa *b* está incorreta porque a política de qualificação deveria ser feita com o quadro atual de funcionários. A alternativa *d* está errada porque o gerente não deve ser dispensado, pois ele teve a iniciativa de resolver os problemas da agência de viagem com a implementação de um planejamento estratégico.

5. O organograma demonstra as atribuições e responsabilidades de cada um na equipe de trabalho, dentro de uma hierarquia, de acordo com a distribuição de cargos e funções estabelecida, de forma racional e organizada. Já o fluxograma é utilizado para definir a sequência operacional do desenvolvimento das atividades cotidianas na agência; pode contemplar apenas tarefas ou ser mais complexo, com descrição do tempo necessário de execução, responsável, sequência etc. Todas essas ferramentas permitem olhar para a empresa de forma integrada, para existir qualidade, produtividade e resultados.

Capítulo 6

Questões para revisão

1. A reintermediação representa o momento em que as agências de viagem se revalorizam e passam a cobrar taxas pela prestação do seu serviço. Um cliente pagaria essa taxa se o agente de viagens fizesse o mesmo ou até menos do que ele faria por conta própria? É por isso que o papel do consultor de viagens é essencial neste cenário de comercialização eletrônica e de multicanais de distribuição. Esse profissional se diferencia pelas suas competências, ou seja, pelo conhecimento e por boas referências de produtos e destinos, pelas habilidades com as ferramentas de tecnologia da informação e comunicação para otimizar o atendimento e pelas

atitudes para reconhecer o valor do seu trabalho e cobrar por isso dos seus clientes.

2. a

O turista dispõe de férias fragmentadas, de acordo com os períodos de férias escolares (julho e dezembro/janeiro) e feriados, que permitem fazer mais viagens durante o ano. Os turistas estão mais informados, exigentes e sensibilizados quanto ao meio ambiente, tanto pelo amplo acesso às tecnologias da informação e da comunicação quanto pelos conceitos de sustentabilidade nas ações de empresas e cidadãos. A renda apresenta cada vez mais uma parcela destinada ao lazer, que inclui atividades de entretenimento e viagens, as quais significam uma recompensa necessária ao tempo dedicado ao trabalho.

3. d

Uma agência de turismo pode mapear as atitudes mentais e os traços psicológicos dos indivíduos, com base na análise de suas solicitações e escolhas durante um atendimento de viagem. Ela pode também avaliar as necessidades dos clientes e os benefícios buscados para oferecer o produto ou serviço adequado. Ao compreender os desejos e as motivações de determinados grupos de clientes, é possível oferecer um atendimento de qualidade e superar as suas expectativas. A análise dos objetivos pelos quais os clientes consomem produtos e serviços de determinada empresa ou os da concorrência pode mostrar novas oportunidades de negócios, para que se ofereçam um produto e um serviço diferenciados e ainda melhores. Vale, também, verificar os tipos de comportamento ou características do uso de produtos e serviços por parte dos clientes, o que possibilita que o agente conheça o perfil e o histórico de compras destes, para poder fazer as recomendações mais apropriadas nas próximas viagens. Segundo o Proagência (2006), os cinco principais segmentos de atuação das agências de turismo são: turismo de lazer, turismo de negócios e/ou corporativo, cruzeiros marítimos, turismo de eventos e lua de mel.

4. d

   O *marketing* trata das relações entre oferta e demanda no mercado; as experiências são situações memoráveis vividas e sentidas pelo turista; e as competências são formadas por conhecimentos, habilidades e atitudes.

5. O agente de viagens pode ganhar experiência de diversas maneiras. Ele acaba se tornando um turista profissional, pois nas suas próprias viagens, seja a lazer, seja a trabalho, ele estará observando detalhes e buscando dicas para repassar aos seus clientes. Ele também aprende com as experiências dos próprios clientes que avaliam os serviços e lugares visitados. O agente também pode participar de diversos cursos e eventos de capacitação oferecidos por operadoras e fornecedores para lançamento e atualização de produtos, além de buscar uma leitura e um conhecimento mais aprofundado dos principais destinos comercializados (em livros, revistas, *blogs* e *sites* especializados).

Sobre a autora

Raquel Pazini é graduada em Turismo pela Universidade Positivo, especialista em Gestão Estratégica de Empresas Turísticas e Gestão da Aprendizagem pela mesma instituição e mestranda em Turismo pela Universidade Federal do Paraná (2013), com pesquisa na área de produtos turísticos, sob o enfoque de agenciamento e *marketing*.

Tem experiência docente nos cursos de graduação em Turismo das Faculdades Santa Cruz e também da Universidade Positivo, com ênfase nas disciplinas de Agenciamento e Patrimônio Turístico. Atualmente, é instrutora certificada do Sabre, no Curso de Turismo do Centro Europeu, e professora do curso a distância em Gestão de Turismo do Centro Universitário Uninter. Além disso, desde 2002, atua como sócia-gerente da agência de viagem Agatur.

Impressão: BSSCARD

Setembro/2014